可持续城市
The Sustainable City

[美]史蒂文·科恩　著
（Steven Cohen）

郭栋　译

中信出版集团｜北京

图书在版编目（CIP）数据

可持续城市 /（美）史蒂文·科恩，郭栋著；郭栋译. -- 北京：中信出版社，2023.3
书名原文：The Sustainable City
ISBN 978-7-5217-5287-8

Ⅰ. ①可… Ⅱ. ①史… ②郭… Ⅲ. ①城市建设－可持续发展－研究 Ⅳ. ① F291.1

中国国家版本馆 CIP 数据核字（2023）第 035726 号

THE SUSTAINABLE CITY, second edition by Steven Cohen and Guo Dong
Copyright © 2021 Columbia University Press
Chinese Simplified translation copyright © 2023 by CITIC Press Corporation
Published by arrangement with Columbia University Press
through Bardon-Chinese Media Agency
博达著作权代理有限公司
ALL RIGHTS RESERVED
本书仅限中国大陆地区发行销售

可持续城市
著者：　　　［美］史蒂文·科恩　郭栋
译者：　　　郭栋
出版发行：中信出版集团股份有限公司
　　　　　（北京市朝阳区东三环北路 27 号嘉铭中心　邮编　100020）
承印者：　　北京诚信伟业印刷有限公司

开本：880mm×1230mm 1/32　　印张：12　　字数：280 千字
版次：2023 年 3 月第 1 版　　印次：2023 年 3 月第 1 次印刷
京权图字：01-2021-5743　　书号：ISBN 978-7-5217-5287-8
定价：68.00 元

版权所有·侵权必究
如有印刷、装订问题，本公司负责调换。
服务热线：400-600-8099
投稿邮箱：author@citicpub.com

致我亲爱的妻子——唐娜·菲什曼

史蒂文·科恩

献给我的祖母何菊珍与外祖母何素珍

郭栋

目 录

前 言 *001*

第一部分 概念

第 1 章 可持续城市的定义
可持续城市：一种定义　006

为什么我们的关注点是城市？　010

城市简史　014

可持续城市的要素　018

向可持续城市过渡　020

第 2 章 可持续的城市系统
能源　028

水资源　031

固体废物　037

污水处理　044

粮食 046

公共卫生 051

公园和公共空间 055

交通运输 058

第3章 可持续的生活方式

可持续消费 068

可持续的工作与生产 073

引领可持续发展的"千禧一代" 077

城市化与再城市化 080

终身学习 083

第4章 向可持续组织过渡

可持续管理 097

组织战略的可持续维度 101

可持续发展指标 106

工业生态学 112

供应链的可持续性 114

可持续管理失败的案例 117

迈向可持续组织 123

第5章　可持续城市中的政治与公共政策

国际气候政治与国内可持续需求　133

地方政府与可持续发展　135

公私合营　140

可持续发展的公共融资　144

环境意识与政治显著性　148

政党政治与地方可持续性　152

可持续城市的民意与政治　155

邻避综合征　157

第6章　可持续城市与经济社会发展

城市中的社会不平等现象　166

自动化与教育　170

经济增长与环境可持续性　174

可持续发展的多利益相关方模式　180

可持续发展与金融　182

第二部分　可持续城市案例研究

第7章　可持续城市中的废物管理

纽约　194

香港　198

北京　201

对废物管理的分析　204

第 8 章　可持续城市中的公共交通与私人出行

哥伦比亚波哥大快速公交系统　216

耶路撒冷轻轨　220

中国高铁　224

美国电动汽车　229

对交通出行的分析　236

第 9 章　可持续城市中智能电网的建设

美国纽约大学的微电网　244

"电力非洲"倡议　248

日本东松岛的微电网社区　251

中国的特高压输电系统　255

对智能电网的分析　259

第 10 章　可持续城市中的公园与公共空间

华盛顿州西雅图市：煤气厂公园　267

纽约州纽约市：高线公园　271

巴西圣保罗：维克多奇维塔广场　274

华盛顿特区：运河公园　277

对公共空间的分析　279

第 11 章　可持续城市生活与共享经济

什么是共享经济？　288

拼车：优步　293

共享民宿：爱彼迎　299

对共享经济的分析　309

第三部分　结论

第 12 章　迈向可持续城市

注　释　327

致　谢　361

前　言

为什么要写一本关于可持续城市的书呢？近年来，生态系统持续恶化导致我们已经突破了气候变化、生物多样性骤减、水土流失与恶化等生态红线。可持续发展越来越成为世界各国追求的新发展模式。自工业革命以来，工业化、城镇化大幅提高了生产力，从而提升了许多人的生活品质。但同时，城市人口密度快速增加以及人们的生产与生活需求也导致了自然资源的过度消耗，并带来了一系列社会问题。地球上还有超过半数人生活在较为贫困的地区，怎样在提高这些地区经济发展水平的同时，不走以牺牲环境为代价的发展老路，是当今世界面临的最大难题。决定写这本书，是因为我们相信城镇化是最为集约的发展模式，也是解决人口与资源矛盾的唯一办法。但随着更多人迁居至城市，环境与社会问题也会变得更加突出。如何保持城市经济与人口同步增长，同时兼顾生态和谐、社会包容就显得尤为重要。

可持续转型经常强调人与自然和谐相处，但可持续转型通常很难发生在与自然和谐相处的农村地区，而是会发生在利用自然而不破坏自然环境的城市中。虽然有很多环保主义者时刻倡导生态保护，但更多的人重视环境是因为污染影响了我们的正常生活。自 2007 年起，世界上超过半数的人生活在城市，而且这一比例还在逐年攀升。中国的城市化率在 2021 年达到 65%，预计在 2050 年时超过 80%。要满足大量人口的生活需求，我们需要科技不断进步以及生产力不断提升。而正是在我们的城市里，科技进步与人口增长保持了同步。城市为我们提供了美好的生活，包括更好的住房、教育和医疗条件，以及更多的工作岗位。经济、技术和文化的力量正在把更多的人从农村吸引到城市。人口密度的增加也造成了一系列我们熟知的"大城市病"，比如交通拥堵，房价飙升，传染病肆虐，医疗、教育等公共资源发生挤兑，空气和水资源污染等。不难发现，这些都是我们在城市可持续发展道路上需要面对和解决的问题。如何面对并解决这些问题也是本书要和大家探讨的核心。

  本书展示了我们在可持续管理与政策等领域的研究成果，同时融入了我们对中国城市可持续发展的评估。近年来，我们对可持续城市的研究大多集中在发展中国家，这些国家的人民往往对可持续发展的需求更大，但其对可持续发展的认知水平却普遍低于高收入国家。过去的几年中，除了环境恶化和极端天气情况愈演愈烈，我们还观察到了其他令人不安的趋势，比如社会不平等现象加剧、民族主义思潮抬头等。我们在本书中讨论了这些趋势，并通过分析相关政策、管理学理论以及城市案例来诠释发展可持续城市是否可以成为兼顾经济增长、社会包容与生态文明的新型发展模式。

本书第 1 章重点阐述了可持续城市作为可持续发展核心的基本逻辑。比如，绝大多数碳排放来自城市。城市的碳排放量占人为碳排放总量的 75%。城市人均碳排放量是农村的 3 倍。为了满足生产与生活需求，城市消耗了世界上 2/3 的能源。同时，世界超过 90% 的重要城市分布在海岸线上，这些城市与其中的居民将时刻面临和承担气候变化所带来的巨大风险，如海平面上升、飓风频发等。因此，城市必然是气候与环境治理的主场。值得一提的是，中国自 2020 年提出"双碳"目标后，各机构、企业和全国各大城市都在积极制定行动方案，力争在 2030 年碳排放达到峰值，2060 年实现碳中和。城市是政策落地的地方，在碳达峰中扮演着重要的角色。城市对于中国实现碳达峰目标尤为重要，因为城市人均碳排放量是农村的 3 倍。

第 1 章还对可持续城市进行了定义，即在促进经济社会发展的同时尽可能地减少对自然环境的影响。根据此定义，我们需要评估进出城市的物质，比如食品和建筑泥沙等对环境的影响，并设法将其生态危害降到最低。一座可持续城市的水资源应该来自自然补给，或在不破坏自然生态的情况下进行水资源回收；一座可持续城市的固体垃圾要尽可能地回收再利用，食物垃圾要尽可能地转化为肥料；一座可持续城市的城市系统，比如污水处理、排水、能源、食品、医疗、交通等的设计都应在注重经济效率的同时兼顾环境影响。另外，这一章还涉及城市简史的内容，介绍了城市的发展历程。很多城市问题，比如交通拥堵、垃圾泛滥、传染病、污染等，很早以前就存在，一直没有得到有效解决。

可持续发展是一个宏大的概念。因此，城市的可持续也包含诸多方面。通过长期的研究，我们对可持续城市所包含的不同领域进行了总结。从政府、企业、个人、组织、财务、测量以及社区的不同层次与全球视角展开分析，全面介绍了可持续城市所包含的各个环节。

第2章，我们定义并诠释了可持续城市的各个系统环节，包括能源、水、食物、交通、公共空间，以及固体废物和污水处理。我们还重点阐释了可持续城市的另一个关键组成部分：公共卫生。2019年底暴发的新冠肺炎疫情使我们认识到公共卫生在城市生活中的重要性，以及城市卫生系统失灵可能对世界经济、社会造成的严重影响。

如何从当下的不可持续城市过渡到未来的可持续城市呢？城市要做到可持续，需要多方面的参与，需要政府、私营部门以及民众的支持。每个人、每个机构都需要投入时间、精力与资金来建设我们的可持续城市。本书围绕多利益相关方的参与展开讨论，第3章涉及公民社会的参与，第4章涉及企业的参与，第5章涉及政府的参与。世界各地都面临着财政资源紧缺的问题，都在想方设法吸引更多私人资本参与到基础设施建设中，比如参与可再生能源的生产与运输、公共交通、个人出行，以及污水和固体废物的处理与转化等。私人资本不仅可以参与投资、承包建设项目，而且可以参与建设后的运营与管理。同时，我们需要积极、透明、成熟的公共管理体系，只有这样才能形成富有成效的公私伙伴关系。另外，具有较高环保意识的消费者越来越多，他们可以通过改变自身消费、工作以及生活方式进一步推动企业与政府采取具有可持续性的举措。

第3章将重点讨论可持续城市框架下的生活方式，包括消费观与工作性质的转变。一些西方国家，如美国，城市化率普遍较高，但大多数发展中国家，包括中国，还处在迅速城镇化的过程中。因此，本章从发展中国家的角度讨论城市化对于可持续转型的战略意义。考虑到发展中国家庞大的人口基数，这些国家对城市可持续发展的需求更大。可持续城市的内涵还包括可持续的生活方式以及警惕高消费主义。在中国，还有很多人对住房有刚性需求，但可持续的生活方式不应由一个人的住宅大小以及所拥有的消费品数量决定，而应体现在个性与价值观上。消费品是有价值的，但它们应该是帮助我们实现更高追求的工具，而不是成为我们的追求本身。随着经济和物质生活水平的提升，大量城市人口面临着消费升级，出现了越来越多与服务业相关的消费，比如餐饮、娱乐、旅游、健康等。我们也越来越关注整体的体验，而不是简单地拥有。工业产品依然为我们提供着生活必需品，但它们越来越接近大宗商品的属性，而文化与价值观才将主导下一次社会变革与消费模式的转变。这一章还讨论了年轻人在城市可持续转型中的推动作用，阐述终身学习对于适应当代社会快速变革的重要性。

第4章重点讨论实现可持续城市所需的组织创新。这一章根据管理学理论，探讨机构和企业越来越关心的环境与社会维度。互联互通给很多企业提供了巨大的市场与商业机会，但同时也带来了更大的威胁。我们时刻面临着由于气候变化、环境污染、传染病以及人口与资源矛盾等造成的社会问题。如何将这些问题纳入机构的日常管理工作是第 4 章讨论的重点。战争、新冠肺炎疫情，以及气候变化加剧了能源、食品和大宗商品的稀缺性，具体体现在上游的原材料价格飙升，增加了公司成本。因此，越来越多的公司开始重视分析废物、废水的排放成本以及环境影响，开始把降低能源和资源消耗作为降低成本、提高效率的重要指标。这样做不仅是为了遵守愈加严格的环境法规，更是为了在激烈的竞争中争夺企业创新的又一高地。相比经济，社会与环境绩效更加难以量化，这方面的工作还处于起步阶段。第 4 章回顾了企业和政府用于评估和报告可持续发展活动的各类框架模型。近年来，我们的课题组对可持续管理工具，尤其是可持续的评估做了大量研究，我们在这一章展示了这些研究成果，特别是对中国城市的可持续发展进行的评估。

可持续发展离不开政府的参与。第 5 章讨论了政府部门以及公共政策在建设可持续城市中的作用。19—20 世纪的工业城市建设往往由政府和社会资本共同完成。在中国，大量基础设施建设是由政府投资的，但在向新能源转型的过程中，我们需要鼓励民间资本与技术参与。中国在风、光伏发电、储能以及绿色交通比如高速铁路（以下简称"高铁"）、电动汽车等方面均领先于世界，既离不开政府的政策支持，也缘于企业的创新。建设 21 世纪的可持续城市，需要这样的伙伴关系。这一章还讨论了国际政治，特别是国际气候谈判、联合国可持续发展目标对世界各地城市可持续议程的影响。虽然国际合作是应对气候变化的基础,但政策需要落实在城市。同时,如我们前面提到的,城市化是一切环境问题的诱因,解铃还须系铃人,城市必然是可持续转型和应对气候变化的主战场。因此,第5章的重点是讨论地方层面的可持续性政策,比如地方政府在可持续转型中的作用、民众的环境认知以及"邻避综合征"带来的挑战与机遇。

我们对可持续发展的理解不应局限于人与自然的和谐相处,它同时还是经济社会发展的新引擎。除了诸多环境问题外,伴随经济发展出现的收入不均衡情况加剧了社会矛盾。很多研究表明,极端贫富差距通常表现为一座城市内部高收入与低收入人群之间的贫富差距。世界各地,包括发达国家与发展中国家,贫富差距都处于令人担忧的程度,如果不加以控制,可能引起剧烈的社会动荡,并阻碍创新与经济社会发展。第6章探讨了城市中的社会矛盾以及自动化在加剧社会不平等方面的作用。可持续发展要求我们摒弃单一追求经济增长的发展模式,善用多重底线思维,融合多利益相关方意见,从而做到包容发展,使更多的人享受发展红利。

在阐释可持续城市的相关概念后,本书第二部分(第7~11章)分析了一系列城市可持续案例,包括:纽约、香港、北京在废物管理方面的实践;哥伦比亚波哥大的快速公交、耶路撒冷的轻轨以及中国的高铁;纽约、日本、非洲的微电网和智能电网建设,以及中国的特高压输电系统;西雅图、纽约、圣保罗、华盛顿特区的公园。最后,我们分析了城市中盛行的共享经济案例:优步和爱彼迎。案例研究的目的在于举证城市可持续发展的具体项目,尤其是那些经过谨慎设计,有量化指标,且可被评估的项目。这些例子来自不同国家、城市以及不同领域,我们希望第一部分中提出的概念与观点可以在现实中得到验证与运用。我们也希望读者可以通过这些例子举一反三,从中获得制定政策与管理模式的灵感。

虽然经济全球化导致了时尚、娱乐、文化、职业等各个方面的同质化,但人们对地方归属感以及个性化的需求却在提升。在可持续转型中,城市必须根据独特的地理条件、自然禀赋、人文风情和产业特征找到自己的定位。许多城市通过投资绿色基础设施,在提高可持续治理的道路上取得了长足的进展。但若想建成可持续城市,我们仍有很长的路要走,不仅需要公民、私营部门、政府以及更多相关方,如学界、媒体的参与,还需要大量资金的投入,改变传统经济测量方式,制定适应于新时代、可持续的评估标准,善用多重底线思维,避免单一底线范式的思考与衡量模式。本书结尾总结了城市政策与管理方面的经验教训,指出了可持续转型的不确定性以及需要进一步研究的问题。

可持续发展是一个综合类议题,显然需要众多利益相关方的共同努力才有机会实现。气候变化和环境污染是没有国界的,考虑到几十年来形成的全球供应链体系,没有哪个国家或城市能够单独实现可持续转型。然而,地缘政治与国际争端却让"自给自足"和"供应链重新国有化"呼声再起。从全球应对新冠肺炎疫情的行动中可以看出,国与国之间缺乏应有的合作,反而强化了民族主义情绪。即使是暂时的,这种逆全球化的趋势也不利于我们追求可持续发展以及应对气候变化。虽然我们坚定城市可持续发展的目标，但转型的道路还很漫长，还将伴随很多不确定性。也许2019年末暴发的新冠肺炎疫情放慢了全球化进程，但我们依然愿意相信，全球化是不可逆的，全球经济的关联性还将长期保持。我们乐观地认为，全球化的优势会战胜短期的排外思潮，特别是在气候变化所带来的挑战日益加剧的背景下，世界各国的合作必然大于分歧。我们仅以本书与读者共勉。

2022年7月于纽约

史蒂文·科恩

郭栋

第一部分

概念

第二部分

可持续城市案例研究

第三部分

结论

第 1 章
可持续城市的定义

我们首先定义什么是可持续城市，可持续城市的要素有哪些。城市生活虽然使我们不必过多关注自己的基本生理需求，但如果地球受到污染或存在危险，这些需求就无法被满足。我们能够享受充满活力的城市生活，清洁的空气、水和食物，但维持这种生活需要合格的可持续管理能力、良好的治理模式以及充足的财政资源。人们渴望清洁、健康的环境是经济发展的一个必然阶段。我们将在本章解释为什么城市是实现可持续发展的关键地点，并阐述污染、疾病以及拥堵是如何自城市诞生以来就长期成为可持续发展的问题的。

可持续城市听起来是一个宜居的地方，但要怎样做才能从当下的不可持续城市过渡到未来的可持续城市？我们必须让包括政府、私营部门和民间团体在内的多利益相关方参与进来。本书旨在解释如何实现这种全方位的参与，以及各利益相关方都需要做些什么。本章概括了为提高各方参与度所需的变革类型，以及向城市可持续过渡所需的财务与绩效目标。

可持续城市：一种定义

城市是为了人类福祉而非生态福祉所设计的人居环境，因此试图定义"可持续"城市似乎是前后矛盾的。地球上现有人口数量大约80亿，最多时可能有90亿或100亿，因此可能无法设计、建造出与自然完美协调的人居环境。根据宜可城地方可持续发展协会（以下简称"宜可城"）的说法："可持续城市致力于为现有人口营造一个环境健康、社会平等且经济繁荣、具有弹性的生活环境，同时又不损害子孙后代拥有相同体验的机会。"[1] 因为城市本质上是由自然环境向建筑环境的转变[2]，所以可持续发展城市的目标是打造对环境影响最小的人居环境。有些人可能会质疑这一目标的伦理性，但我们提出这一目标是为了确保对人类福祉来说至关重要的自然生态系统尽可能少地受到破坏。可持续城市需要尽量减少常规空气污染物和温室气体的排放；尽量少地使用不可再生资源；对废水进行处理并过滤掉最具危害的污染物后再排入污水道；尽可能高效地利用能源；努力减少浪费，回收再利用废物并将所有废物处理的影响降到最低。

可持续城市尚缺乏一个明确、一致的定义。目前在文献中看到的定义通常包括环境、经济、社会、政治、人口、制度和文化等一系列目标。1991年，联合国人居中心与环境规划署的

"可持续城市计划"将可持续城市定义为："在社会、经济和物质发展方面能经久不衰地取得成就的城市。"[3]联合国在2013年的一份报告中指出，可持续城市可通过对以下四大支柱进行整合来实现，即社会发展、经济发展、环境管理和城市治理。[4]世界银行将可持续城市定义为："能够适应、缓解和促进经济、社会以及环境变化的弹性城市。"[5]

联合国环境规划署将资源节约型城市更具体地定义为："提高生产力和创新与降低成本和减少环境影响相结合，同时为消费者提供更多选择和可持续生活方式的城市。"[6]根据肯特·波特尼的说法，重视可持续发展的城市一般会通过减少能源消耗等行动直接或间接地改善和保护环境。他列举了诸如减少固体废物、重新开发棕色地带（即已破坏或荒废的农业用地及工业用地）、保护生物多样性、改善公共交通政策以及制定气候行动目标等措施作为可持续发展城市的行动类型。[7]

综上所述，对可持续城市的定义过于宽泛，难免失去了其本来的意义。在本书中，我们将给出一个清晰且明确的定义。除了要防止对重要生态系统造成破坏，可持续城市还是一个吸引人群、文化和商业的地方，它为人际交往、就业以及开发人类潜力的活动，如教育，提供了机会。文化、商业、娱乐和社会互动的形式会因文化、审美和传统而异。城市的功能正是为这些活动的发生提供机会和设施。

另外，在考虑可持续城市时，我们首先应该了解什么是不可持续城市。不可持续城市是破坏自然环境并且排斥而非吸引人群、文化和商业的城市。与人类社会一样，城市也在发展和变化。人口的需求和期望会发生变化，一个地方满足这些需求和期望的能力也会发生变化。因此，一座城市是一套融合经济、政治和社会的系统，它们相互作用，并存在于一个特定的物理环境中。

为了更有效地理解一座城市的演变和向可持续城市过渡的进程，我们可以将它与一座特定城市的运营经验联系起来。以纽约为例，50多年前，纽约的公寓楼通常设有焚烧炉，住户会在半夜焚烧垃圾，而剩下的垃圾则被运往布鲁克林和斯塔滕岛的垃圾填埋场。至于废水，通常是未经处理就被倾倒入哈得孙河中。纽约曾经不仅是美国的商业中心，同时也是制造业中心，服装、玩具、自行车，甚至汽车，都是在纽约的五个行政区内生产的。现在纽约著名的高线公园曾经就是货运列车的高架路基，工厂从哈得孙河码头一直延伸到曼哈顿西区（翠贝卡和切尔西）。二战后，纽约市曾是世界上最繁忙的港口，其近一半的经济收入来源于服装制造、分销和销售。这座城市曾经拥有享誉世界、功能齐全的公共交通系统，规模庞大的公园系统以及直到今天仍然堪称工程史上奇迹的储水和运水系统。这些系统之所以重要是因为纽约居民早期的生产、生活污染了位于曼哈顿和布鲁克林街道的大部分地下水源。

曾经建在苏豪区和曼哈顿西区的工厂现在要么是价值数百万美元的住宅和商业机构，要么已经被拆除，为来自各地的明星建筑师展示他们最新颖的钢筋混凝土结构提供了场地。纽约市已经从曾经的制造业、商业、金融中心转变为今天的教育、医疗保健、媒体、金融、公共关系中心以及旅游胜地。该市目前将所有垃圾运输到州外的焚烧炉和垃圾填埋场。地铁、污水处理、供水和公园系统使其在向可持续城市过渡的进程中占据了领先优势。纽约市是美国人口最多,也是最拥挤的城市。在过去10年中,它的人口不断增加,整个大都市区人口规模达2 000万人。新冠肺炎疫情也许会暂时延缓该市的人口增长,但它仍被广泛视为世界金融之都和主要的文化、媒体中心,将继续在后疫情时代吸引更多人才和游客到来。然而,人口的增长也可能将纽约变成一个更加拥挤且不那么愉快的地方,除非它能够改善公共交通并建造新的、更具创意的公共空间。此外,新冠肺炎疫情让我们意识到,纽约市还必须拥有广泛的医疗保健网络,能够在需要时扩大规模,以应对传染病和其他突发卫生事件。在全球商业和人口的竞争中,一座城市不仅需要安全有序,更需要活力和激情。

纽约市在从工商业城市转型为后工业化全球之都的过程中几乎破产,在犯罪和社会动荡中几近崩溃。但是开明的领导者、城市的韧性以及不错的运气帮助它力挽狂澜。在过去的15年中,纽约市通过"纽约2030城市规划"和"只有一个纽约:2050城市总体规划"(下称"纽约2050总规")开始向可持续城市过渡,这些计划为实现转型的公私伙伴关系设定了目标和优先事项。前市长迈克尔·布隆伯格提出的"将经济发展与环境保护相结合"的倡议既重要又具有创新性。以社区为基础的环境组织和强大的房地产利益集团第一次坐在一起进行探讨并达成共识,这对于布隆伯格政府和纽约市来说都是一项非凡的成就。

为什么我们的关注点是城市？

许多环境问题具有全球性，但是这些问题往往起源于地方，需要地方提供解决方案。空气和水污染跨越了政治区划，影响了城市中的家庭与社区。鉴于世界上大多数人居住在人口密集的中心城市，地方环境恶化的影响会被人口基数放大。除了确保环境的清洁外，城市还必须应对随之而来的社会挑战。比如，为不断增加的城市人口提供高效、公平的医疗保健与教育服务是很多大城市面临的挑战。城市在基础设施和建筑环境方面做出的战略抉择会影响碳排放量，并对全球可持续发展产生重大影响。城市在作为创新和文化中心的同时，生态足迹远远超出了城市边界。越来越多的人认为城市是可持续发展的关键，是在为今世后代提高经济繁荣度和社会包容度的同时，减少人均环境影响的主要推动力与实现场所。城市占地球总陆地面积的2%，但消耗了地球上75%的自然资源，排放了全球75%的二氧化碳。[8]世界各国城市的抉择对于能否实现可持续发展至关重要。

随着制造业变得更加智能，城市经济将重点依靠最需要脑力和创造力的企业。相比体力劳动者，城市对脑力劳动者的需求越来越高。机械化程度较低且劳动密集度较高的企业往往存在于服务行业，如医院、教育机构、酒店、娱乐公司等。那些专注于规划、战略创意及设计的部门，如公关公司、财务顾问公司、传媒公司、咨询公司和文化机构等,也是城市服务行业的生力军。

全球范围内,超过50%的人居住在城市,而在工业革命之前,这一比例仅为10%。200年前,世界上最大的城市北京或伦敦曾拥有过百万人口。而今天,世界人口最多的城市——东京,拥有超过3 700万人。另外,全世界至少有135座城市拥有超过100万人。[9]农业机械化与工业智能化降低了对务农人员和工人的需求,也促使更多人涌入城市,从事只有城市才能提供的大量服务业工作。尽管电子媒体与通信技术使我们能不受场合限制,随时随地提出创造性想法,但推动创意经济最好的方式仍然是我们亲自到场、充分参与,使用腾讯会议或Zoom等线上会议平台参加实时会议的人有可能很难深入地参与探讨。虽然我们还未完全了解为什么人类需要面对面交流才能更好地产生灵感,但我们确实是渴望互动和面对面接触的社会动物。新冠肺炎疫情使这种互动的价值变得更加突出。硅谷的成功,也能证明面对面交流才是创新的润滑剂,那里的技术专家和创业者住在同一个区域,因为这样会比较容易交流想法。我们不仅在职场中需要面对面交流,在生活中也同样需要,城市中充斥着各种商店、餐厅、公园、博物馆、广场和酒吧,为我们提供了社交和互动所需的空间。

人口集中给人居环境的物质和能源流动带来了压力,但也为规模经济和创造力提供了施展空间。农业机械化使农村就业机会减少,互联网突显了都市生活方式的吸引力和诱惑力,促使越来越多的人向城市迁移,尤其是受过高等教育的年轻人。比如,美国2/3拥有本科学历的年轻人(25~34岁)生活在前

51大都市区。[10] 在中低收入国家,本科学历被视为农村地区的年轻人摆脱贫困、在城市寻找高薪工作的主要途径之一,这也为更高效的生产、分配以及商品、服务消费提供了机会。同时,年轻人的涌入还提升了共享经济的效率,比如,拼车、共享单车等室外空间的共享更容易出现在人口密集的环境中。我们不需要200个家庭中的每一个都拥有属于自己的半英亩①后院。相反,一个10英亩的公园可以供更多人休闲、娱乐,同时蕴含着开发更多用途的可能性。

人们迁往城市的原因有很多,从有利的劳动力市场条件到更有吸引力的公共基础设施,再到靠近金融中心、公司总部、信息和技术中心等。[11] 经历过复苏的城市通常具有竞争力,能吸引更多的公共活动,并发展出独特的比较优势。[12] 多元的服务、文化机构、教育机构和差异化的社区都可能出现在城市中。多元的社区环境可以吸引不同的人群,比如,吸引家庭的住宅区与吸引单身专业人士、年轻夫妇、学生的住宅区可能具有不同的特点。城市的经济和社会吸引力以及住宅区的多样化特征,展现出城市日益增长的重要性。

而在狭小空间内聚集大量人员也会带来诸多挑战,例如:空气和水的污染、过度拥挤而导致的健康和卫生问题、城市郊区的贫民窟和棚户区,当然还有在高密度社区和拥挤公寓迅速传播的流行病。新型冠状病毒的传播和对社交距离的需求被一些人视为对全球化、高人口密度和城市生活的根本挑战,但疫

---

① 1英亩约合4 046.86平方米。——编者注

情也不能改变城市生活方式的根本吸引力及诸多益处。当然，这些城市问题并不是新产生的问题，而是正如我们之后要提到的，这些环境与社会问题伴随着城市发展的整个历程。

城市也越来越依赖其周边及更远的生态系统所提供的服务。如果城市居民不使用可再生资源反而去使用有限的不可再生资源，那么城市居民吃、住、行所消耗的资源就会使地球资源陷入紧张状态。人口增长与消费的速度和方式促进了资源的充分利用，也使生产过程中特定材料和能源的消耗增多。城市居民作为消费者有一定能力要求生产环节实现可持续，但生产过程不是他们所能掌控的。宏观层面上，城市是影响当地及全球气候变化中碳排放的主要来源，往往也是造成水道改变和生物多样性减少的主要原因。

城市居民可能无法直接观察到其消费和生活方式对环境的影响，但政府、非政府组织和研究人员必须观察、分析、预测和公布相关影响。公众对环境影响的认知有望引导公共政策、法规以及企业与个人行为。开发并采用那些允许更多消费，同时降低环境影响的技术至关重要。比如：在过去的半个世纪中，高收入国家的国内生产总值有所增长，但空气污染和水污染情况却在逐步得到缓解，这有赖于一系列控制污染的技术。随着时间的推移，这些技术也在不断改进、升级。

污染控制技术的开发和环保基础设施的建设需要大量资金支持。但是如果设计得当，它们将提高城市居民的生活质量和经济效率。当城市陷入交通拥堵，或因洪水而瘫痪，抑或是浪费能源和水资源时，这些城市中的企业成本结构会因生产力下降而受到损害。当空气污染致使儿童或他们的父母生病住院时，医疗保健和儿童保育的成本就必须算作空气污染所带来的成本，而这些成本可以通过投资污染控制设备来降低。当低税收导致政府应急系统和卫生管理能力下降时，各城市应对新冠肺炎这样的传染病就会显得力不从心。

总之，我们需要聚焦城市。因为如果我们要实现经济与环境的可持续，首先需要在城市中实现。由于人们生活在城市中，我们需要将注意力集中在这些人居环境的形式上，人和机构的行为都需要改变。农村和生态系统的压力都来自城市居民的行为。其次，正如我们的同事伊斯特·福克斯所观察到的那样，我们同样需要政府工作人员来确保其对城市的关注会带来可持续。根据福克斯的说法："政府的领导力，尤其是来自市长的领导力，对于长期规划至关重要，而长期规划包括事关城市未来生存能力的基础设施建设，以及实现经济增长和环境保护所需要的稳定投资。"[13]

城市简史

正如我们在历史中看到的那样，今天我们所描述的许多问题其实并不新鲜，它们是自文明诞生以来就存在了的。数千年来，统治者和城市规划者一直在尝试解决从公共卫生到交通拥堵等一系列问题。连接曼哈顿和纽约市其他各行政区以及新泽西州的桥梁和隧道虽然现在看上去陈旧不堪并且破损严重，但它们在建成时无一不是当时的工程奇迹。同时，它们还是解决如曼哈顿等岛屿型城市拥堵和住房问题的巨大创新与大胆尝试，并使纽约市成为如今的全球中心。现在，许多城市面临的挑战在规模上是史无前例的。数十亿人生活在紧密联系的城市中，他们可能同时受到新冠肺炎疫情等潜在危机和史无前例的全球环境问题的影响，解决这些问题的方案既需要来自当地的智慧，同时也需要世界各地公民社会的共同努力。

城市已经存在了数千年，极有可能是随着农业的发展而产生的。农业剩余意味着人类终于可以在一个地方安定下来，而不必一直游牧打猎。农耕文明很可能始于公元前8500年前后的中东，当时人们开始学习如何耕种土地，以及如何储存并交易多余的粮食。要追踪城市的确切起源是有难度的，因为如何定义一座城市常常伴随着争议。城市需要边界，在古代，这意味着需要修建防御工事或城墙，而非村庄似的开放性结构。与村庄或小镇不同，城市里人口众多且密度高。一座城市理应是一个相对永久的聚居地，有房屋和街道，而不是临时营地。更重要的是，城市标志着一种新的生活方式，即专业化分工下出现的全职手工业制造、贸易和服务等。有了剩余的粮食，人们不再需要全部都参与耕种，因此产生了贸易和手工业，这也是早期城市的一个重要属性。贸易与手工业的增长提供了更加丰富的城市生活方式，比如，剩余的粮食可以用来换取手工制品以及城市的其他服务。

尽管早期城市的构成要素仍存在争论，但人们普遍认为，公元前 4000 年前后，第一批城市出现在底格里斯河和幼发拉底河流域（今叙利亚和伊拉克境内）的美索不达米亚平原，且具有复杂的经济和政治制度，这些城市充满了活力。从那时开始，一座城市的影响力就远远超出了其物理边界。一座城市必然被乡村、丘陵所包围，并且需要由更大的腹地，或者用今天的术语来说，由周边的生态系统来补给。后来，尼罗河、黄河、印度河流域以及地中海沿岸相继产生了城市。鉴于水对农业灌溉以及人类生存的重要性，早期城市大多产生于河流沿岸。治水类的工程项目需要集体规划，因此促进了早期政治体制的诞生。中华文明通常可以追溯到公元前 2100 年前后的大禹治水时期，他在防洪方面的创举使中国第一个王朝——夏朝，得以建立。直到今天，中国仍然有一个专门负责水资源管理的部门。这些早期的城市主要沿水道发展起来，拥有天然的交通枢纽以及可以提供诸多生态系统服务的广阔腹地。这些城市拥有维持大量人口必不可少的耕地和丰富的动植物资源。许多现代城市也具有相同的特点，尤其是那些分布在海岸线上的大型港口城市。这些城市中很少是纯粹出于政治目的而发展起来的。

　　大规模移民也是早期城市发展的重要动力，包括战俘、农民以及只有在城市中才能获得就业机会的手工业者。城市的兴衰与战争、流行病和其他不稳定因素密切相关。公元 1 世纪，随着人口增长、流行病减少以及政治相对稳定，罗马帝国时期的罗马容纳了 100 万名居民。13—14 世纪，从东亚扩张至中东的蒙古帝国也大大促进了贸易与移民。始于 16 世纪的海上贸易推动了全球城市发展的又一浪潮，尤其是像费城、哈瓦那、阿姆斯特丹、伦敦、广州、马尼拉、长崎、孟买这样的港口城市。[14] 早期的城市设计一方面是为了体现统治者的权力和远见，另一方面也是为了应对城市生活的环境问题，如交通拥堵、垃圾遍地、卫生、供水和污染，这些问题对当今城市居民而言依然存在。随着城市规模的扩大，人们不仅受到上述环境问题的影响，而且要面临诸如营养不良、不平等和住房短缺等社会问题的挑战。

19世纪的工业化使经济发展程度出现了巨大的差异：欧洲与后来的北美洲城市大幅扩张，而亚洲、非洲、中东以及印度的城市则停滞不前。新技术和生产力的提高首先推动了伦敦、巴黎、布鲁塞尔等主要工业城市的发展，后来又渗透到北欧和东欧的城市。新兴城市在北美洲发展起来，首先沿着东海岸，其次是中西部，最后延伸到西海岸。燃煤的工厂和日益集中的农村土地所有权共同推动着农村居民转移到拥挤的城市中生活。除了在19世纪末明治维新后开始工业化的日本和第一次世界大战后兴起的殖民城镇，亚洲、拉丁美洲和中东的城市化程度直到第二次世界大战后才赶上其他地区。直到20世纪70年代后，上海、开罗和墨西哥城等城市的规模才出现了显著增长。

新兴经济体的增长和人才经济正在为最近的城市化浪潮提供动力。然而，过快的增长速度以及缺乏长期规划使许多城市开始面临困扰了大城市几个世纪的环境与社会问题。与此同时，因为经历了基础设施老化、人口流出至郊区（如美国的许多城市）以及去工业化（如制造业向郊区、远郊甚至其他国家的转移），许多欧洲和北美洲的老牌工业城市正处于发展停滞的状态。21世纪，无序的城市扩张导致公共财政和公共服务资源紧缺，还造成了社会与空间上的不平等。

可持续城市的要素

在后面的章节，我们将讨论可持续城市的社会、政治、管理及经济要素。社会要素包括一套价值观与理念，可以引导人们选择最大限度减少环境影响的消费与行为方式。同时，法律监管也能进一步促进这些选择。法律法规是支持可持续性的利益相关者通过政治过程实现的结果。一座城市的政府和私营部门必须具备收集、回收废物的能力，能够促进可再生能源的分布式发电，提高能源效率，并确保所有进出城市的材料都是清洁的。可持续城市还必须有能力获得开发和维护可持续基础设施所需的财政资源。[15]

监管框架和基础设施要素对于可持续城市来说至关重要，并为可持续发展提供了可操作性定义。监管框架包括互联网能源的定价权、家庭与企业的废物管理条例、建筑规范、能效等级规范、交通拥堵收费，以及能够加强资源利用效率和资源再利用的其他税法。基础设施方面主要包括控制合流制下水道溢流污染、污水处理和过滤、废物回收和有效利用、控制空气污染、监管和处理有毒废物，以及公共交通和个人出行的绿色解决方案。

建设可持续城市最困难的任务是配备所需的基础设施。其中可能包括微电网和智能电网,这需要大量资金重建电力系统,而且可能需要花费数十年的时间,需要卓越的领导力和坚持不懈的努力才能完成。新的废物管理和回收设施以及公共交通系统也是如此。在美国,对几乎所有形式的基础设施都投资不足似乎已经成为一种常态,并被普遍接受。例如,桥梁不到接近崩塌的程度一般不会考虑更换。除了投资不足之外,由于运营和管理预算的短缺,许多设备也都维护不善。如果不加强完善公共交通系统,提高能源效率和减少温室气体排放的努力就无法取得成功。由于全国性的解决方案在美国的政治体系中还很难达成,像华盛顿特区、纽约、芝加哥以及旧金山这样的城市需要通过自己的努力实现可持续方案。

纽约市第三条输水隧道的建设就很具有代表性。到2021年这条输水隧道建成时,耗时已近半个世纪,耗资超过50亿美元。该项目是为了确保纽约北部的水资源能够被高效地输送到城市。[16] 被替换的设施已有近百年历史,急需维修。事实上,纽约市的供水系统堪称宏伟,它的建成反映了具有远见卓识的领导者以及长期稳定的投资的重要性。没有这套系统,现代化的纽约市就不可能存在。它利用生态系统、重力以及最佳的管理实践为纽约市提供了高质量和相对低成本的水资源。然而,就像城市的地铁系统和电网一样,老旧的基础设施正在退化,而维护这些设施将极大地推动向以可再生能源为基础的经济体过渡。然而政治上,市长或其他领导者则更喜欢那些可以在任期内完成的工程项目,同时最好是引人注目且有象征意义的。如修建废物管理设施、智能电网、水渠或地铁翻新这类项目成本高且不显眼的工程，通常很难被媒体报道。

向可持续城市过渡

在当前不可持续城市的基础上建设可持续城市可能需要很长的过渡期，同时需要改变城市的治理与财务范式。如果我们把可持续性的物理（环境）维度整合到管理教育和组织管理中，那么管理领域将发生改变。正如当下的首席执行官必须了解会计、财务、监管、国际商务、战略部署、营销、人力资源和信息管理一样，可持续城市的领导者在关注环境影响的同时必须将能源、材料效率等纳入日常的组织管理工作。此外，城市规划者和决策者必须意识到负面的气候和环境事件所带来的后果。住房、基础设施、预警机制和紧急服务匮乏的国家往往更容易遭受诸如飓风等极端天气的影响。生活在富裕城市的贫困居民也是如此，同一事件对富人和穷人的影响可能大不相同。

随着可持续发展办公室的成立，一些组织已经开始致力于向可持续城市过渡。在某些情况下，设立这些办公室是象征性的"漂绿"工程，但在其他组织中，它们则扮演了改革推动者的角色，提醒管理层可持续发展的重要性，并在实施相关措施时提供技术援助。建设可持续城市需要更多组织具备管理和技术能力，将使用可再生资源和减少废物的行动融入日常组织生活。环境风险往往会转变为金融风险。在瞬息万变的当今社会，社交媒体和大众媒体的监督让企业很难摆脱环境管理不善的责任，企业已经不能再随意地将有毒废物倾倒在路边或河里，并假装不会被发现。

我们认为，所有称职的管理者都应该是可持续的管理者。城市的所有机构都应针对气候变化及其可能产生的影响进行部署。比如，应确保建筑物及相应设备经过改造，以适应更加频繁、强烈的风暴和热浪。城市机构的运营还应该更加节能，并且尽量减少其提供的服务对环境的影响。

除了组织能力的提高，私人和公共组织还需要明确打造可持续环境（包括建筑、能源、废物和水利基础设施）所需资金的获取方式，融资机制可能会根据产业和职能而有所区分。由于越来越多的投资者希望投资可持续的企业，来自民间的绿色融资变得更加可行。一些基金成立时要求所投资的公司具有可持续的特征，包括其生产的产品、提供的服务和生产过程。投资者已经注意到诸如大众汽车的空气污染问题，以及英国石油公司 2010 年墨西哥湾漏油等事件带来的环境责任和成本，企业缺乏可持续意识可能带来的风险也渐渐开始被评估。

最深层次的问题还是可持续基础设施的资金来源。在美国，传统的、高价值的基础设施，如道路和桥梁，严重缺乏资金，公众也不愿为这些不太显眼的传统基础设施项目缴更多的税。收取这些设施的使用费、通行费和私有化是解决融资难的方法，但这同样面临很多政治上的反对声音。因此，开发新的绿色基础设施（如投资智能电网、实行先进的废物管理办法、完善公共交通和开发可再生能源）变得更加困难了。

助力可持续城市融资的另一种方法是制定法律和公共政策，要求机构和个人根据可持续发展原则运营。比如，浪费资源或用错误的方式处理废物的个人可能会受到处罚，而行为表现为"可持续"的个人可以得到奖励。想要获得建筑许可的机构需要依照建筑规范来建造绿色建筑。有执照的水管工、建筑师、电工和其他工种需要接受可持续方面的培训，并遵守可持续性原则。另外，政府也可以推动市场走向绿色生产。比如，纽约州前州长安德鲁·科莫曾指示公共服务委员会制定新的清洁能源标准，这也是其任期内最重要的绿色举措。他规定，2030年前，纽约州至少50%的电力必须来自可再生能源[17]，同时承诺2040年纽约州的电力将实现零排放[18]，这是一项艰巨但可行的举措，展示出州长的决心。科莫宣布制定可再生能源标准是一项现实的、可操作的、有重大意义的举措。纽约州公共服务委员会对纽约的发电和输电进行监管，并对天然气、蒸汽、电力和水资源负有同样的责任。由于电力线路和类似的基础设施使用场合有限，委员会监管下的公用事业单位通常属于自然垄断企业。因此，科莫指示该委员会对转向使用可再生能源的影响力不可小觑。这是一项有意义的、现实的举措，将对未来15年纽约州的电力事业产生重大影响。

可持续新范式还需要高层决策者与不同利益相关者的共同参与。这一点在联合国可持续发展目标的设立中得到了体现。联合国可持续发展目标的设立改变了以往国际层面制定气候和可持续发展议程时由专家主导、自上而下的模式。联合国可持续发展目标在制定时将联合国所有成员与广大公民社会纳入考虑范围，同时强调每一个成员的作用，摒弃了千禧年制定目标时"施舍者与接受者"的思维方式。在地方层面，推动可持续发展政策还需要社区层面提供积极有效的政治支持，这种政治支持需要建立在民众对可持续政策与实践认同的基础上。

公众对发展可持续城市的需求是向可持续城市过渡的一个必要不充分条件。公众不仅可以要求改变政策，还可以对私营部门问责，例如，消费者主导了在欧洲和美国的企业部门促进公平贸易、支持绿色产品和提高劳工标准的倡议。推动可持续不能仅仅是自上而下的，否则可持续城市所需的一系列群众行动将不会出现。简单地谴责那些作弊、偷工减料和无视可持续发展原则的人或许不是实现可持续发展的最有效方法。为了获得更多的支持，可持续发展必须被定义为一系列积极的目标，而不是一套被消极制裁强化的低劣行为。本书第 3 章内容涉及可持续的生活方式，侧重关注可持续的积极属性。

我们希望这项工作能使我们更加关注自身生活以及邻居和社区的福祉，进而让我们更加坚定地开发新的收入来源，以支付基础设施建设和照看彼此的费用。这也许会让我们重新审视税收结构，并努力在税收会造成最小伤害的地方增加税收，在对社会最有利的地方减少税收。一位年轻的美国总统曾要求人们思考他们能为国家做些什么。现在，这个问题变成了我们能为我们的地球做些什么，而不是我们能为我们的股票池做些什么。如果我们要顺利过渡到一个可持续的、以可再生资源为基础的、具有社会包容性的经济体，那么我们将需要重建社区意识和共同牺牲的觉悟。面对全球化和经济一体化程度的日益加深,人才竞争将会异常激烈。城市必须找准自己独特的定位,但这并不意味着重新回到各自为政的孤立状态,而是通过探索创新的城市解决方案,共同开创可持续发展的新时代。

第 2 章

可持续的城市系统

可持续城市必须建立在一套可持续城市系统的基础之上。这套系统包括生产消费过程，也包括那些对生态系统影响最小，且能使人居环境存续和繁荣的基础设施。这套系统需要依靠技术、资金、组织能力以及政治支持来开发和维护。本章讨论了当代城市所需的可持续系统，并阐述了向可持续发展过渡所需的变革。

具体而言，本章定义了以下城市系统：能源、水资源、固体废物、污水处理、粮食、公共卫生、公园和开放空间，以及交通运输系统，并阐释了各系统可持续发展的具体含义。我们将首先解释一个可持续的能源系统是什么样子的，比如它应该是基于可再生能源和智能电网，同时减少对化石燃料依赖的系统。接下来，我们讨论了水资源相关问题，它是一种必须经过净化并分配给城市中每一个人的重要资源，而且经常会因为一些负面事件而升级为政治敏感话题。本章还讨论了可持续城市应如何在固体废物方面推行多项政策，鼓励减少废物，以及妥善处理和清除废物。同时简要探讨了污水处理，以及对污水中的营养物质和化学品进行回收再利用。研究了与可持续城市粮食供应相关的问题，即一座城市是如何持续地养活居民的。另外，我们研究了公共卫生系统，其重要性在新冠肺炎疫情防控期间被突显出来。随后，我们讨论了城市里的公共开放空间和公园的意义，在城市里人们享有的个人空间比农村或郊区少。最后，我们着眼于交通系统，讨论了基于可再生能源的公共交通和基础设施系统。总体而言，本章概述了我们认为对可持续城市发展至关重要的各个系统环节。

能源

在美国，所有能源都受到联邦和各州政府的监管，例如，联邦政府正逐步颁布一系列二氧化碳排放条例，一些向家庭和企业供电的公用事业公司也处于监管之下。但同时，在可持续城市的框架内考虑能源问题也相当重要。根据联合国环境规划署统计："城市消耗了全球 75% 的自然资源、80% 的全球能源供应，并产生了全球约 75% 的碳排放量。"[1] 肯特·波特尼解释说："毋庸置疑，所有城市最重要的可持续发展尝试都是关于环境，并延伸到能源的使用与节约。"[2] 能源系统包括电网、天然气管道，也包括家庭供暖系统和为汽车加油站运送石油的卡车。而一个可持续的能源系统将基于可再生资源。大部分可再生能源是通过电网提供的，少部分也可以通过地热装置、家用太阳能热水器、屋顶太阳能电池板和其他技术产品提供。

可持续的能源系统还应包括以下要素：与现代能源服务挂钩；能够提高能源效率与可再生能源在全球能源结构中的比重。[3] 美国国家科学基金会指出："一个可持续能源经济体重视环境与自然生态系统管理，以及清洁、公平、可靠、可再生、安全、经济上切实可行的能源战略和解决方案。"[4] 可再生能源约占美国 2018 年能源消耗总量的 11%（美国 80% 的能源消耗来自化石燃料，其余来自核能），占发电量的 17%。[5] 全球范围内，2018 年可再生能源装机量约占总容量的 1/3。[6]

一个可持续的能源系统将比我们目前的系统更加有效。现如今，我们电网上的大量能源或在传输过程中损耗，或因在深夜和清晨时未投入使用而被浪费，对电能的控制和使用也是低效的。在美国，平均输配电损耗率为年均 6%[7]，在一些中低收入国家输配电损耗率则更高[8]。绝缘材料、定时器、更高效的电器和建筑系统可以节约能源，但人们的草率行为浪费了大量能源。当前的电网缺乏计算机控制，并且大多缺乏接收和利用分布式、分散式能源的能力。一个可持续的能源系统将解决所有问题。

可持续能源系统的核心是一个能够以最高效率存储、传输和接收能量的智能电网。该电网还应配有备用能源系统，以防止故障带来的停电。与当前电网发展过程类似，构建智能电网也会是一个循序渐进的过程。未来的智能电网可能由机构和社区建造的微电网组成，这样可以提高系统弹性和能源效率，提供备用能源,并使建筑、设施能够产生和传输多余的能源。微电网是一套具有明确电力边界,且相互连接负载和分布式能源的系统。同时,作为一个单一体,微电网可以与电网相互连接或断开。[9] 微电网通常通过计算机控制,包括一个或多个分布式发电站点。在通信技术和计算机处理的帮助下,微电网最终被编织成越来越大的智能电网。本书第二部分将重点介绍世界各地的几个微电网案例。

根据地点不同,分布式可再生能源可以包括太阳能电池板、陆上或海上风力发电机以及可以制冷和供暖的地热能源。随着时间的推移,科技创新将使这些技术变得更高效,且成本更低。太阳能电池在利用太阳能方面效率相对较低。有人认为,将纳米技术应用于太阳能电池可以使太阳能电池板体积更小、更高效,同时也更便宜。以电池的形式储能是可持续能源的一项关键技术。电池的价格和尺寸都在下降,并且变得更加有效和实用。据国际可再生能源机构称:"在全球多个领域,电池被用于整合可再生能源,尤其在太阳能和风能领域……成本正在下降,技术进步正在提高电池性能。近期的发展还使电池更安全、更高效。"[10] 现在,作为电池市场主流的锂离子电池相比其他电池成本更低、性能更好。在可再生能源不断增长的情况下,电池储能可以提高电力系统的灵活性。充电一次可续航 500 英里①的电动车电池正在改变整个汽车行业,可以存储太阳能或风能的低成本家用电池将改变整个能源行业。

---

① 1 英里约合 1.609 千米。——编者注

不同于分布式发电与储能，中国建设了能够远距离传输电力且让能量流失最小化的特高压输电线路，比如长达 3 000 多千米的 110 万伏特高压直流电路，可以将新疆丰富的风能和太阳能输送到中国东部沿海地区。中国将此项技术出口到巴西，在那里建设了一条特高压线路，可以将水力发电的电力从北方输送到人口密集的南方地区。特高压输电的好处是可以让发电厂更靠近能源的来源地，这样既可以缓解人口密集城市及周边的空气污染问题，同时还能将分散的可再生能源整合到配电网络当中去。

尽管已经存在一些可再生能源技术，但能够真正推动化石燃料退出市场的变革性技术尚未被研发出来。因此，向可再生能源经济的过渡可能还需要数十年才能完成。现有技术已被用于减少温室气体排放，同时维持经济的持续增长。在向可持续城市经济转型的早期阶段，能源效率发挥着关键作用。现代生活的方方面面都需要能源，城市的生活方式需要流动性、气候监控、粮食和垃圾处理与运输以及全天候信息和通信。这种生活方式中的每一个要素都涉及能源技术。除非新能源能像现有能源一样可靠、方便和廉价，否则我们对能源的狂热需求和依赖会使新能源转型极其困难。

水资源

在美国，联邦政府通过《清洁水法案》和《安全饮用水法案》明确水质标准,但饮用水、清洁用水、烹饪用水和沐浴用水是由地方政府提供的。供应饮用水需要储水、水过滤和水分配系统,这些系统的建设成本通常高达数十亿美元,每年的运营和维护成本也高达数百万美元。劳克斯、范贝克和斯塔丁格解释说:"城市的水利设施通常包括水源地的集水和储水设施;通过渡槽(运河、隧道或管道)将水从水源地向水处理设施输送的系统;水处理、储存和分配系统;废水收集和处理系统,以及城市排水工程。"[11] 除了公共供水系统,家庭或单位的私人水箱、水泵和管道也必须得到应有的维护,才能确保从水龙头里流出来的水是清洁的。世界卫生组织估计,全世界有6.63亿人无法获得经过过滤的饮用水,到2025年,世界上一半的人口将生活在水源紧缺地区。[12] 在2015年和2016年,美国密歇根州弗林特市出现了供水危机。在该市更换水源后,人们发现家中的自来水含铅量超标。将供水系统的水源从经过检测且相对清洁的水源转为未经检测的水源,被证明是一次欠评估且愚蠢的省钱尝试。这一事件让人们进一步思考水利设施与有效治理之间的关系。随后几个月的媒体报道表明,美国还有很多城市可能存在水源含铅量超标的情况[13],《今日美国》的一篇文章曾报道:"对美国环保署的数据分析表明,大约350所学校和日托中心在2012—2015年有合计超过470次铅含量检测未通过测试。"[14] 在纽约市,供水问题在政治上也非常敏感。削减纽约第三条输水隧道建设投资预算的决定被《纽约时报》报道的第二天,市长就改变了主意。市政府官员试图声称这是一个"笔误",市长也指责相关负责的官员没有传达好他的意思。不管实际情况如何，供水已然成了一个重要的政治问题，就算是在像美国这样的高收入国家也是如此。

许多人都认为，水就像空气一样，应该是免费的，且所有人都可以使用。水是人类生活的必需品，每个人都应该有安全用水的权利。虽然我们认同提供安全饮用水是一项公共责任，但在这个拥挤的地球上，水资源无法被免费提供。越来越多的地下水被我们日常生活中所使用的有害物质污染。这些污染包括清洁液中的有毒物质、清理草坪所使用的化学物质以及更换机油时地上的残留物。在日常生活中，我们随意使用着各式各样的塑料制品以及对自然有害的化学品。它们虽然使生活更加便捷，但这些塑料制品和化学品最终不是被降解就是被水或火损坏然后释放到环境中，这一过程会污染空气、土壤和水源。虽然大部分污染物能在人类摄入之前被稀释，但它们还是会影响原本洁净的饮用水源，导致我们需要进行过滤或者其他形式的水处理。如果污染物是已知且稳定的，那么人们就可以在家里进行水处理。然而，通常情况并非如此。因此，专业的、大规模的水过滤与处理便成了一种更具成本效益的方式。这种方式要求将供水系统作为公用事业单位进行管理，并且由于规模经济，这些系统在城市地区比在农村地区更经济。

一个可持续的水系统就是为每个人提供安全方便的水资源的系统。可持续用水需要确保"为今世后代和环境提供充足的新鲜洁净水"[15]。这要求我们了解、测量并处理供水中的污染物，以确保水源适合人类使用。不可持续的水系统是指缺少这些关键组成部分，仅依赖有限、不确定或不可再生的水资源的系统。有些地下水可能来源于地质活动，但其补给速度可能比我们开采、使用的速度慢。

在现代水利系统中，过滤至关重要，这个过程成本极高且需要使用大量能源。在一些岛屿或干旱国家，海水淡化以及废水回收变得越来越普遍。随着这些技术的不断进步，可持续水资源的应用技术可能比可持续能源更为先进。就水源而言，可以依赖现有的技术达到可持续，但能源还不行。

基础设施投资的政治色彩将影响水资源的可持续性。由于设计和建设可持续的水利系统可能需要花上数十年的时间，政府官员知道自己无法为这些投资剪彩。正如上文所提到的2016年纽约市供水问题案例。2016年4月5日，《纽约时报》记者吉姆·德怀尔撰写了一篇有理有据，但内容有些令人沮丧的报道。报道中称，纽约市市长比尔·德布拉西奥决定削减对纽约市第三条输水隧道最后阶段的投资，但事实上纽约市要想在关闭另外两条较旧的输水隧道并对它们进行维修的同时保障城市供水，就极其需要这条隧道。根据德怀尔最初的描述[16]：

新隧道的布鲁克林—皇后区段计划于2021年完工，迈克尔·布隆伯格，作为德布拉西奥先生的前一任市长，在2013年的资本预算中投入了3.36亿美元。因为对他而言，第三条隧道的完工是他任期内最紧迫，也是花费最高昂的一项工作。但据德布拉西奥的发言人艾米·斯皮塔尼克透露，去年，因为急于控制住在布隆伯格政府时期已年均增长8%的供水和污水处理费，德布拉西奥政府将第三条隧道的经费转移到了其他项目上。她表示："我们打算在 2030 年前的某一时期完成隧道剩余部分的建设，但完成日期尚未确定，也未在预算中分配资金来开展工作。"

《纽约时报》的这篇报道在纽约市许多有权势的人和环保人士中掀起轩然大波。2015 年密歇根州弗林特的饮用水事件提升了人们对供水问题的关注。此外，纽约市几十年来已投资了数十亿美元建造这条输水管隧道，该项目已接近完成，为什么现在要停止呢？对于市政厅外的许多人来说，德布拉西奥市长的决定毫无道理。但根据市长的说法，报纸上的报道和报道中所引用的工作人员的观点与实际情况不符。在第一篇报道发出后的第二天，德怀尔又发表了一篇关于恢复第三条输水隧道投资预算的报道[17]：

德布拉西奥市长星期三表示，他将在纽约市的大型设备预算中增加 3.05 亿美元，用于加快完成第三条输水隧道的建设，让其能够尽快为布鲁克林—皇后区服务。市长在《纽约时报》报道其政府去年取消支付该隧道建设资金的几个小时后，立即做出了声明。市长日常工作中的一部分可能就是为该输水隧道项目腾挪资金。随着纽约市经济的蓬勃发展，市财政预算有所膨胀，因此这并不是一项特别艰巨的任务。尴尬的是他和他的助手辩解称，他们对输水隧道工程的支持从未减少，并试图避免在此事上与他的前任迈克尔·布隆伯格进行比较。布隆伯格曾大力推动了这项几十年来进展缓慢的工程向前发展。

德布拉西奥在此事上展现出的领导力令人担忧,他在试图逃避责任。然而,这场关于水资源的争议真正展示的是供水问题在大众心中日益增长的重要性。

高质量的基础设施很昂贵,但我们必须将其视为对未来的投资。而对政治决策者而言,连任往往比"未来"这一抽象概念更为重要。但"未来"可能并不遥远,一些"未来"的事件可能在没有任何预警的情况下在当下瞬间发生。同时,对于一座正常运转的城市而言,水资源不是一个备选品,而是必需品。在美国,很多老城市的基础设施十分破旧,需要再投资;在西南部的新城市,人口增长以及人们对税收的厌恶给基础设施建设造成了很大压力。新城市的基础设施虽然没有那么老旧,但也难以应对人口增长带来的额外负荷。美国西部的许多水坝效率低下,每年由于蒸发和地下渗透而损失数千亿加仑[①]的水源。一些州正在制订新的水坝和河流改道计划,但正如《纽约时报》报道的那样:"这些地区面对的可能是有史以来最严重的水资源短缺,这重新引发了一场关于20世纪的方法能否应对21世纪干旱问题的讨论。越来越多的官员表示,这些方法与新的气候现实背道而驰。"18

水是重要的基础设施和生活必需品。不安全的饮用水会使人生病,儿童摄入铅过量会导致脑损伤。政府的主要职能是保障人民的安全和福祉,因此,保障辖区内的供水与治安、消防服务同等重要。纽约市长迈克尔·布隆伯格上任后对该市可能

---

① 体积单位,1加仑约合3.785立方千米。——编者注

面临的风险和威胁进行评估时表示，供水系统崩溃是该市面临的头号风险和威胁。

在美国，人们认为供水是理所当然的事情。打开水龙头，干净的水自然会流出。然而，在很多中低收入国家，人们需要提着水桶，走很远的路寻找水源再把水提回家。近几十年来，供水技术取得了巨大进步。综合水利模型正在利用工程、经济、生态、水文、制度和政治信息来更好地管理水资源[19]，我们现在几乎可以过滤任何水源并安全使用。供水水质不达标是基础设施投资不足的后果，当土地利用开发过程破坏了传统水源时，就必须依靠水利设施。曾几何时，在自己家的后院挖口井就能获取清洁的水源。但现在随着土地的开发，很多清洁水源都受到了污染。

在纽约市，位于四十二街与第五大道附近的公共图书馆曾经是一个水库。随着地下水的污染与房价的飙升，市领导意识到他们需要花钱在市北数英里外的地方储水，并通过管道运输进城。密歇根州弗林特市寻找便宜水源的做法的确很有吸引力，但一分价钱一分货，最后因供水质量出现问题酿成了大祸。地球变得越发拥挤，全球城市化趋势也在不断加深，我们需要增加在水处理和水供应方面的投资。

固体废物

清除固体废物是可持续城市的基本要求。固体废物占用空间大且不雅观，开放式存储会吸引害虫并引发疾病。随着人口和消费的增长，固体废物的数量在增加，与之相伴的垃圾运输、储存、处理和再利用的相关技术水平也在提高。政府必须应对不断上升的垃圾处理成本和环境影响问题。与1975年相比，2000年美国的人均物料消耗增加了46%。[20] 全球范围内，处理这些固体废物的成本正在上升，2010年为2 050亿美元/年，预计2025年会增加到3 750亿美元/年，尤其在低收入国家成本增长最为显著。[21] 在20世纪，许多城市开发了"垃圾填埋场"，基本上就是在地上开个洞把垃圾埋进去，或者在类似湿地的区域用固体废物制造新土地。纽约市的许多区域都是填埋出来的，比如曼哈顿华尔街以南就是填埋区。多年来，纽约市和许多其他沿海城市都直接将垃圾倒入海洋。值得庆幸的是，进入垃圾填埋场的垃圾正在减少：2013年，美国53%的垃圾被送进了填埋场，而在1960年这一比例为94%。[22]

在20世纪之前，大多数垃圾是有机垃圾，它们会随着时间的推移而分解。但现代垃圾包含许多有毒且不可生物降解的塑料制品和其他物质。不断增长的消费和难以降解的材料，使固体废物处理已成为一项需要技术创新和组织能力的城市服务。目前，我们已经开发出了带有内置压实机的垃圾车，并通过垃圾填埋场、垃圾焚烧发电厂、垃圾分类与回收处理设施以及厌氧消化池（将食物垃圾转化为肥料的技术）等来管理和利用不断增加的固体废物。要想实现真正意义上的循环经济，需要在国家层面制定政策，在美国，许多地方举措需要州或者联邦政府的批准才能实施，因此地方政府在制定废物管理政策时的决定权是有限的。但无论如何，可持续城市还是应该推行一些关于管理固体废物的政策与计划。

第一项政策就是减少浪费。为此，一项可采取的措施是减少包装，同时对塑料袋收费，对瓶子、轮胎、电池等可回收物品收取押金。另一项措施是依靠一定的组织和技术力量将垃圾分为干垃圾、湿垃圾（食物和非食物）和可回收垃圾（如纸张和玻璃）。2013年，美国产生了约2.678亿吨垃圾，其中约35.2%被回收或堆肥。[23] 在全球范围内，约20%的垃圾被回收或堆肥。

我们需要处理固体废物的设施和技术，包括将废物转化为能源的工厂或其他设施，以及可以将废物安全处理掉或转化为可被再利用产品的技术。比如，一些用于能源燃烧的废物可以产生一种可用于建筑施工的材料。美国环保署将综合废物管理系统定义为一个由以下四个部分组成的系统，按重要程度排列分别是：源头减少和再利用、回收和堆肥、能源回收、处理和处置。[24] 构成该系统的四个部分都需要依靠复杂的方法来实现，而不是简单地收集垃圾并将其统统倒进一个洞里。

固体废物管理还受社区文化和价值观等社会因素的影响。可持续城市的目标之一是有效管理进出城市的物资流动。垃圾，也就是环境工程师口中的固体废物，对可持续城市提出了极其严峻的挑战。2003年，旧金山制定了"零废弃"的宏伟目标，提出到2020年，所有垃圾都不通过填埋场处理，并为此设定了三个目标：防止浪费、回收和堆肥，以及安全处理有毒物质。尽管旧金山没能在2020年实现该目标，但其减少的垃圾已经超过了美国其他城市。2012年，旧金山已经通过再利用、回收或堆肥，将80%的废物从垃圾填埋场转移出来[25]，而当时美国全国的平均水平仅为35%。

根据《纽约时报》记者马特·里奇特的观察："旧金山的堆肥工艺享有世界一流的声誉，它可以将食物残渣转化为像精细研磨的咖啡粉一样的颗粒，然后送去农场做肥料。"[26] 据旧金山市环保署的数据，2016年，不可回收垃圾桶中的垃圾中约有一半是可以回收利用的，如果将它们都回收了，垃圾的转化率将提高到90%。一些人认为旧金山的垃圾转化率高是因为其中包含建筑材料和生物固体。[27] 尽管如此，我们必须承认旧金山独特的政治和社会文化是促成该计划成功的主要因素，旧金山居民的行动表明减少废物和回收利用是一种重要的社会行为。

实现"零废弃"的目标十分困难，因为你无论如何也无法回收不可回收的东西，比如一些塑料制品和电子产品，但旧金山设定了新的目标，比如将个人垃圾减少15%，以及到2030年将被焚烧或扔进垃圾填埋场的垃圾量减少50%。当前，旧金山可能面临一个新的问题，那就是将垃圾运往何处。中国曾进口了全球50%的可回收垃圾和美国70%的塑料垃圾，但从2019年起中国开始禁止垃圾进口，以便专注于在国内进行垃圾回收。长期以来依赖于将垃圾出口到中国，已经使美国和欧洲国家疏于在本国建设与垃圾回收相关的基础设施。在确定长期替代方案之前，比如找到具有足够回收能力的新市场、提高当地处理能力，或减少一次性塑料制品的使用等，短期内最能控制成本的方法可能只有将更多废物送往垃圾填埋场或焚烧炉。

与旧金山一样，纽约市也设定了2030年实现"零废弃"的目标。2016年，纽约市的垃圾分流率为16%，5年后，这一数字仍然徘徊在21%左右。[28] 只要随便看看纽约市的可回收垃圾桶，就能感受到纽约距离实现"零废弃"目标还有多长的路要走，用来收集纸张的垃圾桶里装满了瓶子，而用来装瓶子的垃圾桶里却填满了各式各样未分类的垃圾。旧金山居民可能对垃圾分类很热心，但纽约市民显然不太在意这件事。我们还不清楚纽约是否有能力深刻地转变居民的文化观念，以达到旧金山的垃圾回收水准。

每个城市的情况都不同，纽约的快节奏、多样性和超大规模使其很难与旧金山相媲美。尽管如此，仍可以通过领导力、战略和创造力促使大多数人改变行为。纽约市成功禁止了在室内公共场所吸烟的行为，这曾经也被视为不可能实现的目标。当然，仅仅改变行为是不够的，回收的废物也必须被再利用。然而，回收品的市场需求并不是很高。垃圾分类技术以及回收利用的能源效率和成本效益也需要提高。一座城市的废物回收管理系统与每个人处理废弃物的行动同等重要。纽约市最终会拥有"零废弃"的技术和市场，但可能在2030年尚无法实现。

大多数专家认为，一个由回收设施、垃圾发电工厂以及公众行为转变组成的系统对纽约市而言将是更划算、对环境更有益的废物管理系统。不幸的是，由于"邻避主义"的影响，纽约基本无法建立海上垃圾转运站，用驳船运走垃圾，也无法建造垃圾焚烧发电厂或其他更先进的废物管理设施。纽约人无法接受在他们的生活区附近建造这些设施。不论怎样,"邻避主义"困境最终可能被经济利益所化解(我们将在第 5 章进一步讨论)。随着纽约市土地价格不断上涨,在市内设置大型垃圾处理设施会变得越来越不经济。

世界其他地方,比如日本、意大利、加拿大、巴西和中国的一些城市也宣布了"零废弃"目标。2019 年,上海开始试点严格的家庭垃圾分类规则,如果不遵守就会被罚款,这体现了中国自上而下制定环境政策的特征。由于缺乏正式的回收系统,上海一直依赖大量非正式的垃圾分类收集员分类回收塑料瓶、纸张、纸箱和电子垃圾。中国虽然曾进口了美国 70% 的塑料垃圾,但国内垃圾的回收利用却严重不足。由于大量进口别国的塑料垃圾,中国是世界上海洋污染极为严重的国家之一。这种污染在很大程度上是由于中国飞速发展的外卖服务行业中塑料包装的大量使用,以及国内回收利用率低下造成的。许多受到污染无法再利用的进口废物不是进了垃圾填埋场,就是流入海洋。在中国的许多城市,即使路边垃圾桶分为一般垃圾和可回收垃圾两种,桶里的垃圾也通常是被装入同一辆垃圾清运车运走的。尽管在社区或街角放置了不同的垃圾桶,但在倒垃圾时,往往没有多少人会真正进行区分。尽管人们越来越关注城市的环境问题,并愿意尽自己的一份力,但很少有人能在短期内快速改变自己的行为,尤其是像上海这样出台了复杂的垃圾分类规则,一夕之间让人很难适应。或许上海居民更能接受较为实际的方案,比如在其他城市被证明可以有效提高回收率的"单流回收"模式,又或是收取少量费用并将其作为专业分拣人员分拣与回收垃圾的报酬等。

"零废弃"是循环经济概念的要素之一。在循环经济中，所有消费产生的垃圾都将成为新的生产投入。但无论循环生产的过程有多严密，也会不可避免地存在一些遗漏。因此，"零废弃"的目标是把"生产—消费—浪费"这样的线性模型转变为一种类似于循环的模型。我们并不把"零废弃"当作实际的运营目标，而是一种模型和向往。"零废弃"是一种思考资源利用和垃圾管理的方式，而不是一个绝对的目标。事实上，没有任何一座城市能够独立实现"零废弃"目标，尤其是考虑到当今的全球供应链体系。"零废弃"目标能否实现很大程度上取决于生产过程和广大民众是否能做出有意义的行为改变。因此，我们看到越来越多的城市采取了更为实用的方法。比如新加坡，虽然提倡"零废弃"的概念，但不再以100%的垃圾转化率为最终目标，而是设定了2030年前减少人均垃圾排放和提高垃圾回收率的目标。美国旧金山也是如此，与其试图在2020年实现"零废弃"，城市更倾向于设定减少垃圾产量、增加垃圾回收的目标。终极目标可能还是努力实现"零废弃"，但这一目标或许永远不会完全实现，至少在可预见的未来很难实现。

可持续的垃圾管理需要范式的转变，以及对消费和垃圾的全新思考方式。与其无意识地将使用过的东西扔进垃圾箱，不如对它进行分类或考虑如何回收再利用。在生产过程中，生产者也要对此过程负起责任。比如，生产者鼓励消费者将可回收商品退还给购买地或制造商，并予以奖励。制造商在设计商品时也应考虑商品使用后依然可以从中获取一定材料或者翻新再利用。每个人都必须更加自觉地减少使用或消费不可生物降解的材料。当然，在生产过程中移动原材料或货物需要使用能源，因此生产过程的封闭系统最好也是由可再生能源驱动的。

只有当城市的社会规范、组织能力和垃圾处理设施同步发挥作用，来减少固体废物的数量和对环境产生的消极影响时，废物管理系统才是可持续的。可持续的废物管理系统还要求尽可能多地回收垃圾，并在城市废物管理系统中尽量减少化石燃料的使用。一个不可持续的垃圾管理系统只是收集垃圾并将其倒入堆填区或海洋。我们的目标是将废物视为一种资源，而不是简单地将其视为"垃圾"，并转移到我们看不见的地方。在本书第二部分，我们还将详细讨论三个垃圾管理的相关案例。

污水处理

过量的雨水和商业场所的废水必须安全地从城市中排出，并将环境影响控制在最小。这就需要投资、设计、建造和维护污水排放管道系统及污水处理系统。最初，污水处理厂只不过是一个滤网，用于过滤一些颗粒较大的固体，使其不直接排放到水体中（也称为初级处理）。而现在，污水处理一般分为三级：初级、二级和三级。初级（或机械）处理主要是去除原污水中较大的悬浮固体。[29] 二级处理是指通过生物处理工艺去除污水中近 90% 的有机物的过程，主要处理方法包括活性污泥工艺和滴滤池。三级处理则是通过进一步的化学处理工艺去除99%的杂质,这一步对于公众卫生健康非常重要,通常会使用氯、臭氧或紫外线辐射对水进行消毒。[30]

在美国,《清洁水法案》为管理废水排放奠定了基础。同时,排放城市污水和工业废水要遵守国家污染物排放系统的规定。[31]美国市政下水道系统最早建于19世纪50年代。到1909年,大多数人口数超过30万的城市都有了下水道系统。[32]在过去的半个世纪里,污水处理技术取得了巨大进步。未来,随着科技进步,污水中污泥所含的营养物质与化学物质也将被开发出来,并用于食品加工。一个闭环的生产和消费系统可以将食物垃圾和人类垃圾用作植物生长的原料或动物的饲料。除需要确保清除这些垃圾的过程不会传播疾病外,还要确保垃圾转化所需的能源不来自化石燃料。

污水管道系统和处理设施是资本密集型的基础设施。比如,污水需要建造管道甚至隧道来输送。另外,在污水与雨水合并管道运输的系统中,还必须留出能在降暴雨时容纳多余水量的空间。许多城市在尝试建设绿色基础设施,其中包括"在城市地区模拟生态系统收集雨水"的设施[33]。比如,在城市建筑、人行道和其他不渗水的表面种植树木或其他植被。在保护水源质量的同时,还可以提供其他社会和经济效益,如改善公共卫生及减少城市热岛效应。可透水的表面能使水直接被地面吸收,还可以提高视觉享受。绿色屋顶、透水路面、花园以及蔬菜地都是替代或补充大型储水罐、地下管道等"灰色"基础设施的不二选择。土壤和植被可以通过捕获、减缓及过滤径流来更好地管理雨水,并因此避免过大的水量超出污水处理厂过滤和处理污水的能力范围。费城是一座拥有联合下水道系统(同时处理污水和雨水)的城市。为了减少雨水径流带来的污染,费城制订了一项"绿色城市,清洁水源"计划,即通过建造绿色基础设施来减少雨水径流。这一计划将在未来数十年内重塑费城的城市景观。通过开发绿色地面及屋顶,费城预计减少85%的雨水污染,并节省之前用于治理污染及下水管道建设的56亿美元开支。[34]

与固体废物类似,可持续城市中的污水也必须由污染物转变为一种资源,这就需要对整个废水处理、运输及最终的处置系统进行投资。从人类的太空旅行中,我们意识到废水是可以被回收再利用的,关键在于如何降低这个过程的成本及能耗。我们希望现在的技术进步可以持续加速这一转变。

粮食

在20世纪初,大约40%的美国人从事农业劳动,到2020年,这一数字降到了1%。[35]现如今,大多数人都远离粮食生产。它曾占据着我们的大部分时间和精力,但现在只是很少一部分人从事的工作。如果没有粮食的工业化生产与分配,现代城市就不可能出现。因此,从许多方面看,大规模城市化就是建立在农业工业化的基础之上的。

我们可以从两个方面来考虑粮食系统及其可持续性。第一个方面是充足性。人均热量是否足够？当前的分配方式是否使穷人和有固定收入的人群都得到了足够的粮食？联合国粮食及农业组织（以下简称"粮农组织"）指出："当所有人在任何时候都能在物质上和经济上获得足够安全又有营养的食物，不仅满足人们基本的饮食需求，同时也满足一个积极健康的生活方式所需的食物偏好时，我们才算实现了粮食安全。"[36] 第二个方面与粮食的能源强度有关。有些粮食需要大量的能源来培育并运送到市场。一般来讲，当地采购的粮食通常能源强度较低。不幸的是，世界上特大型城市周围往往很难种植足够的粮食来养活城市居民（世界上只有 40% 的陆地面积为农业用地[37]）。以纽约市为例，尽管当地的粮食很受欢迎，但纽约市仅有 5% 的粮食供应来自附近的农场。其中有文化因素，比如有些人更喜欢那些不能在当地种植的食物，而且愿意为此买单，但更重要的原因还是需求量过大。纽约大都市圈拥有 2 000 万人口，城市周边根本没有足够的农场可以养活这么多人。这也是世界上多数大城市所面临的问题。

有时，在当地采购的农产品和城市菜园可以让城市居民了解农业和食品生产知识。同时增强人们保护农田的意识，增进我们对日常饮食产品构成的理解。当地产的食物正变得越来越受欢迎：2006—2014 年，美国本土的农贸市场数量增长了 180%，同一时期开设"农场进学校"项目（由当地农场给学校提供餐食）的学校数量增长了 430%。[38] 根据全美城市联盟的定义，一个可持续的粮食系统是指[39]：

- 以合理的价格提供与低成本、高热量食品相比具有竞争力的健康食品；
- 确保所有居民都可以通过步行、骑行或乘坐公共交通工具到达一个货品齐全的百货商店；
- 尽量减少食品生产和运输对环境的影响，包括温室气体排放、水资源消耗以及化肥与农药的使用；
- 促进社会公平，给当地劳动力提供工作机会，并保障合理的工作条件和薪资。

粮食供应的另一个关键问题是农业产业化带来的环境影响。对小型、家族农业的偏好使许多农业企业免受环境监管。牲畜饲养场对当地水道和生态系统影响巨大，农药和化肥与雨水混合后从农田流失也会影响环境质量。有大量文章探讨过农业产业化对环境的影响。[40] 农业产业化不仅对环境具有破坏性，而且往往会带来社会层面的不公，因为生产肉类使用的饲料会抬高谷物的价格，使世界上较贫困地区的人口更难养活自己。尽管存在这些问题（更不用说工厂化农业对动物的残忍虐待），工厂式农业仍然可能比畜牧生产更有效率。由于饲料质量低下以及生病和营养不良动物的死亡率较高，导致需要更多资源来饲养大量动物，这将会带来更严重的环境影响。[41]

某些类型的粮食生产对生态系统的破坏程度比其他类型更甚。牛肉及其他肉类可能是最具破坏性的：粮农组织估计，18%的人为排放的温室气体是由畜牧生产造成的，超过整个运输部门的总和。[42] 饲养动物需要大量的水、粮食、能源和土地，例如生产1千克牛肉需要25千克谷物和大约1.5万升水。[43]因此，减少食用肉类和奶制品也许是我们能为环境做的最具影响力的一件事，这不仅可以减少畜牧业的排放，还可以减少空气和水污染，节约土地和水资源。[44]即使是草饲牛肉，对环境的影响也很大。约瑟夫·普尔在《科学》杂志上发表的一篇有影响力的文章介绍："将草转化为肉就像将煤炭转化为能源，这个过程伴随着巨大的排放成本。"[45]尽管肉类和奶制品为我们提供了37%的蛋白质和18%的卡路里，但是饲养牲畜占用了我们超过80%的可用耕地。[46]

许多文化和饮食活动都是围绕肉食展开的，一方面当然是为了摄取蛋白质，另一方面则是作为一种地位的象征。即使可以在文化上推广减少摄入肉类的理念，这也将是一个缓慢的过程，因此，开发最小化环境影响的生产方式可能是一个更有效的方法，例如尽量少生产对环境有害的肉类和奶制品。另外，"可持续集约化"等方法试图在增加现有农田粮食产量的同时，减少对环境的压力——各种技术和策略可以做到这一点。[47]此外，给食品附上显示环境影响的标签、对可持续粮食生产给予补贴以及在高收入国家对肉类和奶制品征税等，都有助于减少负面的环境影响。与城市其他可持续性基本要素不同的是，大部分食品生产设施在地理上远离城市中心。这并不意味着其环境影响没那么重要，而是意味着这在政治上更难解决。

食物的消耗（或营养与饮食）也是可持续城市的重要组成部分。我们了解到，过量食用某些食物会导致肥胖、糖尿病等疾病。此外，为了让动物体重快速增长以及控制感染，工厂化畜牧业中往往过度地使用抗生素（美国 80% 的抗生素都用于畜牧业），这导致人类对抗生素产生了耐药性。[48]

另一个与健康和食品供应相关的问题是"食品沙漠"，特指某些缺乏新鲜水果、蔬菜和其他健康食品的低收入地区。[49] 科学研究表明，"食品沙漠"会对健康产生负面影响。[50] 由于大多数城市居民远离食品的生产过程，针对食品成分的监管及食品标签上营养成分表的标注就成了公共卫生的关键组成部分。政府法规要求销售预制食品必须估算并公布其卡路里、盐分以及其他信息，以此保障城市居民的营养与饮食健康。政府补贴也会对居民健康产生影响，发表在《美国医学会杂志》上的一项研究表明，大量摄取某些受补贴食品（如玉米、大豆和小麦类制品）会导致患心肺代谢性疾病的风险更高。[51]

人们必须将食品供应视为可持续城市的重要组成部分，因为城市居民的生存完全依赖于全球的食品供应系统。供应链的任何一处中断都将是灾难性的。英国卡迪夫大学的凯文·摩根表示，城市的食品安全本是一个相对边缘的话题，但由于 2008 年的全球金融危机所带来的前所未有的饥荒，食品安全已然成为高收入国家的一个主流政治问题。[52] 由于存在激烈的竞争，食品产业是最具自由市场特征的。只要消费者愿意付钱，几乎所有的食品都可以在任何时间供应到任何地方，其价格一般取决于供需关系。虽然食品可以保存，但新鲜的鱼、肉和农产品的保质期是有限的，这也导致市场力量对食品系统具有一定影响。

公共卫生

城市化推动了最近一轮经济发展，但人口密集的城市也使我们更容易受到传染病的威胁，比如我们刚刚经历的新冠肺炎疫情。我们之前忽视了医疗卫生系统作为城市可持续系统组成部分的重要作用。正如我们在第1章提到的，自城市诞生以来，传染病一直是城市可持续发展面临的主要挑战之一。很明显，在新冠肺炎疫情防控期间，高效的医疗和公共卫生系统对于可持续城市变得举足轻重。为确保能够在维持目前人口密度的条件下按照城市最初所设计的方式互动，我们需要一个合格、中立、强大的医疗卫生系统来识别、治疗和隔离传染病患者。如今，世界经济社会通过供应链、通信技术以及全球旅行相互联系。在1971年出版的经典著作《封闭的循环：自然、人和技术》中，巴里·康芒纳告诉我们，生物圈中的一切都与外界事物相互关联。而现在的情况是，人类社会中的一切事物都与外界事物相互关联。这个星球上广阔的海洋与陆地已不再能保护我们免受自己的行为和技术造成的负面影响。曾几何时，海洋也许还能隔离"新世界"，但原子弹的出现已经彻底结束了这种想法。

康芒纳提出的第二生态定律认为"物有所归"。即，世间根本不存在没用的东西。某个生产系统产出的东西同时也是另外一个生产环节的投入。引发新冠肺炎疫情的新型冠状病毒很容易通过康芒纳笔下的"同一个相互关联的生态系统"传播,并产生巨大的影响。虽然我们坚信最终可以学会识别并管理这些影响,但康芒纳对此表示怀疑。正如他的第三生态定律所说,"只有自然界知道"。地球的生态系统经历了亿万年的进化,形成了错综复杂的关系,而我们才刚刚开始了解。也许将来有一天我们可以弄清楚,但是在1970年康芒纳写这本书时,他认为生态系统比人类理解的要复杂得多。显然,当时的他是正确的。尽管在过去的50年里我们学到了很多,但如果要真正可持续地管理我们的地球,我们还有很多生态以及生物学的知识要学。

由此也可以引出康芒纳的第四生态定律——"天下没有免费的午餐"。我们都享受着全球化带来的好处,比如大屏幕电视、智能手机、全球旅行,但这些都不可能是"免费的午餐",所有的好处都伴随着成本。疾病带来的成本可以通过卫生系统和专家系统来降低,上述系统可以用来监测、减轻和控制疾病的传播。"9·11"恐怖袭击事件发生后,纽约市投资组建了一支大约由1 000人组成的反恐警察队伍。过去几十年发生的若干次大流行病促使美国联邦政府设立了一些应对这些问题的职能部门,但在一次次减税的呼声中,很多部门最终被撤销了。纽约市的税率很高,但纽约的市民也受益于高质量的公共服务,比如,纽约警察局以及纽约消防局所提供的世界一流的急救服务。当我们最终为全球性的紧急状况买单时,不妨记住康芒纳第四生态定律——"天下没有免费的午餐"。

2020年3月,朱莉·博斯曼和理查德·福塞特发表在《纽约时报》上的一篇报道指出了10年来美国各地方和州级卫生部门的预算削减所带来的影响。据博斯曼和福塞特所说，美国在公共卫生方面的普遍性投资失败导致地方和州级卫生部门难以应对新冠肺炎疫情的暴发，没有做好应对未来危机的准备。许多卫生部门在2008年金融危机时期遭受的预算和人员削减到现在都没有得到恢复。这些少得不能再少的医护及行政人员正试图应对这场前所未有的公共卫生危机，满足各种突然出现的需求：接听惊慌失措的居民来电、隔离可能被感染的人员、追踪已知密接者以及被感染者的下落。自2008年以来，美国地方和州级卫生部门的职员总数减少了近25%。[53]

似乎，那顿"免费午餐"终于来找我们付账了。我们的食品供应系统、电网和生活所需的其他资源都在正常工作。但在新冠肺炎疫情防控期间，我们的医疗卫生系统承受着巨大压力。许多人，尤其是穷人和工薪阶层，受到了疫情所带来的经济影响。尽管这是一场前所未有的危机，但它清楚地表明，在这个人口密集且经济全球化的星球上，新型冠状病毒不会是我们所面对的最后一次挑战，未来将有更多的挑战等待着我们。但正如全球恐怖主义使机场安检和视频监控更加严密，从而使得追踪和预防恐怖活动的能力大幅提升一样，新冠肺炎疫情也增强了我们追踪、预防和治疗疾病的能力。这也许是这场危机所带来的最重要的一课。

我们需要完善公共卫生系统，包括实验室、研究人员、诊所、隔离病房、设备库存，以及透明、诚信的全球沟通系统。同时，我们需要让政策制定者和公众更深入地了解科学和医疗专业知识。当发现一种新型的病毒正在传播时，首先，我们需要派遣一支全球疾病"突击小组"对其进行遏制，需要一个全球科学家团队，研究和学习如何阻止病毒传播。我们需要的是一个国家级的研究检测中心与地方公共卫生监测相结合的系统。在有效控制住新冠肺炎疫情后，我们需要为应对下一次流行病做好准备。我们必须研究和学习每种新病毒的预防与治疗方式，这也意味着在医学研究上花费更多的时间与金钱。这项工作必须是全球性的，而且要比我们这次应对新冠肺炎疫情做得更好。其次，当我们发现一种新型病毒时，必须立即实施传统的公共卫生措施，比如检测、追踪和隔离。在我们有办法预防或治疗一种新疾病之前，这项工作必须像机场的安检一样常规化。这就需要充足的资源，以及全球性且政治中立的组织能力。

我们所需的全球公共卫生系统不会是那么令人愉快的。正如"9·11"恐怖袭击事件发生之后的安保系统给我们带来的困扰与不便一样，公共卫生系统所带来的麻烦可能更多。这种安全的成本之一也许会是我们的一部分自由，这需要我们进行取舍。就像我们的城市及建筑物都布满了摄像头，在我们上飞机和进办公楼时被询问一样，在将来，我们不仅要被检查是否携带武器，还会被检测是否携带病毒，这可能令我们感到不适。新冠肺炎疫情暴发后所实施的封锁、保持社交距离和旅行限制，都扰乱了我们的生活与出行。

要加强国家和地方城市卫生系统的建设，仅靠个人力量是不够的，需要我们的共同努力，需要社区、城市、州、国家和全球机构的共同参与。就像气候变化和环境污染一样，这次的疫情以及随后可能出现的其他病毒也不会受国界的限制。在这次危机最严重的时候，大多数国家选择了关闭国门，但没有一个国家成功地将自己与新型冠状病毒的传播隔离开来。我们既需要因地制宜的解决方案和独创性来解决可持续发展问题，同时也需要利益相关方的广泛合作和各国的共同努力。我们需要化解分歧，团结成一个人类共同体，才能应对不分国界的可持续性威胁。

公园和公共空间

在人口密集的城市地区，许多人无法获得私人的户外空间，共享的公园和公共空间就成了重要的基础设施。一些人认为，若想让城市健康运作，我们不能将城市中的自然仅视为人类活动的背景。[54] 公园具有诸多不同的用途和益处。其中一种用途是提供娱乐场所，如网球场、篮球场、游泳池、溜冰场，还有可供划船或进行帆船运动的水域。尤其是在城市地区，人们逛公园是为了亲近大自然并减轻压力。另一种是生态用途，绿色空间可以吸收热量和二氧化碳，减少空气污染，帮助控制雨水径流，保护生物多样性。

公园还具有观赏价值。在许多城市，同一地段有公园景观的房屋价值通常比没有公园景观的价值更高。根据纽约市在2007年制定的城市可持续发展规划，即"纽约2030城市规划"，前市长布隆伯格设定的目标之一就是让每位城市居民都可以在步行10分钟之内到达一座公园。[55] 这个目标提出了一个明确、可操作且可衡量的指标。安娜·切苏拉解释道:"城市中的大自然满足了许多社会功能及市民的精神需求,它成了城市的宝贵资源,也是城市可持续发展的关键因素。"[56]

公园还为许多家庭提供了一个非商业区域。大多数美国公共场所都设有多种类型的商业设施,这在无形中增加了家庭的经济负担。而公园里通常没有商业活动,就算有一些餐厅或食品摊贩,也不会是公园环境的主要部分。公园是朋友和家人可以聚会的地方,同时也是邻里之间进行非正式、随意互动的场所。总的来说,公园展现了城市生活中的民主化特征。公园不会设置贵宾入口,不会收取入场费,也不会专门为精英人士提供服务。在这里,富人和穷人共享所有空间与设施。从这个意义上讲,公园可以增进公众的社会认知,并维持政治稳定。越来越多的证据表明,在自然环境区域附近生活和工作,有助于提高人们的生活质量。自然区域不仅为我们提供了环境和生态服务,同时带来了社会效益和精神抚慰,例如缓解压力、改善心理健康、促进生理健康等。[57]

公园的设计可能因地形、气候、文化、公共需求和投资而异。对新建或重新设计的公园空间的需求将与现有公园提供的容量和功能有关。比如,一些公园专注于娱乐活动,而另一些公园只是供人们安静地坐坐。公园是城市基础设施的重要组成部分,可以让人们在高密度生活状态下保证生活质量。在农村地区,人们虽然拥有大量的户外空间,但大多数时候很少有人会真正利用这些空间，它仅为人们享受自然世界提供了一个渠道。在农村的开放空间中，通常很少有社交活动发生。

尽管城市里大多数人大部分时间都在室内度过，但公园提供了真实的户外空间。其实如果室内的每个人都突然决定去他们附近的公园走走，那么公园将会变得非常拥挤，并失去其本身的意义。事实上，人们逛公园的时间较短，大多数人也不会每天都去公园，这就意味着我们只需要相对较少的土地就可以满足较多人的户外空间需求。别具匠心的景观设计可以让很多人同时使用室外公园空间而感觉不到其他人的存在。比如，瀑布的声音可以掩盖人声，树木、山丘、池塘以及被林区环绕的公共广场可供人们聚集，也可以减少自然景观区域的人流量。

除了由政府持有和经营的公园外，还有像纽约中央公园这样特殊的公园，它虽然归纽约市政府所有，但由非营利性的中央公园管理委员会运营。中央公园管理委员会筹集了公园年度预算的75%（年度预算合计6 500万美元）用于维护和美化公园。私人开发商可以建造和运营公共空间供公众使用，也可以打造私人空间仅供他们的客户使用。在一些城市，私人开发商可能被允许开发超过规定容积率的空间，但同时他们会被要求建造开放的公共空间或广场作为交换，以提供一定的社会效益，类似的例子在中国也有很多。在博物馆、植物园、大学以及动物园等机构，既有公共空间，也有为举办活动而偶尔对公众开放的私人空间，这种政府与私人合作的关系往往可以扩大公共空间的范围。

"亲近自然城市网络"成立于2013年，是一个由全球领先城市建立的组织，致力于在日常城市生活中丰富自然体验。该组织基于"亲近自然"的理念，认为"人类与自然世界共同进化，因此我们生来就需要与大自然和其他形式的生物接触"[58]。"亲近自然城市网络"旨在促进城市与自然的联系，希望通过知识共享使城市和城市社区更具环境承受力、更宜居。为此，许多城市正在努力重新设计和利用空间，某些废弃的工厂或受污染的场地被重新改造，使其产生环境与经济价值。[59] 纽约市斯塔滕岛的弗莱士河公园就是由曾经世界上最大的垃圾填埋场改造而来的。许多城市成功地将"棕地"（废弃及未充分利用的工业用地，或是已知或疑为受到污染的土地）以及"可能存在有害物质、污染物的土地"改造成绿色空间。[60] 在加拿大的多伦多，大规模的"棕地"改造不仅改善了土壤质量、创造了栖息地、增加了娱乐设施，还振兴了城市中的许多社区。[61] 在本书第二部分，我们将讨论来自世界各地的多个公园建设案例。

交通运输

密集的人口与企业是可持续城市的基本要求之一。城市应具有协同效应，受益于规模经济以及社会、经济与思想的碰撞。虽然其中一些协同和互动可以在线上实现，但城市的特殊之处就在于它能够促进现场的、面对面的人际互动。作为促进人类互动的另一个关键要素，交通运输对于城市运转而言十分重要。

人们需要能够从一个地方移动到另一个地方与其他人见面，完成在特定环境下才能完成的任务。大学拥有会议室、教室、实验室、公共空间、图书馆以及其他开展基础研究和教学任务所需要的专业设施；医院需要设备、实验室、治疗室、质量控制系统以及其他提供医疗保健所需的物资；好的餐厅需要厨师、厨房、服务员以及食品的供应。举以上例子是想说明，人们需要在一些特定场所才能生产或消费产品与服务，这些都需要人际互动。

人员和物资的流动需要运输系统，未经管理的城市将会面临严重拥堵。许多美国城市（洛杉矶最为典型）依赖于个人交通出行并具有从城市蔓延至乡村的土地利用模式，这虽然降低了人口密度，但由于缺乏足够的公共交通，导致拥堵状况加剧。交通系统对土地利用的开发模式影响巨大，比如在美国，高速公路出口附近的区域比周边区域的开发程度更高，但由于对停车场的需求量过大，只能降低人口密度；火车站周边区域也比其他区域的开发程度要高，但在这里就可以实现高人口密度，因为火车站附近的停车需求没有高速公路出口那么高。

随着人口密度的增加，街道也在变得更加拥堵。这使地铁建设与服务变得更加重要，也更加经济实惠。在达到高人口密度之前建造地铁显然是更经济的，因为土地价格和破坏现有设施的开发成本在人口密度增加后都会变得很高。此外，如果在人口密度增加之前进行公共交通建设，还可以利用公共交通网络指引今后的发展，使未来的开发尽量降低对环境的影响以及基础设施成本。波特尼认为："重视可持续发展的城市会尝试将交通规划与其他类型的规划相结合,包括住宅和区域规划、工业和工作场所选址及其他问题。"[62] 美国公共交通协会也指出:"对公共交通的投资,不论是作为短期刺激还是经济生产力的长期累积,都可以带来显著的经济增长。"[63]

对于不太富裕的人来说,公共交通具有降低成本的潜力:无须投入资金购买车辆,也无须投入时间和金钱获得驾驶执照。新晋城市居民可以和原居民一样从家里坐车到工作地点或学校。像公园一样,这种集体资源也可以产生民主化的效果。考虑到公共交通对于减贫以及提供就业机会的意义,它对社会稳定也可能产生积极影响。

在美国,交通运输消耗的能源占石油消耗量的70%,排放的温室气体占温室气体总排放量的27%。[64] 随着整个社会转变为以可再生能源为基础的经济模式,政府购买新能源火车和公共汽车也可以加速化石燃料的替代转型进程。另外,公共交通的差别定价也可以帮助政府实现一系列社会目标,比如学生可以享受免费的交通服务,老年人可以享受折扣票价,在非高峰时段也可以降低票价以减少拥堵。过桥费、过路费、拥堵费以及街道停车费都有助于改变人们的出行模式,补贴公共交通支出,但比起公共交通,个人出行模式(如驾车)更难以被政策影响。

尽管很多城市拥有良好的公共交通系统,私人交通工具在可持续城市的系统中依然扮演着重要角色。在某些地方,私人交通可能还是最佳选择。但我们还可以通过拼车、租车和骑自行车来减少私人车辆的使用。在一些城市,不同的交通方式可以互连。比如,一个驻车换乘停车场可以让步行范围内无法抵达公共交通枢纽的人与地铁相连，共享单车或者拼车软件也可以帮助我们连接公共交通资源。全球 52 个国家的 600 多座城市都有共享单车。[65] 目前，美国有 100 多座城市拥有共享单车系统，其中 77% 的共享单车停靠站位于公共交通站点附近，如公共汽车站和火车站。[66] 本书第二部分，我们将列举分析世界各地的一些公共交通系统。我们可以将市场力量、公共财政补贴和使用者付费结合起来，建设一个复合型的交通系统，在减少环境影响的同时促进人员流动。这样的系统是可持续城市基础设施中不可或缺的一部分。

* * *

大多数人生活在城市，即使不在城市生活的人也遵循着城市的生活方式，并且被城市的思想、娱乐、文化、行为规范、技术、经济趋势和政治深刻影响着。我们大多数人的生活都远离大自然，但所有人都依赖于大自然以及生态系统所提供的食物、水和空气。本章所描述的人造系统可以被设计为最大限度减少环境影响、有益于生态系统的可持续系统，也可以被设计为损害甚至破坏自然的系统。可持续城市的目的是通过人员和资源的集中来获取资本与资源，从而建设和维护一个最大限度降低环境影响的城市系统。

构建一个可以取代自然生态系统的人造系统是有可能的。虽然我们目前还不知道如何实现，但相信总有一天我们会拥有这样的能力。在获得这种能力之前，我们希望保护环境的价值理念和道德观得到应有的重视。目前，我们没有可以取代大自然的技术，也无法离开地球生活，因此我们只能尝试建造一个可以与大自然和谐共处的人居环境。本章简要总结了对城市至关重要的系统，并概述了如何设计这些系统才能尽量降低对环境的影响。我们将从其他视角来看待城市的可持续性。在下一章，我们将探讨可持续城市生活方式的概念与实践。主要解答以下几个问题：人们在可持续城市中做什么？人们如何安排自己的时间？在一座可持续城市中，人们的工作、娱乐及生活方式的性质是什么样的？

第 3 章
可持续的生活方式

何谓生活方式？生活方式就是人们利用自己的时间做些什么——工作、休闲、运动、娱乐、旅行、社交、家庭生活、宗教活动、教育、学习以及其他活动。它可能还包括人们进行这些活动的场景，比如居住地点、工作地点、休闲娱乐地点等。可这与可持续有什么关系呢？一个人可以选择消耗大量资源的活动，也可以选择消耗少量资源的活动。例如，你可以住在占地5英亩、建筑面积为1.5万平方英尺①的豪宅里，在私人健身房锻炼身体，在拥有30个座位的放映室里看电影，在自家的游泳池游泳，使用自己的烧烤架烹制烧烤。或者，你可以住在一个1 500平方英尺的公寓里，在公共健身房锻炼，去电影院看电影，在公共海滩游泳，去餐厅吃饭。你可以选择步行、骑行、乘坐火车上下班，也可以拥有或者乘坐一辆巨大、豪华的越野车，由专职司机接送上下班。你可以选择回收厨房中的食物垃

---

① 1平方英尺约合929.030 4平方厘米。——编者注

圾，也可以选择随意乱丢垃圾。

每个人生活方式的选择都对气候或资源产生着影响。哪怕是选择住在豪宅也可以将其设计成具备地源热泵系统、配备太阳能热水器，并且最大限度地减少从门口车道到附近溪流径流的住宅。在现代社会，人口增长、城市化、自然资源消耗、污染、气候变化、经济发展的诉求、便捷的信息，以及通信、互联互通的全球经济等因素，既是我们追求可持续发展的原因，也是其结果。这些因素定义了21世纪以及我们现在生活的世界。我们需要让更多人接受全球可持续发展的相关价值理念，比起过去，这些理念在今天的接受度已经高了许多。

只有当我们选择可持续生活方式时，第2章描述的那些可持续城市系统才能促进经济和环境可持续发展。可持续生活方式是一种将物质消耗视为达到目的的手段，而非目的本身的生活方式，这种生活方式同时要确保消耗的物质对生物圈的负面影响尽可能小。可持续生活通常被定义为：尽可能少地使用资源、减少碳足迹以及减少对环境的破坏。[1] 联合国环境规划署将可持续生活方式定义为："重新思考我们的生活方式、如何购买及消费。但不仅限于此，它还意味着我们需要重新思考如何组织自己的日常生活，改变我们的社交、沟通、分享、教育方式以及如何建立身份认同。"[2] 在可持续发展时代，我们将可以更好地消费，而不一定要更少地消费。我们可以以更舒适、更公平的方式消费和生活，这不一定需要通过更多的物质资源来实现，很多消费转变可以通过技术进步带来的行为变化来实现。

在21世纪，人才经济已经改变了生产和消费的本质。我们的生活方式与20世纪相比有了很大不同，比如，我们每天会花大量的时间通过短信、电子邮件和社交媒体与其他人互动，并从互联网上获取信息。现如今，美国人均周上网时间为23.6小时，在2000年，这一数字仅为9.4小时。[3] 如果你在视频网站（比如奈飞、爱奇艺）上观看电影，或进行在线游戏，又或者在iTunes（一款供苹果计算机等设备使用的免费数字媒体播放应用程序）上播放音乐，那么这些过程中将仅使用到电力，而电力总有一天会由可再生能源提供。当然，你还为制作这些内容所需的想象力和人们投入的精力支付了费用。传播信息、制作娱乐内容的机构和商业模式各不相同，有时是按内容项目收费的，有时是按月订购的，有时不收费但要求观众观看一定时长的广告。

高经济附加值的部分越来越远离物质产品的生产环节，而转向设计、创造和营销环节，这种转变正在加速。当然，制作电影、软件和网络游戏会用到硬件设备以及其他很多物质材料。但是，在笔记本计算机上利用网络观看电影所消耗的能源和产生的碳足迹，远比以前买光盘用DVD（数字通用光盘）机播放电影要低得多。[4] 此外，现在笔记本计算机中硬件的发展速度远比软件慢。往往是应用程序（软件）的快速更新迭代需要更高级别的计算能力、速度以及媒体容量，从而推动硬件的进步。

几乎所有环境问题都源于自然资源的过度消耗，尤其是化石能源的消耗。经济发展依然依赖能源，因此，为了维持经济增长，我们必须开发更清洁的替代能源，减少消费时产生的浪费，并通过开发新技术和生产工艺来提高生态效率。我们在前面的章节中曾指出，拥有一定人口密度和经济规模的城市是有利于创新的。在本章，我们将探讨不断扩大规模的城市居民应如何更有效地消耗资源，如何将消费和生产更多地转向服务业、娱乐业、旅游业和对体验感的追求，而不是购买传统的商品。我们还将看到，可持续生活方式不仅会直接减少对环境的影响，而且有助于推动企业和政府接受可持续发展理念。本章结尾还会讨论教育与可持续的关系。随着经济发展的动力逐渐由体力劳动转变为脑力劳动，终身教育和学习培训变得十分必要，终身学习也因此成为可持续生活方式的重要组成部分。

可持续消费

所有人在日常生活中都不可避免地需要消耗资源，比如使用计算机、开空调、开灯、洗澡、穿衣和吃饭。但是，与之前的一两代人相比，我们对由自身行为造成的环境影响更加敏感，因此我们努力节约能源，并对很多商品进行重复利用或回收后处理再利用。据2014年的尼尔森全球调查显示，全球55%的消费者愿意为具有社会责任感的企业的商品和服务支付更高的费用。随着人们更加注重饮食、运动与健康，许多人比以往更加意识到环境对健康和社会福利的影响。1981—2014年，美国的私人健身俱乐部付费会员数量增长了4倍，从大约1 300万人增加到超过5 000万人。[5] 很多人对环境问题的关注也在逐渐深化，由担心自己接触到有毒物质，转变为更深层次的对环境退化的担忧，并开始关注环境变化对下一代人健康和未来的影响。

可持续消费在迈向可持续经济的过程中发挥着关键作用。我们之前提到过，公众的行动，尤其是他们的消费行为深刻影响着企业行为与政治风向。美国《时代》杂志的一篇文章指出："我们再次进入一段社会变革期，美国人正在重新校准公民的含义，不仅是通过投票或志愿服务，还需通过商业行为定义自己，比如到底应该购买什么样的商品。在美国，公民责任产生了一个新的维度，要做一名负责任的公民，不仅可以在社区和课堂上花时间、尽责任，还可以通过更负责任地消费来体现。"[6] 不仅是在美国这样的经济由消费驱动的高收入国家，中低收入国家的公民对清洁空气和安全用水的需求也在改变企业行为，并推动政府的可持续转型。

科技进步也在深刻地改变着我们的消费行为。例如，我们的购物行为越来越多地从线下商场转向网络。2018年，全球电子商务市场规模大约为2.8万亿美元[7]，2019年第一季度，美国在智能手机等移动设备上进行的电子商务总额为389亿美元，占该季度电子商务总规模的28.2%。[8] 尽管与传统实体店相比，电子商务更高效且能源消耗更少，但也产出了堆积如山的包装和废料。此外，我们也必须考虑运输过程中使用的燃料及产生的碳排放。

点对点市场，即协作消费，或是我们更习惯讲的"共享经济"，也展示了我们在消费商品和服务方面的变化。共享经济源于20世纪90年代中期的易趣网和克雷格列表网，两者都是支持商品再循环利用的线上商城。2000年成立于美国的Zipcar是一家提供汽车共享服务平台公司，用户只需要支付月租就可以在平台上短时间租用路边停靠的车辆。一个很好的共享经济方面的例子是爱彼迎——一个基于网络的房屋短租平台，人们可以在网站上展示自己的房屋或者预订世界各地其他人的房子。爱彼迎注重提供相对独特的旅行体验：比起酒店，用户可以选择住在另一个人的家里、公寓、别墅，甚至城堡里。爱彼迎称，自2008年成立以来，已为超过5亿客人提供服务，目前在近200个国家和地区的10万多座城市提供住房。[9]另一个比较好的例子是拼车服务的增长，例如优步、来福车和滴滴出行，用户可以通过应用程序获得出行服务。人们只需要一部智能手机和一个账户提交出行请求，然后该请求就会被平台发送给用私家车接单的司机。优步现已在全球65个国家和地区的600多座城市提供服务。[10]优步和滴滴出行常被列为最具行业颠覆性的科技公司。因为，它们改变了人们使用交通工具的方式，也改变了出租车行业。[11]人口和经济增长会带来交通需求的增加，比起私家车，共享交通方式在使用能源和车辆方面更有效率。本书的第二部分还将详细介绍一个共享经济的案例，并阐述它对于促进可持续生活方式的重要意义。

除了绿色消费，环保倡导者还经常提倡低消费的生活方式。他们建议减少购物，甚至少生育。在全球范围内，中低收入国家仍有数十亿人渴望更高的物质生活水平，要求他们从现在开始节俭是不切实际的，而仅在高收入国家号召减少个人消费的实际影响将是有限的。虽然我们不号召降低消费总量，但我们希望倡导一种与可持续发展更加契合的新消费理念。比如，我们与其将衣橱填满鞋子和衣帽，不如转而用思想武装头脑，用友谊、音乐、电影、戏剧、文化以及舞蹈丰富灵魂。慢慢地，我们可能减少去商场购物，将更多的休闲时间花在到咖啡馆与朋友谈论政治、观看球赛，前往健身房、球场、音乐厅、篮球场或网球场，也可能是去公园散散步。就可持续性而言，信息和思想的消费对环境几乎没有任何负面影响。如果我们把更多时间花在教育、文化和娱乐上，或许就会花更少的时间进行可能破坏环境的消费。

亲近大自然的乐趣在逐渐被遗忘。随着更多的人来到城市生活，我们将继续减少与大自然的接触，但是也许这并不会影响我们欣赏大自然之美。虽然，由于从事农业生产的人数在减少，越来越多的人远离了大自然，但我们试图通过在城市中增加公园面积来进行一定的补偿。例如，我们之前提到，纽约市前市长迈克尔·布隆伯格的"纽约2030城市规划"蓝图就提出要让所有纽约人步行10分钟内就能到达一个公园。这很重要，因为房地产的价值通常反映了树木、水和阳光的经济价值。另外，人人都知道我们需要大自然提供食物、水和其他生活物资，其重要性毋庸赘言。

许多生活方式上的转变已经在发生，但只有当人们是主动被吸引，而非被迫转变时，这些生活习惯的转变才会持久。我们不能将惩罚不可持续的行为作为促使人们改变生活习惯的唯一方法，因为这样的改变是被动的。价格、质量、性能和便捷度都是影响消费者决策的因素，大部分人使用汽油车不是因为他们钟爱燃油发动机，如果有一款方便、时尚且安全可靠的电动汽车，相信很多人会考虑更换之前的汽油车，而不需要政府的强迫。另外，我们也不必用社会或环境责任绑架消费者，特斯拉的电动汽车也许比汽油车环保，但它不是凭借自己的环保功效打开了市场。事实上，当我们将其全生命周期产生的排放（包括制造大型电池造成的大量排放）考虑在内时，许多特斯拉车型并不比某些混合动力汽车更环保。同样的逻辑也适用于很多中国的新能源造车企业。因此，特斯拉成为一家有价值的车企，不是因为它多么环保，更不是因为它的价格，因为特斯拉一点也不便宜，相反，是它极其现代的外观和名人代言使许多人认为电动汽车也可以很时尚，并因此赢得了销量。

许多消费者选择大型汽车而非混合动力汽车，也能说明"负责任消费主义"的局限性。与企业履行社会责任一样，符合集体利益的行为只有与自身利益不冲突时才更容易被接受，开明的利己主义是有道理的。消费者和企业行为从根本上是与自身利益密切相关的，大多数公司是为了赚钱而创立的，消费者将钱花在为自己提供最大利益的商品和服务上也是天经地义。我们当然希望他们的利己行为同时也对环境或他人"负责"，但如果我们认为绿色的生活方式可以靠利他主义来建立，那么这种想法就太天真了。因此，当讨论可持续的生活方式时，只讲道德层面的逻辑是不够的，还必须考虑可行性。促进可持续和可再生经济的大众行为不能仅仅来自环保意愿，更需要实际的行动来配合，就像我们不能因为要减少排放就要求车企停止生产越野车或禁止消费者购买，而是要设法制造比燃油车更具承载性和可靠性的电动汽车供消费者选择。

另外，根据格罗宁根大学研究人员的说法，我们需要创造一种动力，使环保行为不仅是"正确"的，而且是符合社会规范的。因此，观察其他人采取可持续的生活方式也可以鼓励人们养成这些习惯。[12]研究增加环保行为干预措施的科研人员发现，干预措施成功的关键是将人们的行为改变与共同价值观联系起来[13]。文化和价值观的力量在促进社会变革和消费模式转变上的作用远比监管更大。就像仅依靠禁酒令并不会终结饮酒一样，如果有人想铺张浪费，那是他们的权利。但是，我们希望人们逐渐意识到，我们的工作和娱乐对地球造成的危害，并努力减少这些危害。

总之，消费模式的转变不一定对经济增长造成负面影响。消费的底层逻辑是用积累的财富换取产品和服务，在此过程中产品的价格与产品使用材料的大小和多少与之并不相关，比如最大的汽车不一定就是最贵的。因此我们可以用更轻的材料、更少的能源制造出美观的汽车，从而维持甚至提高交易的经济价值。

可持续的工作与生产

我们利用时间的方式正在发生改变，部分反映在工作性质的变化上，比如很多工作不再局限于办公室或者工厂里，也不再局限于一天中的某一段特定时间。在全球化的经济中，任何时间都有人在工作。互联网和云计算意味着后台的分析与书面工作可以随时随地进行；会议也是如此，可以通过视频或电话的形式展开，这些都在新冠肺炎疫情防控期间得到了体现。零售业、健身房和餐馆这样的地方需要员工和消费者在现场，但其他企业则可以让员工在家工作。例如，本书的两位作者都在大学里工作，当疫情使线下授课被迫暂停时，我们并没有耽误学期的进展，很快便开始了线上教学。

当然，我们仍然坚信人类需要实时互动与面对面交流才能更有效率地工作与生活。但同时，大部分交流是通过网络进行的，并不需要过多的增量资源。作为教育工作者，我们虽然更愿意在线下环境中授课，但我们庆幸科技使我们能够在条件不允许的时候还可以继续远程授课。线上授课时，我们想象学生就坐在我们面前的同一个房间里，而不是出现在计算机屏幕上的图像。即使我们摆脱了新冠肺炎疫情危机，许多以往在线下进行的互动也可能被线上的互动永久性替代。已经习惯了远程工作，并且可以像在办公室一样有效率的人，可能在疫情后依然选择远程的工作方式。总的来说，不管以何种形式，我们比以往任何时候都要花费更多的时间在工作与生活中交流，而这种交流过程也是知识和人才经济的一个重要组成部分。

在人才经济的环境下，我们从事的工作也与以往不同。比如，对未来10年的预测表明，应对全球人口老龄化问题将需要更多卫生保健工作者，同时高收入国家的制造业将继续衰退。1900年，美国人均寿命是47岁，而目前人均寿命延长了30多年。全球范围内，人类的平均寿命从1990年的64.2岁增加到2019年的72.6岁。[14] 在美国，预计到2024年，90%的新增工作岗位将来自服务业，而超过30%的新增服务业岗位将来自医疗保健和其他社会援助。[15] 相比之下，制造业就业人数预计每年下降0.7%。[16] 尽管制造业产值在21世纪还将保持增长，但其中大部分将实现自动化，就像曾经发生在农业领域的情况一样。我们对劳动力的需求正在发生变化，对非熟练工种的需求在减少，对服务导向型熟练劳动力的需求在增加。不仅是在高收入国家，在低收入国家也是如此。制造业中越来越多的劳动力需要熟练操作复杂机器。活动策划者、软件设计师、信息传播专家、政策分析师、网页设计师、私人教练、卫生保健工作者、社会服务提供者和无数其他服务行业的工作者也正在取代传统行业的工作者。

这种变化的证据随处可见，曼哈顿的城市变化就是一个绝佳的例子。位于曼哈顿西侧，如今举世闻名的高线公园原本是一条货运列车高架道路，用于在西区码头和曼哈顿附近的工厂之间运输原材料和工业产品。现在码头消失了，取而代之的是美丽的公园和越来越多的便利设施；原来的工厂如今变成了科技公司、媒体公司、高档的餐厅和公寓。高架道路现在变成了一个美丽的公园（本书第二部分将介绍高线公园更多相关细节）。科技改变一切，曼哈顿的西区码头早就无法满足现代的集装箱运输了，因此货运港口被搬到了对岸的新泽西州。肉制品包装、服装制造曾是20世纪上半叶最重要的经济组成部分，但由于工厂所在地的土地不断增值，这里已不再适合这些经济活动。

随着零工经济（即按项目或任务支付工资的临时工作、自由职业和独立承包）的增长，工作的性质也发生了转变。智能手机和社交媒体的普及增进了互联互通，使零工经济成为可能。在以前，建筑和商业服务是零工就业人数最多的两个行业，但在过去的10年中，教育和健康服务行业的零工就业人数已经超过前两者。到2015年，在教育或健康服务部门打零工的人数占比已超过20%。[17] 2017年，仅在美国就有多达7 500万名零工者，占成年人口总数的31%。[18] 当然，大多数人还是把打零工作为自己的兼职，对他们的主要收入来源进行补充。

不断变化的经济形势也对劳动力提出了挑战。在20世纪70年代中期，纽约几乎被推向破产边缘。但通过努力，纽约最终适应了改变，跟上了经济转型的步伐。从工业时代处在崩溃边缘，到今天成为后工业时代的世界之都，我们为纽约的成功转型感到欣慰，虽然转型过程并非一帆风顺，但它成功了。工作的性质在发生变化，就业的结构性机会仍是一个难以理解，并在不断推进的目标。许多其他曾经辉煌过的工业城市，例如密歇根州的底特律、爱尔兰的贝尔法斯特等，仍处在向服务和人才经济的转型过程中，城市收入和人口也还在减少。

在改变城市经济职能的过程中，我们还需要更加关注生产和消费环节对环境及供应链的影响。可以说，建立降低环境影响的系统比建立个人消费模式更加重要。这并不意味着人们可以故意浪费能源和其他资源，反而说明要想真正产生影响，我们需要在更可持续的供应链中嵌入新的消费模式。我们的食物垃圾和污水需要被重新加工成肥料，废水必须被过滤并开发成有用的资源，然后作为新的生产材料被使用。这一切都将使用更多的能源，但这些能源将不能由化石燃料产生。除此之外，我们还需要其他系统层面的变革，尤其是我们的教育系统，必须培养人们更好地适应未来的职业，而不是那些 20 世纪的、将要被淘汰的职业。

引领可持续发展的"千禧一代"

向可持续消费转型，将在很大程度上依靠"千禧一代"（通常指出生于 20 世纪八九十年代的人）。到 2019 年底，"千禧一代"在美国的人口数量超过 7 300 万，超过婴儿潮一代（在第二次世界大战后大约 20 年间出生的人），成为成年人口中规模最大的一部分。[19] 到 2035 年，全球范围内"千禧一代"的总消费预计超过 20 万亿美元，高于其他任何一代人。[20] "千禧一代"的消费观和信息获取方式与前几代不同。例如，与老一代相比，他们更有可能在购买商品前在网上做足调查，货比三家，并且更有可能在智能手机上下单。

"千禧一代"的人口增长、购买力和消费方式将塑造一个由可持续消费驱动的经济体。对欧洲和美国"千禧一代"的比较研究表明，"这一代人对政治、经济、社会和文化结构的代际影响与婴儿潮一代相似，但由于互联网及其相关技术的应用，'千禧一代'的影响能力被指数级放大"[21]。此外，出生于互联网时代并伴随社交媒体和消费技术长大的"Z世代"(在2000年以后出生的人)只会进一步加速可持续消费进程。

城市人口的增长导致大城市交通拥堵,越来越多的"千禧一代"不喜欢开车,他们选择步行或乘坐公共交通来满足大部分出行需求。据全球战略集团的一项调查显示[22],"千禧一代"中有80%的人认为拥有广泛的交通选择(包括公共交通以及基于共享经济的叫车服务和共享单车)比较重要。另外,加州大学伯克利分校在2014年的一项调查发现,73%的公共交通出行选择是由15~34岁的年轻人做出的。[23]有54%的"千禧一代"还表示,如果有更多、更好的出行选择,他们会考虑搬到另一座城市;66%的人表示,高质量的交通是他们决定住在哪里时极为重要的三个标准之一。[24] 2001—2009年,16~34岁的人均驾驶里程下降了23%。[25]尽管有迹象表明我们可能已经度过了"驾驶高峰期",因为在过去10年间人均行驶里程有所下降,但相比前几代人,世界各地的年青一代考取驾照的时间越来越晚,驾驶里程数也有所减少。当然,这并不意味着私人驾车出行会马上消失。在当下,85%的美国人仍然是开车上下班的,这种情况在缺乏良好交通系统的城市尤其明显,如纽约和芝加哥。[26]

"千禧一代"正在通过自身购买力支持具体的社会和环境议程。[27]年轻人推动可持续发展正在成为政策制定以及雇用他们的企业管理模式的核心。更多员工要求环保的工作场所,比如要求公司节能、节水,并且关注其生产商品、提供服务的环境影响。在一项针对"千禧一代"消费者的调查中,75%的人认为,一家公司会回馈社会而不只注重盈利至上,也是相当重要的。[28] 像苹果或沃尔玛等大公司一直对企业运营进行"绿色化"改进，除了为了应对来自外部市场的压力，同时也为了满足内部员工对企业承担社会责任的要求。此外，"千禧一代"对工作的期望值也更高：他们想要有使命感、有意义的工作和生活体验，多样化和可持续的产品。60% 的"千禧一代"表示他们选择当前雇主的部分原因是公司带来的使命感。[29] 哪怕是原本最专注于经济回报的投资界也发生了转变：71% 的个人投资者表示他们对可持续投资感兴趣，并且"千禧一代"投资人投资关注社会或环境回报的公司和基金的可能性几乎是其他投资者的两倍。[30]

随着气候危机加剧，环境道德观也随之提高。值得注意的是，年轻人的环境道德观比老一辈人强。尽管气候变化和生物多样性等问题对一些人来说难以理解，但有毒的废弃物、水污染，以及空气污染等问题直接影响人们的感官，是很容易理解的。很多年轻人从出生就开始看到、闻到甚至触摸到这些污染。虽然美国或西欧很多地方的环境比过去更清洁，但大城市交通拥堵的情况依然糟糕，同时人们消费的增长也导致了更多的浪费。年轻人越来越意识到污染对健康的危害，因为这些环境问题往往是伴随着他们长大的。许多年轻人认为，是他们的上一代人破坏了他们要继承并赖以生存的生态系统，这种看法也加剧了推动全球经济可持续转型的紧迫感。

瑞典少女格蕾塔·桑伯格于 2019 年在纽约召开的"联合国气候行动峰会"上发表的演讲或许最能证明这一点。当时，她指责上一代人在应对气候变化问题上做得不够。虽然她简化了很多气候问题的复杂性，遭到了很多国家领导人的广泛批评，但她在演讲中提及的问题却给很多人敲响了警钟。她说："你们辜负了我们，年轻人开始理解你们的背叛，子孙后代的目光都注视着你们，如果你们选择辜负我们，那么我们将永远不会原谅你们。"

城市化与再城市化

由于人口的高速增长以及农村人口大量前往城市寻求更好的就业机会，中低收入国家仍处在快速城市化的进程中。未来30年新增城市人口的绝大多数将来自中等和低收入地区，尤其是撒哈拉以南的非洲地区。据预测，到2030年，将有43个特大城市人口数超过1 000万，其中大部分位于中低收入国家。[31] 快速的城镇化给城市的可持续带来了相当大的问题，空气污染和水污染随处可见。虽然这些问题在历史上并不罕见，但当今大城市病所影响的人口规模是前所未有的。

与高收入地区相比，中低收入地区的人均碳排放处于历史低位。随着这些地区不断发展，其碳排放量也会迅速增加。当城市及周边地区从农业向制造业和工业活动过渡时，能源消耗会大幅增加，这是因为建设城市基础设施需要大量能源。桥梁、地铁、道路以及商业建筑和住宅建设都属于能源密集型的产业，建成后，运营和维护还会增加能源使用。此外，在中低收入国家，城镇生活中暖气和家用电器的使用量很高，对本地和城际交通的需求也很大，这些都会增加能源的消耗。

研究表明，城市化与排放水平之间的关系很复杂，可能取决于城市化发展阶段和收入水平。一些研究发现，对于中低收入国家，城市化往往会导致更高的碳排放。[32] 而另一些人则认为，即使是在低收入地区，城市化也会降低碳排放量。[33] 随着城市化达到较高水平，能源消耗的增加开始被城市群带来的节能效应所抵消。比如在许多高收入国家，公共交通基础设施一旦建成，在很长时间内不需要扩建，同时可以满足许多人的公共交通需求，比私家车更环保、更经济。尽管研究人员已经指出城市化和碳排放之间可能存在倒U形关系（类似于环境库兹涅茨曲线）[34]，但我们不能只是袖手旁观，等待拐点的到来，而是需要现在就采取行动。

中低收入国家是城市人口增长的主要驱动力，因此居住在那里的人的行为和生活方式对全球可持续和城市可持续更为重要。尽管受过更好教育的年轻人仍然是所有可持续性变革的先锋，但中低收入国家公众的环境意识总体上不如高收入国家。这可能是收入和教育水平较低所导致的，有研究表明教育和收入与环境意识和环保行为呈正相关关系。此外，在中低收入地区推动绿色产品、绿色生产以及监督企业社会责任的活动家也少得多。例如，尽管中国致力于可再生能源的转型并关闭了数千座燃煤电厂，但应对气候变化的各种行动仍然由政府主导。除了视空气污染为城市可持续的严重威胁，中国居民并没有过多关注其他环境问题，而是将注意力集中在收入不平等和受教育机会等社会问题上。[35]

世界上前50座污染严重的城市中有47座在中国和印度（其余3座在巴基斯坦和孟加拉国），其污染程度远超世界卫生组织规定的可接受范围。[36] 然而，令人欣慰的是，空气污染对中低收入国家许多城市造成的影响导致民众开始要求政府制定更高的空气质量标准。[37] 对清洁空气的需求会逐渐扩大到其他领域，进而更为广泛地促进公众和政府接受可持续理念。

中低收入国家仍处在快速城市化的进程中，而高度城市化的高收入国家也在进行二次城市化。例如，在美国的某些地区，人们正从郊区搬回城市。我们开始看到文化和经济生活正朝着对环境破坏较小的方向转变。在过去10年中，美国的城市经历了一次复兴——年轻的专业人士和他们的家庭成员越来越多地选择到城市居住。[38] 他们的娱乐通常包括低消耗的活动，比如观看视频、创作艺术、锻炼身体、社交和户外活动。在人才经济的背景下，越来越多的财富来自"软件"而不是"硬件"。虽然我们还在不断消费物质产品，但也在朝着更好的方向转变。比如我们了解到，哪怕是在城市中，我们也可以精心布置出一个房屋。虽然可能空间不大、使用的资源不多，但不影响它的美观度、舒适度和可持续性。

有报告显示，近期美国的城市内部比城市周边地区发展速度更快，虽然这在中国可能听上去很正常，但美国之前遵循着开放式发展模式，很多人喜欢住在城市周边更广阔的地方。[39] 向城市的迁移一部分是由年轻人推动的。自2000年以来，在美国前几大城市群，居住在距市中心3英里范围内且具有本科学历的年轻人数量增加了37.3%。[40] 虽然这一趋势在新冠肺炎疫情的影响下发生了变化,但是我们预计这个趋势长期并不会改变。受过高等教育的年轻人不断向市中心迁移,正在推动美国西部城市的经济发展。年轻人,尤其是那些拥有本科学历的年轻人最终会选择城市,是因为他们更愿意与同龄人生活在一起,离工作不远,可以少开车。另外,教育、音乐演出、剧院、酒吧和其他形式的娱乐活动在城市中更加丰富,年轻人和老年人都被这些因素所吸引。最后,发展较快的城市也在提供更多的就业岗位,这些城市更容易成为企业孵化器,吸引受过更高教育的"千禧一代"。[41]

终身学习

我们生活在充满变化的复杂世界,需要掌握多个领域的知识。比如,要想完成一项任务,我们经常需要一个擅长处理电子表格且会分析数据的人,一个知道如何使用社交媒体为慈善活动筹集资金的人,和一个知道如何设置家庭娱乐系统,并向上了年纪的人解释如何进行维护的人。在当下,我们需要思考什么样的教育系统能够培养有能力解决这些问题,并愿意付诸实践的人才。

要想实现可持续经济,不仅需要我们对世界有基本的了解,还需要具备许多专业领域的技术专长。技术专长是资源分配和实施整体可持续发展计划的重要因素。[42] 一刀切显然不能适应所有情况。对知识进行定量测评虽然有用，但它只能代表学习和知识的一部分指标，想要真正了解一个人的能力则是一项更为困难的任务。

我们生活的复杂世界需要多种形式的专业知识和技能。解决可持续问题通常需要化学、水文学、毒理学、生态学、金融学、政治学、法学、管理学和营销学等方面的知识，有人可能擅长所有领域吗？第一个人可能擅长计算数字；第二个人可能知道如何进行采访，提供数字无法传达的背景故事；第三个人可能是平面设计方面的天才，在布置幻灯片和演示报告方面做得十分出色；第四个人可能是一位优秀的领导者，擅长协调团队合作，最终能否成功往往是对一个团队整体能力的考验。

在与体力劳动相关的工作越来越少的今天，知识比以往任何时候都更加重要。但是，我们对教育和学习的定义依然停留在19世纪和20世纪的经济模式和知识基础之上。现在，我们生活在一个截然不同的世界。曾几何时，一位阅读了大约100部人类文明经典著作的人就可以称得上受过教育。这些书至今依然重要，但基于当前信息爆炸的时代背景，只读经典就显得不够了。

现代教育必须强调终身学习，注重培养人们处理新信息和适应新环境所需的技能。教育必须被重新定义，它的重点将不再是课本上的知识，更多的是要培养学习新事物、团队合作和解决问题的能力。教育必须普及贫困地区的儿童和成人，因为他们需要通过不断学习来参与一个国家的经济、政治和社会活动。教育系统最终的衡量标准将是经济生产和消费系统的公平性和可持续性。

新的教育模式,例如线上课程项目为学生提供了灵活且高性价比的教育,同时有利于促进全球范围内的互动。随着高速互联网的广泛普及,在线学习方式(最初产生于20世纪90年代)在前段时间由于我们不得不关闭学校并保持社交距离而变得普遍且必要。在线远程学习创建了一个虚拟教室和一种新的教育模式,供学生和在职人员学习新知识、新能力,甚至完成学位。

近年来,大规模开放的在线课程或慕课的方式越来越受欢迎,使全球各个年龄段的人都能获取信息和培训,从而获得适用于新的全球经济的工具。慕课于2008年首次推出,是一套完全开放并可以重复参与的线上课程。截至2019年底,900所大学推出了超过11 400个慕课课程,全球注册学员数量超过1亿。[43] 与传统的在线课程不同,慕课通常是免费的,也不提供获得学位所需的正式学分,一个班级可以有数千名参与者。慕课或类似线上课程的初衷是通过免费的课程将教育带到世界最偏远的角落,帮助人们提升自己的职业技能,尽可能扩大人们的知识网络的普及范围。

数据表明,大多数参加在线课程的学员并不是为了获得学位:2014年,对3.5万名慕课学员的调查发现,其中79%~86%的学员已经拥有本科学历。[44] 许多学生学习这些课程是为了提高当前工作所需的技能,或帮助自己胜任新的工作。当然,这种模式还有改进的空间。鉴于学习中的互动最利于掌握知识,学生以及师生之间缺乏互动难免会影响学习效果。此外,由于许多课程是免费的,任何人都可以注册,一些注册学员可能并不具备学习大学课程所需的知识储备。因此,通常只有少数学生能最终完成一门课程,另外,难以评估学习成果和考试作弊也都是慕课目前尚未解决的问题。然而,许多人认为,完成率不应该是衡量慕课成功与否的唯一标准,即使未完成,只要上了课就有好处,比如能获取新知识、有机会接触新的主题和其他课程。

新冠肺炎疫情对社交距离的要求加速了在线学习的发展,世界各地的教育工作者都在提高他们的在线教育能力并创新课程设置。本书的两位作者都在哥伦比亚大学国际与公共事务学院的环境科学与政策公共管理硕士项目从事教育教学工作。通常,暑期课程的科学部分包括生态学、水文学、环境化学、气候学等,需要进行实地考察。但是在新冠肺炎疫情防控期间,教师必须将这些传统的线下环节搬到线上。尽管实地参观并体验一所有毒废物处理场或污水处理中心比观看视频更有利于教学,但教师仍然可以在一个虚拟环境中有效地将与之相关的基本概念教授给学生。

正如我们已经充分讨论过的那样,向可持续经济转型还要求我们转变生产和消费方式,减少其对生态系统的影响。这意味着我们必须了解生态系统及其运作方式。我们如何使用自然资源?我们做什么会危害到生态系统?我们应该如何保护它?我们的目标应该是保持当前的生活方式,并让更多人享受到这种生活方式,同时不对我们的地球造成破坏。教导年轻人重视环境及自然资源是确保我们解决可持续问题的重要途径之一。

可持续发展在20世纪90年代中期开始被纳入世界各地的

教育实践中。1996年，美国"总统可持续发展委员会"发表可持续发展教育倡议后，美国正式将可持续发展理念纳入教育实践。越来越多的主流学校和机构正在将可持续的范式纳入它们中小学阶段的教育，并产生了积极影响。这种增长体现在学校课程的变化中，包括可持续性与环境概念的融入，将可持续发展纳入地方教育标准，增加环境教育的研究和经费，以及将学校设施变得更加环保。[45] 国际上，"可持续发展解决方案网络"一直在为世界各地的中小学开发与可持续发展目标相关的课程。哥伦比亚大学的研究团队正在与腾讯基金会合作，为中国的中学生开发可持续发展课程。

可持续发展教育在中小学阶段教育中占比增加所带来的变革力量，令我们印象深刻。有证据表明，环境教育概念与其他教育领域存在相关性，可以帮助提高学生在阅读、数学、科学以及批判性思维、领导力、社交方面的能力。[46] 例如，非营利性组织"面向未来"对55名将气候变化相关内容纳入高中课堂的科学教师进行的一项调查显示，96%的受访者认为气候变化课程提高了学生的整体思辨能力。[47] 根据另一项研究："我们越早为中小学生奠定可持续发展教育的基础，就越早能够在年轻人中普及必要的可持续知识，培养所需的技能和思维习惯。"[48] 我们希望，未来能从学前班阶段开始普及可持续教育。只有这样，了解可持续发展所面临挑战的年青一代才能够以创新的视角思考可持续问题。

为了实现这一目标，可持续发展课程必须教授科学、经济、社会、文化和相关政治概念，使学生能够全面理解可持续发展问题。但在提出解决方案时我们必须谨慎，避免教条主义和环境决定论的思想。同时应避免基于当前趋势对未来进行直线预测，反之，应该基于不同假设进行多种预测。历史已经让人难以理解，预测未来就更难了，它需要科学，更需要依靠具体的线索。人类面临的挑战是可以解决的，但我们需要对现代生活方式带来的种种问题进行权衡。各级可持续发展教育都应强调跨学科的交流和学习、团队合作以及解决问题的能力。

向可持续经济过渡需要各级教育共同配合。我们需要公立和私立学校的学生对全球气候危机有更深入的了解，同时我们也需要有志于教育事业的人士和已投身教育事业的专业人士具备可持续教育的专业能力与知识。在世界各地的机构中，年轻人正在推动老一辈尝试参与可持续实践。越来越多的有志青年选择在本科和研究生阶段把他们的学习重点放在可持续发展相关的科学、工程、政策、管理、建筑、设计、传播和艺术等方面。

* * *

没有人能够预测未来，尤其是考虑到未来世界的诸多不确定性。比如，气候变化带来的挑战和经济发展对生态系统的影响；工作性质的转变以及科技对工作、个人、家庭、社区的影响；世界经济、全球媒体和文化不可预测的影响；为了抵御全球超级文化的力量和现代生活方式的诱惑而与日俱增的宗派主义和部落主义；破坏力极强的军事科技，尤其是当这些军备被用于恐怖活动。我们将不得不学习如何适应，以及通过什么样的生活方式适应未来世界。变化有时令人恐惧，但似乎不可避免。民意调查显示，年轻人依然对未来保持乐观，这让我们感到欣慰。向可持续经济转型需要乐观精神、聪明才智和创造力。实现转型的路径和所需技能仍未有定数，但或许正是由于这种不确定，下一代才有机会找到自己的定位，并打造一个可以让他们繁荣发展的世界。

毫无疑问，现代化具有强大的力量。科学和技术使我们生活得更好、更长久。信息技术带来的刺激和享受具有极强的诱惑力且令人上瘾，人们只需按下屏幕上的按钮便可获得即时信息、看电影、听音乐，轻而易举地调节室内温度，获取丰富、新鲜、美味的食物，享受便利的出行、休闲与社交等，其带来的好处甚至无法一一列举。没有人会心甘情愿地放弃这些，同时地球上还有数十亿人渴望着这种生活。因此，我们在转变经济生产和消费方式的同时还需要提高经济总量。我们应减少以物质为基础的商品与服务，增加教育、研究、娱乐、社交、手工艺、艺术和健身等活动。归根结底，人类是喜欢群居、注重情感的动物，我们渴望陪伴和互动，同时受到环境和家庭的影响，容易被友谊、忠诚和爱所吸引。我们的价值观不仅体现在消费模式上，因为我们不只是消费者，其他价值观也是支持可再生经济社会的基础。

实现可持续发展的关键在于人类社会，我们的社会富有创造力，不乏具有聪明才智和勇气的人，但它同时也存在严重缺陷。我们应该重视粮食和能源供应危机，以及对全球气候变暖的警告，但不能对这些问题感到绝望。因为人类社会是不断演化的，这使世界变得更加生动有趣，这也是我们会被全球范围内层出不穷的图像、声音和思想所吸引的原因。

越来越多的时间将被用于学习和交流思想。在一个可持续的世界里，我们可以充分拓展自己的身体和大脑，增进人与人之间的关系，可以在关注环境影响的同时，制造产品，提供服务，享受文化、艺术和科技。这个过程不需要单一的、一刀切的有限生活方式；你可以选择在休斯敦郊区建造一座零能耗房屋，驾驶电动汽车穿城去上班，也可以住在北京的公寓，骑自行车、走路，或坐地铁出行。但追求可持续生活方式的人应该达成共识，即消费是手段，而不是目的。成功的标准并不在于消费了多少，而在于是否过着充实的生活，获得了满足感。当然，充实的定义因人而异，对一些人来说，满足感可能来自为社区服务；对另一些人来说，可能体现在抚养孙子孙女上；还有人会觉得，满足感来自开发一款新型汽车、一款新应用程序、一种新的房屋共享模式，或者一种新型的微电网管理模式。

人们有机会做出上述选择，是由于制造食品、服装和住房占经济总量的比重越来越小。曾几何时，它们几乎是经济的全部，也占据了我们全部的时间。今天，越来越多的人只花少量的时间满足自己的基本生活需求，同时腾出更多时间用于追求其他事物。需要明确的是，没有食物、空气、水、衣服和住所，我们将无法生存。但是通过自动化，我们不再需要很多人力去制造这些东西。当然，自动化或者高科技也需要能源，因此新的可再生能源技术对人类长期的福祉至关重要。幸运的是，我们正在快速取得进展，相信这一进展很快能在市场上得到体现。

下一次经济转型将基于分布式的可再生能源发电和配电模式，而化石燃料最终将被新能源和新配置方法所取代。

一旦能源困境得到解决，我们将可以更加自由地享受后工业时代的经济模式与可持续生活方式。向这种新经济模式过渡并不容易，许多从旧经济模式中受益的人很可能难以适应新经济模式带来的挑战。这就需要政府调整社会的安全网络，不仅要为面临挑战的人提供物质保障，还要为他们提供使命感和尊严。21世纪基础设施的建设和维修可以为部分人提供过渡性的就业机会。尽管建筑工作也变得越来越机械化，但我们的道路、桥梁、电力系统以及水和废物处理系统仍需要大量的资金和人力投入。

基础设施所需的投资将与专门用于老龄化人口的财政支出形成一定竞争关系。为基础设施提供资金的方法之一是鼓励人们延长工作年限，推迟退休，这样可以减少养老金的支出。另一种方法则是要求年轻人投身于公共服务事业或服兵役。这些都需要我们针对新经济转型进行复杂而深入的讨论，而这种讨论远远超出了当前政治生态下所能接受的范畴。当前的政治环境让人很难相信我们的世界可以为接下来的变革做好准备。我们希望可以让时光倒流，甚至连让时光倒流的这种想法本身，都使一部分人产生了政治共鸣。政治上的怀旧是可以理解的，但是它不能解决经济不断发展所带来的问题。原来的政治方针不可能成功，因为其提供的就业岗位已经无法满足当下技术和市场的需要。

人类的寿命比20世纪70年代时更长是很多种因素共同作

用的结果，其中一个因素就是我们生活的环境比以前更加清洁了。你可能会争辩说，随着医疗技术的进步、运动量的增加、食品质量和饮食结构合理性的提升，我们将有能力抵御空气污染。但是谁又想为空气污染付出代价呢？谁又愿意让自己的孩子为之付出代价呢？我们没有必要这样做。我们其实没有理由一定要在经济发展和环境保护之间做出取舍，我们可以，而且应该两者兼得。随着新技术、新服务、新产品进入市场，我们的经济和生活方式将继续发生变化。曾经，大家都坐在电视机前观看着同样的电视节目，因为当时的电视娱乐产品就是这样被提供给我们的。而今天，我们可以随时随地观看任何节目。曾经，我们不得不去办公室才能获取完成工作所需的文件和信息，与相关人员沟通，而今天，我们几乎可以从任何地方获取我们工作所需的电子文件。我们的日常生活方式将继续发生变化，人类的聪明才智确保了这一点。但不能保证的是，我们能否兼顾对自然环境的保护。随着越来越多的人践行可持续的生活方式，我们迫切希望经济发展的下一篇章不是最后的篇章。

第 4 章
向可持续组织过渡

在第3章，我们讨论了个人在城市中所追求的可持续生活方式。但是仅仅改变个人行为是不够的，我们还需要转变组织机构的行为，使生产和消费对环境的影响最小化。因此，本章我们将重点关注组织管理和机构围绕可持续发展问题采取的一系列行动。机构已经开始将环境和资源问题纳入日常分析和管理决策中：它们希望通过降低能源消耗削减成本和提高生产力，并深入思考如何更好地利用水资源和其他物质资源。现在，排放废物、污水、废气的成本及其环境影响需要得到分析评估，这不仅是为了遵守法规，也是为了确定环境影响的风险以及为此提供风险保障的成本。本章着力于探讨这些问题，并提供一些已经开始将可持续的环境维度作为基本管理原则的组织案例。我们还讨论了将可持续性纳入组织战略的趋势，包括如何在激励系统、财务风险分析和报告方法、营销培训以及能力建设中体现可持续性。

在融入可持续战略的过程中，我们将讨论组织机构可持续发展指标和报告的演变与现状。如管理学大师彼得·德鲁克所说："你如果无法测量它，就无法管理它。"如果不进行测量，你就无法判断管理层的决策是否使情况变得更好。我们距离制定出能被普遍接受的可持续发展指标还有很长一段路要走，但这并不影响许多组织为了在某些方面实现可持续而开发内部管理指标。

称职的可持续管理者还必须了解循环经济及其相关的工程学、工业生态学等概念，这些是帮助我们走向一个闭环的生产和消费系统的关键。同时，这反映出可持续问题作为一种基本的工程学、经济学和管理学概念的发展。相比之下，企业的垂直整合程度不如从前，可能会使闭环生产变得更加困难。可持续性必须超越企业的内部运营，并将其遍布全球的供应链的可持续性纳入考量范围。最后，我们将讨论组织管理不善的问题，我们会看到那些未能将可持续发展理念纳入其组织结构的企业因此损失了数十亿美元。

为了实现可持续，一个关键要素是可持续管理的商业原则，即一种促进可再生经济的组织管理模式。组织是人类生产和消费的基石，因此，一座可持续城市将是建立在可持续管理基础之上的。向一个以可再生能源为基础的经济体转型，需要一系列践行可持续管理原则的组织与机构。第 3 章着重讨论了个人行为层面的可持续转变，本章的侧重点是组织与机构的行为。

可持续管理

可持续性有时被视为一种短暂的流行或公共关系的体现形式。虽然它确实具备这些维度，但在管理学层面，可持续管理可以被认为是在爱德华兹·戴明"全面质量管理"方面研究的延伸。全面质量管理是一种以提高整体效率为目的的机构管理方式。[1]戴明的研究专注于减少组织的浪费以及提高供应链和生产过程的质量。他虽然重点研究了工作过程中的浪费，但也注意到了物资的浪费。因为一个有效使用原材料并可以再利用废物的组织会比忽略这些成本的组织更具竞争力。可持续性管理会帮助组织与机构降低资源成本，并降低在生产和消费过程中对环境和社会产生消极影响的成本。

组织管理领域正在经历根本性的变革，这是继过去一个世纪以来发生的又一次变革。20世纪初期，管理层需要了解大规模生产方式以及复杂供应链的雏形。因此，在泰勒主义或科学管理理论的指导下，劳动力被错误地视为生产过程中类似机械的部分。但人不是机器，渐渐地，管理层开始接受人力资源的概念。经济大萧条之后，在美国新成立的证券交易委员会的压力下，美国会计程序委员会，即现在的美国财务会计准则委员会的前身开始发布会计研究公报，最终发展为今天公认的会计准则。那时，所有的CEO（首席执行官）都必须懂一点会计知识并知道如何阅读财务报表。随后，20世纪60年代至90年代，信息和计算的成本下降，CEO需要学习如何基于信息技术进行绩效评估与管理。21世纪初，通信技术和交通运输的发展刺激了全球经济，CEO开始需要管理全球企业，全球供应链和机构间的巨大网络取代了垂直管理的模式。

随着不断增长的经济破坏了人类赖以生存的生态系统，CEO也必须开始管理可持续发展的物理维度。服务和制造业的组织与机构都必须管理其能源、水和资源的投入，也需要管理生产和消费行为对环境的影响，以及在这个过程中产生的废物。这些曾经只是管理中微不足道的部分，现在变成了管理的核心职能。因此，可持续性管理可以说是组织管理学领域最新的发展。20世纪的管理者需要关注财务、人力资源、信息、生产、绩效、营销、战略以及全球化，21世纪的管理者还必须关注自然资源的使用成本、废物处理的成本以及废物对外部环境的影响。

英国石油公司在墨西哥湾的石油钻井平台发生爆炸、大众汽车公司篡改排放数据，以及通用电气向哈得孙河中倾倒多氯联苯的事件都很好地说明了管理人员忽视组织行为对环境的影响所带来的风险。上述错误行为使这些公司蒙受了数十亿美元的损失。虽然我们不可能完全避免这类错误，但可以降低这些错误发生的可能性，这也是衡量组织机构管理能力的指标。除了环境影响，管理者也越来越需要关注组织活动所带来的社会影响，管理组织的公共形象，并确保公司愿景能代表日益多样化的利益相关者，而不仅仅代表股东的利益。这些因素往往也与组织的财务风险和长期福祉相关。

管理学教育和管理者本身都必须迎接当前复杂条件带来的挑战。能源、水资源和其他原材料正在成为所有组织成本结构中一个更大的组成部分。水不再是免费的，废物处理成本每年都在增加。成本的增加不局限于制造业，还包括越来越多的服务行业组织。微软、沃尔玛和数以万计的组织正在学习如何将这些要素纳入运营和内部控制系统，助力组织更好地实现目标。有些目标与降低运营成本有关，有些则与声誉有关。越来越多的研究表明，可持续方面的举措与降低员工流失率和提高品牌忠诚度密切相关。从长远来看，这些都是公司价值提升的重要驱动因素。

如果我们希望在保持地球生态健康的同时发展高水平的可持续经济，那么就需要更好地制定和遵守环境规则。我们不再生活在边境或狂野的西部。地球上有近80亿人口，我们需要学会思考如何生产和消费我们所需要的物质资源。制定环境空气质量标准不是一件可有可无的事，因为我们每个人都需要呼吸清洁的空气。世界卫生组织的一份报告声称，有超过80%的人所在城市的空气质量低于世界卫生组织公布的优良空气质量标准。[2]这些城市中的大部分位于中低收入国家，那里的人口密度往往比高收入国家的城市更高。

环境意识的不断提高，尤其是关于空气质量的意识，带来了巨大的范式转变。这种意识正在对公司、政府机构、非营利性组织，以及社区和家庭的日常行为施加着影响。正如我们在第3章中所看到的那样，个人行为也在发生着变化：人们开始考虑打开水龙头的时间，考虑将垃圾扔进哪个垃圾桶，考虑空气的清洁程度等。私人机构在文化上的转变也是惊人的，比如员工和管理层提出，在实现盈利、增加市场份额和股本回报率等典型的公司目标的同时也要兼顾环境保护。如今，越来越多的高管认为可持续性对企业整体战略至关重要。对来自世界各地的1 000位CEO进行的一项调查发现，48%的CEO已将可持续发展战略融入他们的业务运营中。[3]

企业认识到了可持续管理带来的好处，例如节省成本、拓宽融资渠道、促进产品创新、获得更好的声誉，以及提高员工敬业度。[4]通过加强监管和科技进步，我们已经开始学习如何在改善空气、水和土壤质量的同时发展经济。当然，我们还有很长的路要走，因为80%的CEO认为企业在可持续发展方面做得还不够。[5]人们已经意识到谨慎利用自然资源的重要性，我们需要避免其受到不可逆转的伤害，但是这并不意味着我们已经拥有了完成这项任务所需的经济实力、组织能力和科学技术。不过最起码我们承认这是我们需要做的工作。

除了典型的管理问题，在当今复杂而拥挤的世界中，CEO和COO（首席运营官）必须比以往任何时候都更加见多识广。他们必须拥有足够的科学知识储备以对可持续发展的物理维度进行管理。具体来说，他们至少要对水质、水量、毒性、废物、能源效率，以及毒素对生态系统和人类健康的影响有基本的了解。正如一名管理者必须能够阅读财务报表并理解营销小组的分析一样，该管理者还必须拥有足够的科学知识，能够在遇到利用自然资源的问题时进行科学决策。正如管理者需要管理财务人员一样，他们也必须具备管理技术人员的能力。管理者必须学习工业生态学的核心概念，即在一个闭环系统内设计生产过程和产品，从而最小化对生态系统的影响。忽视环境风险的成本可能相当高。与补救因环境破坏而引发灾害的成本相比，避免环境破坏的成本低得多。

我们需要通过提高组织能力来充分了解我们所生存的星球，管理和控制我们与自然进行互动的方式。在这个到2050年人口数量可能增长到100亿的星球上，我们必须学习如何管理和维持地球供养生命的能力。同时，我们需要了解生产和消费的行为模式如何影响自然系统，并调整自身行为，以最大限度地提高产量、减少损害。我们这样做，是为了确保我们今天的生活方式可以持续。这并不容易，而培养这种组织能力正是可持续性管理领域的主要目标。尽管世界顶尖的商学院尚未想到如何做到这一点，但在2030年前，可持续性管理必将成为管理体系的一部分，一个称职的管理者必须是一个可持续的管理者。

组织战略的可持续维度

企业管理为可持续管理提供了有用的经验教训。在1929年美国经济大萧条之前，每家公司的财务报告都是独立的。在当时，投资一家公司就像是在赌博，因为一家公司的财务报告可能声称它们正在赚钱，但谁又知道其是否真的赚钱了呢？经济大萧条后，美国是最早一批规范金融市场的国家之一。20世纪30年代末，美国出台通用会计准则，用来规范美国的会计制度，并成为后来世界各国财务会计准则的基础。如果一家公司想通过公开市场筹集资金，并通过美国的股票市场出售股票，美国证券交易委员会将要求其提供严格且经过独立审计的财务报告。公司为了进入公共市场筹集资金便纷纷遵守这一准则，并接受了新的财务报告监管标准。

除了了解与企业绩效相关的财务风险外，我们还需要更好地了解企业行为带来的环境风险。环境风险往往会演变成财务风险。世界复杂多变，企业行为也十分透明，无法掩盖环境管理不善所带来的问题。企业不能简单地将有毒废物倾倒在路边，并假设这一行为不会被发现。世界上的每一部智能手机都有可能被用来记录企业的不当行为。识别大众汽车公司欺骗性软件的非政府组织规模虽小，但起到了很大的作用。为了在这个复杂的世界中进行有效管理，全球领导者及CEO需要了解和践行可持续性管理理念。

在当下，公司、非营利性组织和政府正在一个更加拥挤且相互联系密切的星球上运转。全球化给我们带来了巨大的机会，但也构成了巨大的威胁。这种威胁不仅来自竞争对手，也来自组织内部的行为。我们必须更多地关注自然资源的开发和利用以及组织的生产和消费对生态系统的影响。将生产失误视为简单的浪费，并把损失算到经营成本中是不够的，这种20世纪粗放的"大男子主义管理模式"，在21世纪的复杂经济环境中没有立足之地。在 20 世纪 60 年代管理 30 亿人口与在今天管理近 80 亿人口的组织有着根本的不同。可持续管理使我们在不破坏我们赖以生存的地球的前提下，建立一个可以实现高质量生活的经济体。这要求我们使用激励措施来促使行为改变，比如提倡关于资源节约、杜绝浪费和降低对环境影响的新思维，以及将可持续融入日常管理和决策中。同时，这还要求我们制定一套"能够被普遍接受的可持续性指标"，即一种衡量组织或一定区域内可持续性进展的方法。

当人和企业计划迁移到另一个地方时，他们会考虑当地的能源供应、水供应、空气质量、交通系统以及整体的生活质量。在美国，大量城市、企业和非营利性机构正在努力提高可再生能源的利用率，并采取措施提高建筑物和车辆的能效。例如，2014 年，纽约市市长德布拉西奥推出了"一座城市：基业长青"项目。这是一项为期 10 年的计划，致力于改造纽约市的公共和私人建筑，提高能源效率。同时也是为了降低成本，降低能源系统的集中度，以提高系统弹性。在世界其他地方，如中国、印度、巴西、土耳其和墨西哥正在经历快速的城镇化，无数的新建筑拔地而起。许多新建筑在建造设计时已经考虑到了可持续问题，这些快速发展的国家均跻身绿色能源与环境设计先锋奖认证的绿色建筑数量世界前十名。[6]

随着信息、通信，以及制造业的进步，老式能源高度集中、技术落后，急需创新和降低成本。我们从董事会的讨论中听到了更多关于智能电网技术、分布式能源、能源效率以及可再生能源融资创新模式的话题。提高能源效率的措施在城市、企业、大学和医院中越来越普遍。企业在能源效率方面的投资处于有史以来的最高水平，而且在可预见的未来，这种趋势很可能会持续下去。

提高能源效率并不是不可能完成的任务。我们不应该认为这只是短期的权宜之计，而且需要改变"为了制作煎蛋卷，必须先打碎鸡蛋"的思维方式。我们需要利用信息和通信资源更好地管理人类对环境的影响，这在短期内可能会增加一些成本，但从长远来看会降低成本。随着我们能够更好地管理自己的活动，我们将会更深入地了解如何做到"生产、保护两不误"，同时降低保护环境的成本。

在组织内部，可持续性应该被整合到整体战略规划中。确定一个明确且可衡量的可持续发展计划是必要的，而且从长远来看，可持续应该成为组织常态规划和管理系统的一部分。具体来说，应该包括以下内容：

一是目标设定。制定和管理组织战略的关键因素之一是确定优先事项，并将注意力集中在有限的目标上。当前以及未来3~5年的可持续发展目标应该以清晰、可衡量的方式设定，这可以包括提高能源和用水效率、减少温室气体排放、提高回收率等相关措施。

二是组织能力的开发与维护。一个重视可持续发展转型的组织必须详细说明其为实现可持续目标而分配的人力和财政资源。可持续发展目标的落实必须分配给特定的人和组织部门。这些部门不一定是全新的，甚至不用被贴上"可持续"的标签，但相关目标的优先级及其所涉及的任务必须明确。

三是可持续性指标。可持续发展目标必须是可测量的，而且这些指标必须包含在个人绩效指标和组织激励系统中，这一点至关重要。可被测量评估的任务才是可完成的任务，要知道，不可测量的事情通常被认为是不重要的，并最终被忽略。

在满足消费者需求和节省实际成本目标的推动下，我们已经看到越来越多与可持续相关的观点融入了企业文化。2015年，《财富》世界500强企业中79%的企业碳减排投资回报率高于其整体投资组合。[7]这种新模式摆脱了仅关注产品销售财务报告的传统模式。[8] 2010年，联合利华在CEO保罗·波尔曼的领导下启动了"可持续生活计划"，并在将可持续融入其核心业务方面取得了长足进展。凭借全面、整体的可持续发展战略，联合利华正在利用旗下的众多品牌来解决不同的社会问题，投资可持续相关技术并改变消费者行为。2014年，户外服装品牌巴塔哥尼亚宣布解散其可持续发展部门，目的是"使创新性的可持续发展思维、价值观和目标融入每位员工"[9]，这是一项开创性的举措。

除运营方式外，组织还必须学会与监管的大环境建立复杂且有意义的关系。遵守环境法、劳动法、税法以及职业健康和安全条例是运营和管理现代组织的一部分。尽管许多国家并没有强制要求执行与环境、职业健康和安全有关的规章，但研究表明，越来越多的公司正在执行这些规章。即使政府忽视一些违规行为，非政府组织和消费者通常也会注意到。2015年，大众汽车公司的车辆因使用伪造排放结果的欺骗性软件，导致其股票市值大幅下跌。2017年，菲亚特克莱斯勒汽车公司也发生了同样的事情，当时美国环保署指责这家汽车制造商在其生产的10万多辆卡车和SUV（运动型多用途汽车）上，通过欺骗性软件为超标排放造假。这一违反《清洁空气法案》的行为导致其股价下跌13%，市值蒸发23亿美元。[10]

许多企业认为市场监管会扰乱自由市场秩序，因此一般是没有必要的。更明智的做法是让企业接受一些基本的市场规则，并在这个框架下自由发挥。企业适应不断变化的业务和监管环境的能力很强，也会在新的条件下学习成长。世界正在分秒不停地发生变化。技术改变了这个世界，商业规则和环境也将随之不断变化，管理者必须熟悉这个新世界，并学会适应和在其中发展。管理人员在推动可持续发展方面发挥着关键作用，他们能够兼顾资源保护与效率提升，同时对环境风险进行管理。在评估企业管理团队能力时，投资者正在扩大自己的视野，包括检查管理团队是否具备测量以及管理资源使用和环境影响的能力。在未来10年左右的时间里，所有有能力的管理者都将是可持续的管理者，而那些不了解可持续发展原则的管理者将被视为不称职和落伍的。

可持续发展指标

我们在讨论组织变革时提出了"可持续发展指标"，但我们应该分别在组织内部和外部对这个概念进行探讨。在私人或公共组织内部,可持续性可以被视为一个概念框架,用于评估一个组织的物质输入、工作流程、输出和结果等物理要素。这种评估需要透明、可靠、有效和可审计的指标。这些组织级别的指标按行业或地理汇总后,要么包含在一个国家的绿色 GDP(综合环境经济核算体系中的核心指标,在 GDP 表示国内生产总值的基础上融入资源和环境的因素)中,要么包含在一个城市、州或国家测量可再生、可持续经济发展的新指标中。

在设定可持续发展指标时,重要的是设定一个基准,即"被测量的事物在低于该基准时是不可持续的,而在高于该基准时是可持续的"[11]。测量很重要,就像我们前面提到的管理大师德鲁克讲的那样,"如果无法测量它,就无法管理它"。衡量可持续性,并公开一个组织对环境的影响可以使与环境问题相关的无形收益和风险更加具体。在公共部门,可持续指标和报告可以让一座城市有机会评估它们的举措是否产生了有益的影响。[12] 我们之前提到,可以测量的事情通常会得到落实,而不能测量的事情往往被低估甚至忽略。中国就是一个典型的例子,经济发展采取国家主导的模式,将工作重点放在 GDP 增长上。这使中国实现了空前的经济发展,但在高速发展的同时也忽视了许多环境和社会问题。我们在哥伦比亚大学的研究团队设计了一套基于经济发展、社会福利、环境可持续指标的系统,用来衡量中国大中型城市的可持续发展表现。

如果没有测量指标,就无法判断自己的管理行为是否使情况变得更好。我们再次回想起美国曾经的那个时代,每家公司都是由自己报告财务状况,这使实现真正公平的公共金融市场变得非常困难。如前所述，经历过 1929 年的市场崩盘和 20 世纪 30 年代的罗斯福新政，美国证券交易委员会开始规范公司财务申报流程，加速了美国通用会计准则的制定，再加上专业和规范的审计，我们现在才可以对公司的财务报告有一定信心。

然而，美国通用会计准则的发展和完善并没有阻止金融危机或会计丑闻的发生。标准化会计实践的主要目的是提高财务报告的质量，这使"市盈率"等指标开始出现，市盈率成为高风险的绩效衡量标准，与基于绩效的薪酬制度密切相关。[13] 当单一指标成为焦点时，管理层有动机操纵或扭曲该指标也就不足为奇了。例如，腐败的管理者经常通过高估资产价值或低估未来负债等手段夸大当前的收益。众所周知，高强度激励会导致欺诈行为出现[14]，因此，我们的目标是将现有的财务指标与各种非财务指标（诸如环境和社会影响、公司治理等）结合起来。多元的指标将降低单一的、易被操控的指标的影响，并使其与其他指标所反映的情况呈现出差异。

我们需要制定非财务指标的另一个原因是财务会计制度没有考虑任何"外部性"，也就是组织对他人造成的影响。外部性是一个组织或机构衡量其社会和环境影响的关键概念。欧洲一家奢侈品公司——开云集团的案例很好地说明了组织应如何衡量其经济活动对环境的影响。开云集团自创的环境损益表计算了其供应链的用水、原材料和其他资源所带来的经济影响，同时还列出了其生产过程对空气和水的污染，以及对废物管理产生的其他负面影响。公布其供应链产生的外部成本并不能给公司带来直接的收益，但确实为该行业树立了一个重要的榜样。

公开透明和问责制可以改善品牌形象并培养更高的客户忠诚度,从长远来看,这有助于提升公司价值。

越来越多的公司将无形资产和可持续发展概念融入财务报告制度。许多国家的长期投资者已经开始将员工流失率、品牌忠诚度、能源效率和碳强度等非财务指标纳入其投资决策的参考因素,他们认为这些指标与被投资标的的创新能力和长期价值息息相关。[15] 此外,广泛的利益相关者——不仅是投资人,还包括消费者、企业员工、供应商以及监管机构都要求披露更多有关组织活动的非财务信息。据 GreenBiz(一家致力于推动绿色经济的媒体公司)的调查报告显示,89% 的《财富》世界500强企业发布了可持续发展报告。[16] 这种趋势并不奇怪,正如我们在第3章中所讨论的,消费者,尤其是年轻消费者,正变得越来越具有环保意识,他们对品牌的忠诚度越来越与公司对可持续价值观的接受程度有关。如前所述,员工,尤其是"千禧一代"的员工要求公司的工作环境和企业文化更加环保。

企业往往使用一些通用资源和框架来衡量和报告它们采取的可持续发展措施。"三重底线框架"是此类框架中较早的一个,它使企业和地区能够通过财务、社会影响力以及环境影响的综合指标衡量自身表现。另一个被广泛采用的框架是全球报告倡议组织(GRI)制定的《可持续发展报告指南》,该指南表示:"不论规模、产业和地点,为各类需要制定可持续发展报告的组织提供报告准则、披露标准以及实施手册。"[17] 针对投资者,国际综合报告理事会开发了一个综合报告框架,旨在"提高金融资本提供者可获得信息的质量,实现更高效的资本配置"[18]。

该框架明确针对金融资本的提供者，同时考虑了其他因素，例如自然资本和人力资本的重要性。与国际综合报告理事会类似，美国可持续发展会计准则委员会是一家制定可持续发展会计准则的机构，同时以投资者为中心，并根据 ESG 原则（一种关注环境、社会和治理绩效的企业评价标准）制定了框架。[19] 美国可持续发展会计准员会强调财务的重要性，因此其标准侧重于可能对财务绩效产生重大影响的可持续维度。由于其只关注投资者，国际综合报告理事会和美国可持续发展会计准则委员会的框架不像《可持续发展报告指南》那样被广泛采用，因为后者同时迎合了各种不同的利益相关方。此外，B Lab（一家评选注重社会效益和环境效益企业的非营利性组织）将认证证书授予基于其可持续框架的组织，标志着该组织符合透明度、问责制、可持续以及其他绩效标准。[20] 另外还有道琼斯可持续发展指数，这是一个全球性的可持续发展基准，用来跟踪世界领先公司在经济、环境和社会标准方面的股票表现。[21]

除了主要针对公司和投资者的指标框架外，一个名为"生态足迹"的框架可以针对一座城市、一款产品，甚至一个人，测量其所需的食物、水和能源，以及废物处理所需的土地。其他与气候相关的框架包括碳信息披露项目（CDP）和气候披露标准委员会（CDSB）。在国际层面，联合国还制定了 17 个可持续发展目标，帮助国家和城市实施可持续计划并跟踪进展。联合国还与全球报告倡议组织和世界可持续发展企业委员会合作，为跨国企业制定了一系列指标，保证这些企业在实现可持续目标时可以与联合国制定的 17 项可持续发展目标相对应。

尽管出台了上述框架，并付出了大量努力，要测量和评估可持续产生的影响依然是困难的。越来越多的企业，尤其是大型跨国企业，开始追踪一系列非财务指标并发布企业级的可持续发展报告。然而，由于缺乏具有共识的评估标准和框架，横向的比较十分困难。从这个意义上讲，我们需要遵循与美国通用会计准则相同的路线，想办法制定一套可以被普遍接受的可持续发展指标。我们需要就测量和报告的内容达成共识，这绝非易事。一项对超过3 100名经理和高管进行的调查发现，他们普遍认为，"对可持续相关战略成本和收益进行量化，以及制定能评估可持续发展影响的综合指标，是可持续商业化两个最常被提及的障碍"[22]。

自2013年以来，我们的研究团队收集了700多个与可持续相关的指标，这也表明我们并不是没有指标，而是市面上的指标太多。因此，达成共识是一个逐渐减少指标数量的过程，在这个过程中，我们需要与不同的可持续发展利益相关方接触，直到得出一套既可以涵盖可持续所有维度，又足够有辨识度的体系。

如果我们希望就可持续指标达成共识，公共部门就需要发挥关键作用。公共部门将负责监管不同形式的可持续发展报告，指导公有、私人企业以及非营利性组织测量及交流可持续信息。数十个国家及地区对某种类型的可持续发展报告有强制性的披露要求。这些来自监管的压力迫使一些公司在其资产负债表上评估并披露气候风险对当地的一些影响，例如森林火灾、干旱、停电、飓风和其他极端天气。在美国，可持续发展报告不是必需的，但许多公司、非营利性组织和城市都自愿评估自身的环境、社会和治理问题。为了推动全球可持续发展，整个世界必须朝着强制披露环境影响和可持续发展报告的方向迈进。

工业生态学

除了试图将可持续性纳入组织战略之外，高效的管理者还必须了解工业生态学。这是一种思考产品或服务生命周期的方式，对其所利用的有限资源以及向环境中排放的污染物进行检测。工业生态学的一个核心组成部分是使"人类生产和消费的所有领域从一个线性系统转变为闭环系统"[23]。这是一种让工业机制与自然规律相协调的尝试。[24] 目标是实现整个生产环节的闭环，使生产环节尽可能基于可再生资源，并回收一切不可再生资源。在这个方面，废物管理的解决方案是非技术性的。它只需要设计一套易于修复且能够重复使用的产品，抑或是设计一套将产品使用后返还给制造商的流程。比如，施乐选择租赁部分复印机并将其设计为易被重新制造的款式；惠普公司设计了易于回收并再填充的墨盒。

正如经济发展创造了更多能源需求并加剧了气候危机，消费的增加也会导致更多浪费。随着财富的增长，垃圾的产生量也在增加，我们已经在中国见证了这一点。中国在2004年就超越美国成为世界上最大的废物产生国。中国的"双十一"购物节是一场销售盛会,足以让美国整个圣诞购物季的零售额相形见绌。2018年,"双十一"活动产生了25万吨垃圾,运送了至少28亿个包裹。随着网上购物的快速发展,这种趋势会持续并很快扩展到其他市场。半个多世纪以来,欧洲和日本在当地实施了复杂的废物管理制度,美国已开始针对这一问题制定地方化的解决方案。管理废物(即经济的后端)至少与管理消费同样重要。

上述情况表明,所有人都需要了解生产和消费系统的关联性,并且需要针对系统性问题开发适宜的解决方案。以电子垃圾为例,这些在我们处理过时手机、计算机或音响系统时产生的垃圾无法仅靠消费者解决。制造和销售这些设备的公司也必须发挥关键作用。尽管大多数跨国企业将可持续战略纳入其制造和物流流程,但只有一小部分公司制订了降低产品使用环节环境影响的计划。我们暂且不讨论苹果手机短暂的产品生命周期或它们计划的报废周期,如果这些产品以如此高的频率换代,那么苹果及其竞争对手的公司必须将手机设计得易于拆卸,且手机里面的原材料或组件可以用于制造其他设备。这种回收再利用的措施应该成为致力于研发下一代电子产品的工程师的基本设计准则。此外,公司应该为消费者提供回收奖励,比如以旧换新可以获得一定的折扣(我们看到很多公司已经开始这么做)。从制造商到市场的生产链应该成为一个闭环,让产品在使用后可以回到制造商那里或其他有能力对其进行再利用的企业。

我们认为,个人计算机的销售模式可能会在智能手机以及其他电子产品领域变得更加普遍。比如现在个人计算机越来越接近大宗商品的性质，没有太多的可辨识度。这一点在苹果笔记本计算机的硬件设计中就能看出，因为它已经 7 年多没有发生过明显变化。令人欣喜的新功能更多地体现在软件而不是硬件中（虽然相机镜头、内存芯片和处理器可能被视为硬件，但它们的升级并不会显著增加资源消耗），这可能会减缓电子垃圾数量的增长速度。当然，中低收入国家不断增长的电子产品市场将抵消我们这里提及的部分环境效益。

在一个有着大约 80 亿人口的星球上，我们在生产和消费商品及服务时必须更加小心。虽然不应该减少消费那些我们认为对保证生活质量至关重要的商品和服务，但我们还是应该尝试不同类型的"低生态影响"的消费模式。地球观测科学可以帮助我们了解人类对地球的影响。更先进的科技，例如封闭系统工程，可以帮助我们提高产量，同时减少对环境的影响。

供应链的可持续性

在 21 世纪，大多数组织都是更大组织网络的一部分。与 20 世纪初的工业巨头垂直整合不同，现在的企业不需要拥有所有的生产环节才能提供产品或服务。这也给可持续管理带来了挑战，因为一家企业并不总是能了解或控制供应商的生产流程。例如，现代化的电子科技公司必须管理极其复杂的全球供应链。

苹果公司设计并销售苹果手机，但并不生产零件，而是从46个国家/地区的数十家厂商采购，甚至就连最后的组装也不是在美国进行的，而是分布在中国各地的多家代工厂，这些代工厂归富士康公司所有。此外，分布于世界各地并为电子设备提供金属原料（一部智能手机通常需要元素周期表中约80%的化学元素）的矿业公司通常也与品牌方没有直接联系。尽管多数大品牌都熟悉可持续概念，但它们的供应商就不一定了。

因此，仅在公司内部实施可持续发展计划是不够的，可持续性必须延伸到整个供应链。21世纪的管理者很快了解到，供应链的可持续性取决于其中最薄弱的环节。2007年，美泰公司不得不召回近100万件玩具，因为这些玩具含有源自一个分包商的含铅涂料。[25] 2012年，任天堂的《冲突矿产报告》表现不佳，该公司被迫开始审视供应链的可持续问题。在给美国有线电视新闻网的一份声明中，任天堂声称："将所有任天堂产品的制造和组装工作都外包给了我们的生产合作伙伴，因此我们不直接参与最终产品的原材料采购。"[26] 2015年，契普多墨西哥餐厅供应的食品被发现含有大肠杆菌，造成数百人患病，导致该公司股价暴跌。契普多的1 900家门店依托一个复杂的供应链，包括大量独立的农户。由于这种复杂性，公司至今仍不知道到底是哪些环节导致了顾客患病。[27]

大多数组织现在认识到，供应链的可持续性已不再是一个可有可无的条件，而是公司成功运营的关键。当富士康的员工遇到劳资问题时，消费者通常会指责苹果公司做得不够。因此，确保供应链的可持续性显然具有商业价值。通过管理和改善整个供应链的环境、社会及经济绩效，企业可以节约资源、优化流程、提高生产力，并降低成本。十几年前，当 CDP 公司（一站式提供人力资源服务的公司）启动其供应链计划时，只有 14 家公司参与其中。而到 2018 年，全球有 115 家大型机构（总购买力为 3.3 万亿美元）要求它向超过 5 500 家供应链企业提供环保信息。随着越来越多的企业关注可持续性，它们也要求其生产商帮助自身实现目标。自 2010 年以来，沃尔玛通过在国际业务和供应链中采取各种创新举措，减少了超过 2 800 万吨温室气体的排放。[28]

越来越多的组织将其可持续计划扩大到供应链关联企业，但许多企业仍然面临着实施难题。我们的研究也表明，尽管很多大品牌越来越接受 ESG 原则，但它们的供应链关联企业，尤其是那些位于劳工标准较低且贫穷的国家的，还处在难以理解基本的环境、健康和安全风险问题的阶段。由于缺乏一致的指标和行动措施，保障供应链的可持续性依然困难。

坚持可持续管理的组织还必须考虑气候变化以及不断改变的天气、供水给供应链带来的风险。比如在 2022 年，全球很多地方的历史性高温和干旱天气不仅给居民的供水、供电带来了影响，也严重影响了当地企业的正常生产。全球企业依托遍布世界各地的供应链厂商，而极端的天气、洪水、干旱和流行病会导致供应链中断，并产生连锁反应。这一点在新冠肺炎疫情给全球供应链带来的影响中得到了充分的体现。可持续发展和风险管理方面的专业人员必须在识别、量化和减轻气候灾害风险方面发挥重要作用。我们需要在更可持续的供应链中嵌入新的消费模式。当然仅依靠个人行为是远远不够的，我们也需要机构确保其生产所带来的影响被降到最低。

可持续管理失败的案例

至此，我们很容易看出可持续管理的发展趋势。但同时，我们也可以找到很多可持续管理不善的例子。以下是3个没有有效管理环境风险的公司案例：

案例一：2015年巴西萨马科的铁矿矿坝坍塌事故是该国历史上最大的一次环境灾难。大规模坍塌释放出大量淤泥，造成19人死亡，也摧毁了附近的城镇，一路流到了400多英里外的大西洋。矿坝损毁的原因尚不清楚，但初步调查结果表明，灾难是可以避免的。该矿坝隶属于萨马科，是由澳大利亚必和必拓公司和巴西淡水河谷两家公司组成的合资企业。2016年3月，涉事的3家公司达成共识，在未来15年投入至少26亿美元进行清理工作。[29]

案例二：2010年英国石油公司墨西哥湾漏油事件尽人皆知，该事件是一个监管不力与监管失灵的典型例子。在连续87天时间里，石油和甲烷气体从未封闭的井口喷出，向海洋释放了超过300万桶石油。那些本应监督这些企业的公共部门反而成了它们的保护伞。美国内政部作为监管部门之一，其糟糕的表现也导致了这场灾难的发生。由于管理不善，英国石油公司最终将花费612亿美元用于清理这次事故中泄漏的石油。

案例三：大众汽车公司故意且系统性地违反《清洁空气法案》。公司管理不善导致负责人伪造了柴油汽车排放数据，截至2016年，大众已拨出超过70亿美元对此错误行为进行弥补，而且这个数字还会随着时间的推移而增加。

我们一次又一次看到企业和政府为了节省资金做出毫无远见的决策，随后这些本应"降本增效"的决策使企业和政府花销更大。这些失败的案例包括：福岛的防波堤不完善、大众汽车公司的欺骗行为、英国石油公司在墨西哥湾的漏油事件、通用电气公司向哈得孙河中倾倒多氯联苯，以及密歇根州弗林特的供水系统污染。这个名单已经很长，而且还将越来越长。我们生活在一个越来越拥挤的星球上，为了维持和发展经济，我们必须学会更加谨慎地利用自然资源。在世界各地，从中国到印度，再到美国；从西弗吉尼亚州到密歇根州弗林特市，管理不善的问题正在威胁着环境和公共健康并掏空每个人的钱包。政府和企业的领导者越早意识到可持续的道路上没有捷径可走，我们就能越早在不破坏我们家园的情况下发展经济。

可持续管理的核心论点是，我们保护环境不是因为我们热爱（虽然我们可能热爱）大自然，而是因为我们需要大自然。只要我们还在呼吸、喝水和吃饭，对大自然的依赖就会延续。被污染的河流不能成为合格的饮用水源，美国也已经付出了长达数十年的努力清理污染的余毒。我们希望类似的污染已经停止，但值得一提的是我们并没有停止那些让我们陷入这种糟糕局面的行为。根据美国国家野生动物联合会的说法[30]：

硬岩采矿业是有毒废物的最大来源，也是美国极具破坏性的行业之一。在今天，大量工业采矿行为涉及对数千英亩土地进行爆破、挖掘和破碎，且在此过程中使用大量有毒化学品，如氰化物和硫酸。金矿、银矿、铜矿和铀矿的有毒副产品会污染邻近的溪流、湖泊和地下水，并因此臭名昭著。

此外，在美国以外的中等和低收入国家，我们看到这种模式正在重演。中国、印度以及拉丁美洲和非洲的国家同样有很多草率和管理不善的工业实践案例。最终将带来的环境成本是不可避免的，只是"现在付"还是"将来付"的问题。忽视环境影响的短期权宜之计可能使某些人获得更多的直接利润，但其长期影响将使成本更高且利润更低，其中许多成本必须由我们所有人共同承担，而许多造成了污染的公司在"账单到期"之前早已"逃之夭夭"。某些有毒污染物的影响是即时的，但同时，它们给社会增加的成本也仍隐藏在我们日益增长的医疗保健费用中。

人类的聪明才智和开发新技术所带来的巨额利润使可持续转型不可避免。化石燃料已经站在了历史错误的一边。虽然开采技术进步很快，但我们仍然需要付费开采燃料。尽管地下有大量的化石燃料，但它终究是有限的。阳光依然免费，并将在未来很长一段时间里保持如此。能源本身是没有成本的，价格反映的只是技术成本，因此，随着技术的进步，可再生能源的价格还会下降。化石能源长期的发展轨迹则相反：随着其储量越来越少，开采和运输越来越困难，其价格将会上涨。当化石燃料最终被可再生能源取代时,其价值会暴跌,价格也会下降。当然,这些化石燃料的少量价值会得到保存,用于制造塑料和其他具有独特性能的材料。事实上,在许多地方,风能和太阳能产生的能源已经比化石能源便宜,尤其是在化石燃料不再享受大量补贴的情况下。可再生能源成为我们主要能源的那一天可能比我们预想中更早到来,因为储能和管理技术的迅猛发展正在克服风能和太阳能固有的间歇性问题。

大众汽车的排放测试软件丑闻

为了让柴油动力车逃避美国空气污染法规的监管,大众汽车安装了一款非法软件,这一厚颜无耻的行为令人感到震惊。在《纽约时报》的报道中,记者科洛尔·达文波特和杰克·尤因观察到:

美国环保署指责这家德国汽车制造商使用软件来监测汽车何时定期进行排放测试。只有在此类测试期间,汽车的排放控制系统才会全部开启。美国环保署表示,在正常驾驶的情况下,这一控制系统会关闭,使汽车排放出的污染物含量是《清洁空气法案》所允许的40倍。

这个故事的主人公——国际清洁运输理事会,是一家为环境监管机构提供研究报告和科学分析的非营利性组织。该组织发现实验室中检测到的污染物与道路上检测到的污染物之间存在很大的差距，于是向美国环保署报告了这一情况。美国环保署对上述情况进行调查时，该公司对此供认不讳，并召回大约 50 万辆汽车。一旦污染控制装置恢复正常，大众车主可能会对他们汽车的性能不满意，因为当污染控制系统启用时，这些车辆可能会失去部分加速动力，一些车主很可能不会遵守召回令，各州的排放测试仍然可能得到虚假结果。

其实不难理解为什么汽车公司管理层会试图以这种方式规避法律的约束。大众汽车公司的问题在于其企业文化中根深蒂固的腐败态度，公司管理层不知何故竟然觉得采取这一行为是合理的。他们可能理解空气污染对健康的影响是真实且重要的，但他们也知道，将空气污染的原因简单地归咎于某一种污染源是很困难的。的确，大众汽车公司的欺骗行为很难被察觉，指出这种欺骗行为所造成的具体危害更难。但试想一下，如果这种走捷径和欺骗的行为发生在安全带和安全气囊等安全设备的制造过程中会怎样？如果发生在汽车刹车系统的制造过程中呢？如果汽车制造商在某一个领域不诚实，那么如何保证它在其他领域一定诚实呢？

大众汽车公司的问题不仅是如何遵守美国环保署的规定，而是该公司如何才能在其组织内部消除这种欺骗的源头。汽车行业有着悠久的抵制历史，充其量只是勉强遵守环境和安全法规。汽车公司曾对安全带的使用表示不满，并表示配置安全带会影响它们的业务；也抱怨过催化转化器和汽油里程标准。令人感到讽刺的是，大众汽车公司的欺骗行为是在其宣布大幅增加电动汽车和混合动力汽车产量的同时被发现的。很明显，公司中的一部分人了解可持续交通工具的商业潜力，但另一部分人显然对此并不在乎。

大众汽车公司的欺骗行为应该被视为管理不善。该公司因此被处以巨额罚款。在事故发生时，科洛尔·达文波特和杰克·尤因报告说："司法部（对大众汽车）的调查可能最终导致对该公司的罚款或处罚。根据《清洁空气法案》的条款，司法部可以对每辆被召回的汽车处以最高37 500美元的罚款，罚款总额可能高达180亿美元。"

尽管对大众汽车公司的罚款可能并不会达到180亿美元，但任何罚款都不利于公司的盈利和声誉。更进一步说，当代可持续管理者会小心翼翼地确保任何资源的使用都经过深思熟虑，并将所有环境影响降至最低。对可持续性缺乏关注表明大众汽车公司的管理水平需要提高，或许这次事件会促使其改变。最起码大众汽车公司看起来很懊悔。欺骗性软件被发现后不久，大众的CEO马丁·文德恩为公司的不当行为公开道歉，同时停止对包含该软件的新车及二手车的销售。

迈向可持续组织

我们每天都能看到公司、非营利性组织和政府机构采取措施,以可持续的方式进行管理的例子。食品公司开始回收废物,汽车公司开始转向开发电动汽车,房地产商开始开发节水、节能的建筑等。在美国排名前 10 的管理咨询公司中,有 5 家将"可持续管理"作为其提供的主要服务之一。[31] 尽管政治领域还有很多人顽固地坚持认为,不能在经济增长的同时保护环境,但现在的经济发展情况已经证明,事实恰恰相反。我们将在第 6 章详细讨论这一点。

许多企业都看到了绿色经济中的机遇。新技术、新服务、新知识和新工作不断涌现。例如,在加利福尼亚州,太阳能产业发展迅速,该州成为美国第一个拥有超过 7.5 万个工作岗位的州。[32] 20 世纪,古老、笨重、污染严重的烟囱代表着经济实力,而 21 世纪的今天,能够体现经济实力的是一座具有公园景观的被动式太阳能设计建筑,其空间被出租给开发智能手机应用程序和拼车服务的公司。服务、创意和软件是经济的高附加值部分,制造业自动化的程度越来越高,产生的财富却越来越少。降低能源、水和其他材料的成本比以往任何时候都需要更多的创造性努力。这种对绿色经济的推崇并不完全基于理想主义,而是源于在保护地球的同时获取利润的愿望。

上述情况并没有受到太多关注，一部分是因为这是个好消息。人们宁愿看有关自然灾害的报道，也不愿看关于自然奇观的报道。媒体也是一种商业，它的工作不是准确描绘我们生活的世界，而是赢利。我们通过新闻媒体看到的世界并不是我们亲身体验的世界，我们生活方式中最重要的变化在很大程度上没有被报道，而关于冲突、谋杀、混乱的新闻却充斥着我们的电视广播。只有当我们遇到危机时，家人、朋友的日常生活才会成为新闻。

智能手机和全球通信是过去 50 年里对人类行为产生最重大影响的技术。人们花更多的时间相互交流和分享事实、照片和看法，这没有什么新闻价值，但就像可再生能源一样，它是我们现实世界的核心。不幸的是，媒体不是我们了解世界的可靠来源，我们看新闻时必须能挖掘出报道中的偏见，以及一篇报道能在海量新闻资讯中脱颖而出登上头条的原因。我们在可持续发展方面取得的进展并不总是很容易被看到，同时也伴随着倒退。这一情况很复杂，有时还相互矛盾。

我们正在向以可再生能源为基础的经济转型，但仍有大量不可持续的做法和企业存在，而从这些做法和企业中受益的人并不羞于捍卫自身。比如，科赫兄弟激进地倡导化石燃料和塑料袋行业的做法，而这也是纽约州立法机构推翻纽约市议会减少使用塑料袋倡议的原因。最终，在 2020 年初纽约州颁布了一项全州范围的塑料袋禁令，这也显示了塑料袋行业政治影响的有限性。

当然，减少化石燃料使用的运动并非没有受害者。许多政府对清洁能源生产进行补贴,但对可再生能源的补贴与对化石燃料的补贴相比仍然相形见绌,尤其是在中低收入国家。[33] 当这种补贴被取消时,不论是出于何种原因,许多普通民众将面临更高的燃料价格和电力价格,这将可能导致社会动荡。比如,2017年厄瓜多尔总统莫雷诺被迫取消燃料补贴,以减少政府赤字。科洛尔·达文波特在谈到怀俄明州煤炭行业的衰退和该州风能业务的崛起时指出:"风能和其他新能源行业提供的就业机会和经济效益,没能弥补所有随煤烟消散的工作岗位(比喻煤炭行业衰退使工作机会减少)。"[34] 不仅工作机会减少了,其技能基础也不同。尽管这些转变是不可避免的,但仍需要政府来确保这种转变的受害者能够获得帮助,并找到有意义的工作。

在那些工作没有受到威胁的人中,我们仍然可以看到大量抵制可持续实践的证据。反对遵守空气质量相关规定似乎已植根于早期大众汽车公司的企业文化中,所以它才会允许销售大量带有欺骗性软件的汽车。这种抵制可持续实践的现象并不罕见,许多人仍然持有我们必须在环境质量和经济发展之间进行权衡的想法,但是持有这种观点的人的数量开始慢慢减少。保护地球资源的需求开启了可持续发展的进程,这同时也在创造新的商机。例如,科尔尼咨询公司在其网站上表示:"可持续的思维方式将使企业获得前所未有的机会赢得客户支持、吸引员工并获得竞争优势,同时改善生活、社区和我们的世界。"[35] 2016年6月,明尼苏达州的一些企业开始共同努力推动循环经济的发展。杰西卡·莱昂斯·哈德卡斯尔在《环境领袖》中曾写道[36]:

明尼苏达州可持续增长联盟表示："陶氏、3M集团和塔吉特是发起循环经济倡议的25家主要公司和组织中的代表。循环经济原则（提取原材料并将其制成可以再利用、再制造或回收后可以重复设计和再制造的产品）将带来业务增长机会并促进创新。循环经济原则还将通过减少垃圾填埋优化废物管理流程。"

企业支持温室气体减排目标的部分原因是它们看到了这样做将带来的好处。例如，近一半的《财富》世界500强企业已经设定目标提高能源效率、使用更多可再生能源以及减少温室气体排放，并且已经在获得经济回报。2016年，《财富》世界500强企业中有190家设定并实现了能效目标，并报告当年节省了37亿美元。[37]

尽管这些举措展示了进步，但还有超过一半的《财富》世界500强企业没有设定碳减排目标。为了让另一半企业加入，可能需要政府的监管。向可再生经济的过渡不会一蹴而就，这将是一个"前进两步，后退一步"的过程。不幸的是，现在的步伐可能还不够快，但我们的组织需要时间来改变。人类有智慧、有创造力，但我们也是遵循习惯的生物。新技术的开发对生态系统的破坏性越来越小。刚开始时，要接受速度可能缓慢，但一旦达到大众接受的临界点，也许就会迅速发展。手机、GPS（全球定位系统）和蓝牙技术最初都是被缓慢接受的，但随着它们变得越来越普遍，使用频率也越来越高。我们看到屋顶太阳能电池、太阳能热水器和电动汽车也在经历同样的过程。

*　*　*

人们很容易忽视《财富》世界 500 强企业减少温室气体的举措，或那些追求循环经济的明尼苏达州公司，而是视它们的行为为一种追赶流行的尝试或公关活动。显然，这些活动都没有被新闻媒体重点报道，但它们却是我们正在取得进展的重要迹象。如果我们考虑其中一些公司的规模，例如年收入约 5 000 亿美元的沃尔玛，它的年产值高于波兰的 GDP，仅次于瑞典。很明显，这样的组织在可持续发展的进程中是十分重要的。

向可持续的、以可再生资源为基础的经济转型需要数十年时间来完成，这将需要政府和私营部门之间建立更复杂的合作伙伴关系。幸运的是，许多城市和地方政府似乎很善于建立这种关系。意识形态问题在政府层面不太重要，大多数决策都集中在实际的项目和计划上，而不是具有象征性的政策和立场上。

我们工作的组织将使我们所需要的变革具有可操作性。正如企业将财务报告、绩效考核、客户关系、社交媒体营销等许多其他元素纳入标准操作流程一样，它们现在也需要考虑可持续性的物理维度，包括能源、水以及原材料的回收再利用，并努力减少对环境的影响。这些变化将是缓慢而稳定的，就像乌龟一样，开始时可能不会引起大众太多的关注，直到它们终于超越兔子的时候才会被发现。

第 5 章
可持续城市中的政治与公共政策

可持续城市的发展取决于能否在降低对环境的影响这一目标下获得广泛支持,以及公共部门能否积极建设可持续城市所需的基础设施。在第3章和第4章中,我们分别讨论了个人和私营部门在向可持续发展过渡中所扮演的角色。本章将重点介绍政府在监管污染和为地方可持续举措融资方面能够发挥的重要作用。

政府在建设可持续城市方面的基本作用是提供必要的基础设施和监管环境,使人类活动尽可能少地污染环境。从广义上讲,政府可以实行严格的法律规定或利用基于市场化的工具,促进可持续城市的建设。前者可能涉及制定法律法规。例如,英国于1956年通过了《清洁空气法案》,以应对导致伦敦数千人死亡的严重空气污染。美国于20世纪60年代首次通过了类似的法案,并在20世纪70年代取得了显著进展。通过随后的修订,美国《清洁空气法案》已成为世界上极具影响力和极为全面的环境法规之一。美国《清洁空气法案》规定了机动车的排放和燃油效率标准，以及烟囱的高度，并为监测污染物排放和检查固定的空气排放源提供了资金。

上述法规可以对污染物进行明确且可衡量的限制，因此世界各地政府在处理环境问题时通常采取命令和管控式的监管措施。然而，最近也出现了一系列新的、基于市场的措施，如对不可持续的生产过程征收税费，或实施各种形式的激励可持续行为的财政措施。例如，欧洲、美国（针对二氧化硫）已经与中国建立了排放交易系统，覆盖了全球一半以上的二氧化碳排放量。值得一提的是，建立可以交易污染排放的市场首先需要规定可以排放的污染总量。因此，市场化的解决方案仍然需要以环境法作为基础。此外，各国还以低息贷款、高上网电价、税收抵免和减免等形式提供大量政府补贴，支持清洁能源的开发。

除了制定法规和实施财政激励措施外，政府还可以举办一系列提高可持续发展意识的舆论宣传活动，这可能会增强公众对可持续的认知。例如，我们在中国的一项研究表明，公众认识到官员腐败是城市可持续发展面临的重大挑战之一，这归功于政府开展的一系列反腐倡廉舆论宣传活动。[1]

在本章，我们还将专门讨论国际气候政治，并解释为什么国际层面的谈判经常受各国内部环境问题的驱动。然后我们将分析获得政治支持对地方层面的可持续发展的重要性，并探讨一些地方层面的可持续问题如何超越了党派差异。在讨论地方层面的可持续举措实施时，我们强调公私伙伴合营以及公共融资的重要性。本章还讨论了日益增长的环境意识，尤其是年轻人环保意识的提升，以及政治显著性问题。由于许多分析人士不了解环境是一个怎样的政治话题，我们首先讨论环境问题的党派差异，以及公众舆论和环境价值观如何影响城市可持续发展。其次，我们转向讨论地方可持续发展的保守现象，即"邻避综合征"。

国际气候政治与国内可持续需求

在国际层面，2016年由多个缔约方签订的《巴黎协定》制定了宏大的"国家自主贡献目标"。由各国自主提出旨在共同实现全球减排、气候适应以及融资的目标。尽管全球气候谈判在唤起人们对气候危机的关注，以及会聚气候专家、倡导者等方面具有价值，但一项可以结束全球气候变暖的、具有约束力的国际条约一直难以实现。主权国家一般很难将能源系统这样重要的系统的决策权交给一个执行全球协议的国际权威机构。能源是国民经济的核心，而国民经济通常是维持政权合法性的核心。因此，除非各国相信减少温室气体排放符合本国的自身利益，否则它们很难主动减少排放。相反，如果它们真的相信减排符合其自身的利益，那也就不再需要一个国际条约来激励减排了。

2008年北京奥运会之后，空气污染问题在中国被提上议程，并占据了重要位置。没有人可以预见，政府政策的转变会将环境保护与经济增长议程放在同等重要的位置。中国目前在制定和实现环境目标方面领先全球，同时拥有世界上最大的电动汽车和可再生能源发电市场。而这些气候举措并非来自国际压力的强迫，而是出于本国的需求和利益。可以说，中国对国际气候的巨大贡献来源于国内环境措施的协同效益。

据估计，解决当前高收入国家国内温室气体减排问题的全球政策，将是鼓励低收入国家越过化石能源，直接使用可再生能源。如果我们禁止低收入国家使用化石燃料，那么出于对自身利益、国家主权和尊严的考虑，协议将难以达成。如果我们提议由高收入国家提供刺激措施，帮助低收入国家建立一个零排放能源系统，那么达成协议的可能性就会变大。通过建设和管理绿色能源设施以及向低收入国家政府施压，促进培养基于可靠和廉价能源技术的生活方式，并证明这种生活方式是可以赢利的。比如，围绕"世界能源系统现代化"的目标达成一个非意识形态的共识是有可能的。与其攻击化石能源公司，推动其转变为更加可靠、价格更低、污染更少的能源更有可能取得成功。我们认为化石燃料的利益相关者无法阻止可再生能源经济的转型。当然，有些公司仍会尝试，但更有能力的公司会将自己重新定义为更加广义的能源公司而不只是化石能源公司，而那些不主动做出改变的公司终将被先行改变的公司挤出市场。

2019年12月举办的联合国气候变化大会上的分歧和混乱，部分原因就在于当时特朗普领导下的美国政府否认气候变化的政策。具有讽刺意味的是，在美国前总统奥巴马努力说服其他国家改变路线，为《巴黎协定》的最终签订铺平道路后，特朗普总统以一次惊人的逆转退出了该协定，并指责中国制造气候骗局，阻止他实现美国再次"强大"。国际层面的气候分歧总是与某些国内政治立场相关，有时可能会出于自身利益考虑而做出狭隘且短视的解读。呼吁全球共识和强调道德伦理在国际关系中的用处有限。长达半个多世纪的《不扩散核武器条约》就是不同国家为了生存而进行全球合作的很好的例子。但《不扩散核武器条约》的失败也是证明国际外交中道德伦理局限性的一个例子。虽然我们从未想过使用这些武器，但我们还是想要保留它们。

地方政府与可持续发展

我们不应因《联合国气候变化框架公约》第 25 次缔约方会议及其前身的失败而气馁，而应想到勒内·杜博斯的经典告诫：放眼全球，立足当地。减少碳排放、将全球平均气温上升控制在工业革命前水平的 2℃ 以内，以及提高应对气候问题的韧性等全球目标，必须在地方层面实施。改变要在我们的家里、单位、社区、城市和机构中发生。为了让政府实现可持续转型，我们需要更新环保相关法案并准备足够的资源来执行它们。例如，中国于 2015 年开始实施的新版《环境保护法》就为之前政治地位有限的环保机构提供了必要的执法权和财政资源。我们已经讨论过英国和美国的《清洁空气法案》。1972 年，《美国联邦水污染控制法案》修正案（也被称为《清洁水法案》）推翻了当时尼克松总统的否决，最终被颁布，保障了清洁的水源。在此之后，美国国家法律始终致力于保障安全饮用水，如果州和城市试图逃避承担法律规定的责任，联邦政府就必须介入并保护公众利益。尽管国家法规发生了变化，但政府的大部分实际工作必须在地方完成。我们从2015—2016年发生在密歇根州弗林特的水危机中看到了这一点。当时，老化管道中的铅污染了水源。尽管《清洁水法案》已经实施了40多年，但其结构清晰、责任明确，表明地方的执法和维护是极为关键的。政策的执行强度取决于其中最薄弱的环节，显然整个体制都需要改革和创新。

由于城市人口规模较大、环境影响显著，又是服务的直接提供者，城市可以说是可持续发展的重要推动者。地方政府负责管理学校、警察、消防、交通、土地使用、水和废物，甚至还要负责管理游行和烟花表演。上级政府通常负责制定政策，收缴并分配收入，但大多数情况下，政府真正的工作是在地方完成的。研究人员在一项研究中表示，在较低级别的政府中，"问题更有可能被准确地识别出来，并由了解当地政治生态和社会文化的人提出解决方案，同时反馈和管理工作也可以更及时"[2]。根据联合国环境规划署的资料："地方当局负责建设、运营和维护经济、社会以及环境相关基础设施、监督规划过程、制定当地环境政策和法规并协助实施国家和省（州）级环境政策。作为最贴近人民的治理层级，地方政府在促进可持续发展教育、动员和响应公众需求等方面发挥着至关重要的作用。"[3]

聚焦地方工作的另一个原因是，专注于那些明显的、不可能被忽视的环境影响不容易引发争议。根据一项盖洛普民意调查，人们"对更直接的威胁，包括饮用水污染，河流、湖泊、水库的水源污染以及空气污染通常会表现得更加担忧，超过他们对全球气候变暖、雨林消失以及动植物灭绝等长期威胁的担忧程度"[4]。虽然气候变化是一个严重的环境问题，但这并不意味着唯一的解决办法是迎头而上。化石燃料的使用还导致许多其他问题，比如空气污染、开采过程中的生态破坏、依赖世界不稳定地区的原材料供应所带来的政治风险，以及价格上涨或不稳定所带来的经济成本增加。事实证明，与解决气候变化等长期可能不太明显的问题相比，解决这些可见问题的政策在政治上更受欢迎。

事实上，也只有通过要求中等和低收入国家关注那些"接地气"的、离生活较近的威胁，我们才能确保它们参与气候变化这类更宏大的目标。在高收入国家，极端天气的频繁出现也使建造那些更具承受力、更可持续的基础设施获得了更多的支持。在2012年飓风"桑迪"登陆后的几年里，美国平均每隔一周就会发生一次造成超过1亿美元经济损失的气象灾害。比如2016年夏天，在加利福尼亚州发生大规模森林火灾的同时，路易斯安那州的部分地区遭受了灾难性的洪水。在2018年和2019年，加利福尼亚州最大的电力公司的输电线路产生的火花点燃了森林，造成了大规模的破坏，森林火灾的程度比前些年更加严重，直接导致了该电力公司破产。当紧急情况经常发生时，它就变成了常规事件。如果我们现在投资500亿美元升级老旧设施以应对将来可能发生的环境事件，它能否体现在未来突发事件发生时省下来的成本中呢？答案是肯定的。那我们是否应该考虑将减缓气候变化视为保护民众安全和财产免受极端天气影响的主要途径呢？答案也是肯定的。在空气或水污染不那么严重的高收入国家，这些极端天气的影响以及民众对其危害的感受与理解，为地方层面的可持续政策提供了政治基础，包括改善电路和排水系统来更好地适应环境影响，以及使用有助于缓解气候变化的清洁能源等。

这也是诸如纽约市的"纽约2030城市规划""纽约2050总规"或费城的"绿色工程"之类的城市可持续发展计划往往会融入当地经济发展，并经常获得超党派的大力支持的原因。许多地方领导人已经认识到可持续发展能推动经济增长。据新气候经济委员会称，到2050年，投资公共和低碳交通、建筑能源效率以及城市废物管理可以在全球范围内节省17万亿美元。[5] 绿色倡议可以吸引商业项目、游客和新市民。人们可以看到并体验地方层面的可持续发展举措，因为这些地方举措比更高级别政府的政策更直接。比如，提高能源效率的举措可以使水电费下降，从而产生实实在在的经济影响。国家或区域政府会制定路线并资助一些可持续发展计划，但地方政府往往负责具体计划的实施。

除此之外，地方政府可以通过设定宏大的减排和可再生能源目标推动可持续发展，比如洛杉矶的"绿色新政"，要求在2035年前实现100%的废水回收，2045年前100%的能源来自可再生能源，2050年前实现零排放。纽约和其他城市也致力于发展绿色建筑和绿色车队，并努力实现其提供的服务能够支持系统的可持续运营。在许多国家的首都，你可以在街上看到共享单车停车点、新的自行车道以及垃圾回收箱。这些在地方层面鼓励能源效率和可再生能源的政策反映了人们降低能源成本的愿望，以及对浪费能源更为清醒的认知。这些政策并不完全基于可持续发展的政治基础，而是出于一系列复杂的原因，比如销售节能材料、设备和服务公司的游说。纽约州和加利福尼亚州都对能源使用征税,并设立基金对可再生能源进行补贴。

即使在那些国家层面领导力和政策方向上会对地方决策产生重大影响的国家,许多可持续举措依然是源于地方的。例如在北京,空气污染对健康的危害之大,一度导致跨国公司在派遣员工时不得不向他们支付额外的薪酬。最终,北京决定将所有重工业搬迁,实行车牌摇号并推行限行措施,在工作日高峰时段减少了 20% 的车流量。

许多城市已经加紧采取行动,但有一些城市还没有行动起来。实施可持续发展计划和执行环境规则的城市拥有更清洁的空气、更好的公园和更高的生活质量。城市中最受欢迎的可持续实践包括保护树木、使用替代燃料的车辆、推广自行车的使用、节约用水、教育以及采用 LEED 标准(一种绿色建筑评价体系)建造新建筑。[6] 长远来看,这些资产都将在全球经济中吸引更多的人才和企业。在世界其他地方,无论是作为权宜之计(比如一些仍在发展中的城市),还是为了保护它们的大排量汽车,又或者是渴望时光可以倒流,重新回到那个简单、有序、更容易定义成功的世界,一些城市仍坚持以化石燃料为基础的经济。不论属于哪种政治派别,人们都热衷于呼吸新鲜空气,喝干净的水。虽然有些人可能不相信气候变化的科学论断,但当他们看到混浊的水时也会发现问题,也知道保持饮用水的清洁和安全是政府的必要工作。由城市向郊区蔓延的土地使用模式对美国城市居民仍有吸引力的原因之一是郊区房价往往较低,且许多人更喜欢宽敞的私人空间。然而,许多规模庞大的城市也开始在屋顶上安装太阳能电池板，并在车库中为电车充电。

　　能源效率和可再生能源在区域和地方层面更多地体现为日常的实际措施，而不是宏大的宏观政策和声明。在纽约，像联合爱迪生电力公司这样的能源公司通常派遣承包商到小企业进行能源审计，并提出能够帮助企业节省能源费用的措施。任何级别的政府采取任何行动都会伴随着一定的争议，但像联合爱迪生公司采取的这类措施已经获得了关注，并且慢慢被视为州和地方项目规划的一部分。

　　考虑环境的外部性和溢出效应，地方层面的政策必须与邻近地区的环境法规保持一致，同时与国家和国际层面的政策保持一致。有时，城市可以作为创新政策的实验室，为国家政策的制定提供参考。例如，一些州"将针对某类能源使用征收的专项税费用于促进能源现代化"的举措就可以在全国范围内推广，从而减少能源浪费、实现能源网络现代化以及鼓励可再生能源的使用。虽然目前要在全国范围内征收这样的税款依然不太现实，但这样做的好处是显而易见的。当加利福尼亚州提高其汽油里程标准时，这一政策标准也促使美国联邦政府提高了联邦企业的平均燃油效率标准。[7]

公私合营

　　正如我们在第 1 章中提到的：气候变化不是一个意识形态

问题，它在城市层面具有实际的经济和社会影响。在美国，一些气候工作由私营部门牵头，政府监管机构经常与投资者、公司、非政府组织以及当地社区合作实施可持续发展举措。例如，美国交通部斥资 4 000 万美元开展的"智慧城市挑战"计划就是通过与私人合作伙伴合作实现的，合作伙伴为其筹集了 5 亿美元的资金[8]，向每个中标的城市投入 4 000 万美元，将创新科技融入其交通网络。在地方层面，这也将涉及可持续规划、分区、建筑规范和其他协调行动，以及影响私营部门行为的手段。例如，纽约的"清洁能源基金"计划是一项为期 10 年、耗资 50 亿美元的项目，旨在支持清洁能源市场的发展和创新，这个项目也引入了私人资本，鼓励私人资本投资清洁能源。[9]

减少使用化石燃料和其他一次性资源的行动需要公共和私营部门之间建立成熟的伙伴关系。所谓成熟的伙伴关系，是指寻求自身利益和共同利益的伙伴关系，同时最大限度地减少意识形态和群体思维的影响。在一些情况下，基础研究或基础设施建设需要政府提供资金。在其他情况下，需要税法或其他激励措施来吸引私人资本和企业进入市场。还有很多情况政府是不需要采取任何行动的，政府能做的最好的事情就是放手，让私营部门去行动。"成熟的伙伴关系"也意味着以结果为导向的实用主义，而非以象征符号、地盘、权力和意识形态为导向的伙伴关系。

例如，政府仅仅为失业者提供补贴通常不会奏效。最近，我们了解到深圳在大鹏半岛建设保护区方面所做的努力。大鹏半岛是深圳生态极为敏感的地区之一。国家为了保护生态而开始建立保护区，要求当地的渔民减少捕捞，有些渔民还被迁移到了其他地方，政府向其提供了现金补贴。后来发现，财政激励并非一个长期解决方案，并不能帮助渔民开启新的业务或者寻找到其他就业机会。通常，政府补贴很快会被花完，之后很多渔民还会返贫。如果政府能让渔民成为他们管理保护区的合作伙伴，效果也许会更好。作为掌握当地情况以及专业知识的利益相关者，渔民可以利用自己的专业知识帮助管理好保护区的生态资源，同时从中获得经济收益。

深圳渔民的经历可以与很多工业城市中因工厂自动化或外包而失去工作的工人产生共鸣。在全球范围内降低生产成本的过程中，高收入国家的中产阶级制造业工人遭受了破坏性打击。尽管安装太阳能电池板、运行能效设备、建设微电网都可以创造新的就业机会，但这些不会像工业时代的工厂和矿山那样雇用那么多人员。这些新岗位可能会帮助到少数愿意搬到有上述工作机会地方的人，或是那些能够接受额外教育的煤矿工人，但它很难为那些曾经依赖煤炭行业获得工作机会和财富的社区提供太多帮助。社区的重建需要吸引新产业来取代那些正在衰退的旧产业。

创造条件吸引新产业更多靠的是艺术和工艺，而不是科学。它需要一种公私伙伴关系，而这种伙伴关系常常被强烈且过时的政治意识形态所阻碍。随着城市变得更加可持续，其经济也将更多地依赖脑力劳动。在这个过程中，我们必须解决工人被替代的问题，否则国家可能会分裂。那些在全球化进程中遭遇挫折的人将会对现状产生不满，开始要求变革，甚至引发类似英国脱欧这样的破坏性事件。因此，需要给失业的工人提供再培训机会，帮助他们获得新的工作机会，并且必须确保新工作不是一种向下的社会流动。这一切都不容易完成，而要解决这个问题也需要公私合作。照顾失业工人并不是私营部门的工作，我们需要通过公共政策直接提供就业机会，或激励私营部门进行再培训和增加就业岗位来解决这个问题。

合作是必要的，因为合作可以确保工作不会被政府或私人组织主导，但它需要双方建立合作关系。出于意识形态方面的考虑我们也需要公私合作，因为自20世纪80年代初以来，许多资本主义国家的政府工作人员数量一直被严格控制，以此让人们相信政府规模没有增长。例如，1966年美国联邦政府大约有260万名公务员；到2019年，这一数字降到了210万。在20世纪60年代，联邦政府工作人员约占美国劳动力的4%，如今只占2%。20世纪60年代，美国约有1.8亿居民，现在这个数字约为3.27亿。当然，政府在过去50年里还是在不断壮大，其中一部分原因是人口的增长，但联邦政府的壮大全部体现在与政府签约的合作公司数量的增加上。在此期间，州政府和地方政府也有所壮大，但它们也将许多职能进行了外包。总的来说，在过去的半个世纪里，我们迫使政府在人力资源有限的情况下运转。

这些限制也有着积极的一面，比如政府被迫提高了效率，能更好地管理其组织网络。消极的一面是过去40年来，许多高收入国家的高端人才往往不愿意在政府部门工作。我们需要一个有能力的政府与私营部门建立伙伴关系，并引领我们向以可再生资源为基础的经济转型。如果要在中低收入国家建设可持续城市所需的基础设施，我们就需要具有高水平的公共领导力。如果要在高收入国家重建破旧的基础设施，我们同样需要有能力的政府，以便适应城市可持续发展的需求。政府的规模应该得到控制，但"饥饿疗法"对任何人都没有好处。

可持续发展的公共融资

除了通过创建适当的机构和颁布政策来促进可持续发展之外，政府还将负责提供财政支持。政府可以通过税收激励、创收和借贷来资助可持续发展计划。除了直接投资或公有化，政府还可以采用各种形式的补贴，例如发放补助金、减免税收、提供贷款担保和调节上网电价，来支持可持续基础设施的投资并激励清洁技术的发展。

大型的城市基础设施项目仅靠私人资本可能还不够，往往需要政府投资。一个典型的例子是建设中国庞大的高速铁路网络往往需要投入数万亿美元。铁路出行普遍被认为比个人驾车或航空旅行更环保，同时高速铁路大大缩短了城际交通的时间，加快了中国城市化的进程。如果没有政府的支持以及来自国有银行的贴息贷款，高速铁路将难以建成。我们将在第二部分的案例研究中详细讨论中国的高速铁路建设。

高速铁路和太阳能发电场等项目需要大量资金支持且规模

化成本高昂，这也是它们通常需要大量公共部门扶持的原因。事实上，世界各国政府一直在积极补贴对可再生能源的开发。由于清洁技术项目都是资产密集型产业，它们通常需要花费很长时间来开发，而且它们的上市时间通常比风险投资倾向的投资窗口期更长（风投更喜欢投资可以快速实现规模化的轻资产，如互联网和软件初创公司）。这时就需要政府为创新的清洁技术初创企业提供关键资金，有时还要引导它们通过试点阶段。解决资金缺口的另一种方法是开发分散的、小规模的可再生能源技术，这些技术可由个人资助，供个人或家庭使用。

2008年全球金融危机后，私人资本消耗殆尽，作为政府激励计划的一部分，美国能源部于2009年向索林佐——一家总部位于加利福尼亚州的创新太阳能光伏电池初创公司提供了第一笔贷款担保。当时的美国总统奥巴马将该公司吹捧为"经济增长的引擎"。然而，该公司仅在两年后就申请了破产保护，这成了人们指责贷款计划的原因，奥巴马在2012年总统竞选期间也因此被指责为浪费开支以及"裙带资本主义"，并遭到了猛烈抨击。但是值得注意的是，该激励项目还向特斯拉提供过贷款，帮助特斯拉制造出了Model S电动轿车，也向许多其他汽车制造商提供了贷款，帮助这些车企开发电动汽车及动力电池，这些项目都是预计会赢利的。如果真的要过渡到绿色经济，我们需要对政府的错误更加宽容，不能因为一个项目的失败而阻止政治家做更多有利于绿色企业发展的事情。由于清洁技术初创公司的特殊性以及缺乏足够的私人资本，政府和政治家需要有更多的自由来资助清洁技术项目，即使注定有些项目会失败。

政府支持可持续发展计划的另一种方式是发行绿色债券。当政府发行的债券与废物管理、可持续交通或可持续基础设施融资挂钩时，它就会被贴上"绿色债券"的标签，这是一种快速增长的可持续金融工具。"环境影响力债券"是绿色债券的一种变形，被认为是绿色债券的未来。由于政府通常被认为在进行政策干预方面效率低下，并且不会用纳税人的钱进行试验，因此政府可以与私人投资者分摊风险。通过发行环境影响力债券，把实施绿色项目的任务派给私人投资者。这些债券可以通过私人资本的干预创造双赢的局面，促进可持续发展。如果干预成功，就可以将省下来的成本回报给投资者。

一个例子是华盛顿特区于2016年发行的2 500万美元的环境影响力债券，用于资助城市绿地的开发。政府希望通过建设城市绿地减少雨水径流。类似于普通债券，投资者将会获得利息，并在债券到期日拿回本金。另外，如果项目在5年内成功达到某些预定的雨水降低基准，还将获得额外奖励（如果项目不成功，投资者需要支付罚款）。奖励的资金来自政府因无须建造昂贵的下水道系统而节省出的费用。从这个意义上讲，环境影响力债券是一种按绩效付费的债券。当政府难以为未经证实的项目提供资金时，环境影响力债券可以使政府将风险转嫁给私营部门。私营部门更有能力评估市场风险，同时通常在项目开发上更有效率。

此外，政府的绿色金融工具还包括绿色银行，利用公共资金支持"屋顶太阳能技术"等清洁技术。绿色银行有时被称为能源投资合作社，是公共或准公共机构。由于绿色银行使用的是公共资产,它们很难帮助在清洁技术领域具有一定风险的初创企业融资。因此,它们专注于支持较为成熟的技术,例如发展住宅太阳能系统以及提升太阳能和风电场的产能。康涅狄格州于2011年成立了美国第一家绿色银行(康涅狄格绿色银行),主要为具有太阳能需求的个人客户提供资金。自成立以来已提供贷款累计超过10亿美元。除了美国,世界上其他国家,如马来西亚、日本、瑞士、澳大利亚和英国都有绿色银行。绿色银行虽然使用公共资金,但与那些一经发放即不返还的政府补助不同。绿色银行提供的贷款是需要偿还的,以便补充资金以备将来使用。该机制类似于政府的"循环基金",提供的是低息贷款而不是补助。

政府的直接资助对于基础研究十分必要,而私人资本往往回避这些。一个例外是比尔·盖茨在2015年宣布建立的一个数十亿美元的基金,用来支付新能源技术的研发成本。该基金是一个公私合营的基金,由20多个公共和私人实体注资,其中包括政府、亿万富翁慈善家、投资基金经理以及科技公司的CEO。盖茨表示:"私人企业最终将突破这些能源开发的瓶颈,但它们的工作依赖只有政府才会资助的基础研究。"[10]可再生能源是一个需要技术解决的问题,全球化的研究基金正是我们所需要的。公众和企业对环境风险与可持续管理优势的了解日益加深,这让我们有更多理由相信在不破坏地球环境的情况下,我们也可以继续推动全球经济发展。

鉴于向可持续性过渡需要数万亿美元的资金,我们需要政府在资助基础清洁技术研究、撬动私人资本、为新兴的可持续金融领域制定标准和规则等方面发挥领导作用。在第6章中，我们还将讨论金融在建设可持续城市中更为广泛的作用，并从私营部门的角度进行介绍。

环境意识与政治显著性

向可持续城市和以可再生能源为基础的经济过渡需要政治意愿和卓越的领导力，同时需要相应的政治基础。尽管全球的公众越来越支持向可再生能源转换，但他们有时并不将其视为优先级特别高的事项，没有生态学家和气候科学家那样的紧迫感。气候变化、生物多样性丧失、生态系统破坏以及一系列其他环境影响并不总是肉眼可见的，因此往往难以完全被理解。我们很容易看到、感知到，也因此更愿意去处理那些相对显而易见的问题，比如美国西弗吉尼亚州查尔斯顿被污染的水源、日本福岛附近的核泄漏，以及中国北京的空气污染问题。而其他形式的环境破坏必须被建模、预测或想象出来才能被大众所认知，因此政治上的影响力就不是那么大了。

在回答民意调查问题时，人们通常将其他问题放在比环境问题更重要的位置上。例如，据皮尤研究中心的一项民意调查显示，尽管47%的美国人将环境列为主要的政治问题，但实现经济增长（占比75%）和预防恐怖袭击（占比75%）都被放在了更重要的位置。[11] 某个问题的政治显著性并不是一个单一维度的现象,它不会像开关那样,可以简便地开启或停止,与之相反,它可能会潜伏很长一段时间。这些问题可能在当下由于其他问题的挤兑而没有引起太多关注,也可能是因为关注周期太长,所以人们对其产生了厌倦。

根据一些研究人员的说法,环境污染是否能在公众眼中变得突出取决于污染的量级和能见度。[12] 当污染的影响显而易见时,它才会具备政治显著性,人们才会采取行动。在中国,常常会因为冬季供暖期间煤炭使用量大幅增加,造成大面积的空气污染。这促使中国开始采取行动控制空气污染,火力发电也踏上了新能源转型之路。在美国,直到老化管道中的铅开始伤害到人们的时候,密歇根州政府才开始更换弗林特饮用水系统的管道。一项针对城市参与环境保护计划意愿的研究发现,曾因自然灾害造成损害的城市往往更倾向于积极参与其中。[13]

影响公众心中政策优先级的另一个关键因素是政府对特定问题是否采取了有效措施。例如,纽约市的公共安全在20世纪90年代一直是城市的十大问题之一。当时的犯罪率很高,人们希望政府能够降低犯罪率。今天,这个问题对普通纽约人来说仍然很重要,但由于犯罪率的降低,它在十大政治问题的名单中通常不会像以前那样排名那么靠前了。如果犯罪率飙升,这个问题的潜在影响力将会重新显现。正如新冠肺炎疫情的冲击给许多城市带来了全新的问题,失业率的升高、出行人员的减少、政府救济部门的瘫痪使城市犯罪率飙升,导致犯罪问题再一次成为2022年纽约市市长选举的主题。我们认为,环境问题与公共安全问题类似。今天,美国人民可能会注意到空气和水比几十年前更清洁了,除非哪天再一次让他们感受到大规模的空气污染带来的威胁,否则大多数美国人不会将空气污染视为最紧迫的问题。

当政府未能制订有效的空气、水和土地保护计划时,环境保护就成为一个非常突出的政治问题,但一旦这些计划到位,该问题的紧迫性就会减弱。虽然紧迫性可能会减弱,但价值观和世界观的转变可以对其进行补充。弗林特水污染危机的曝光提高了人们对水、空气、房屋和土地中有毒物质问题的认知。当人们切身感受到环境污染时,他们的世界观就会有所改变。就像巴里·康芒纳在令人印象深刻的公式中所描述的:"物有所归。"普通民众也能理解生态系统相互关联的属性,这与环保主义或意识形态无关。人们知道我们在给地球的有限资源施压。尽管我们仍然有很长的路要走,但在世界各地,环境问题以及人类对地球造成的威胁已从一个边缘性话题转移到了政治和政策议程的中心。我们认为越来越多的当权者应该懂得如何解决气候变化和生产过程中产生的有害物质的问题,并理解保护生态系统的必要性。在20世纪70年代,环境是一个边缘话题,人们只对其中一小部分感兴趣。在今天,环境问题是城市、省(州),乃至国家层面治理的核心。当国家元首会晤时,环境和气候问题往往是一场讨论的重点。即使是一个否认气候变化的人,也很难回避这个问题,因为其重要性已经被整个国际社会普遍认可。

我们已经开始向基于可再生能源的可持续经济过渡。过渡并不总是一帆风顺的,每当遇到困难时,总可能引发政治对话、争议或冲突。在过去半个世纪左右的时间里，即使面对其他迫切需求，保护地球的行动也一直在不断发展前进。这一点从美国环保署将帕赛伊克河评定为"污染场址"（意为内含需要长期清理的危险物质）以及在 2016 年宣布了为期 10 年的清理计划中就能看出。[14] 在中国我们也可以看到，国民经济和社会发展五年规划首次规定了能源消费的硬性上限。尽管我们尚未就碳排放达成具有约束力的国际协议，但《巴黎协定》的签署仍然标志着我们朝着正确的方向迈出了重要的一步。此外，1975 年《濒危野生动植物种国际贸易公约》的签署极大地限制了濒危动物及其身体部位的贸易贩卖。

我们正在慢慢解决气候变化和有毒物质等问题。半个世纪前，这些问题几乎没有出现在政治议程中。如今，学校在教授学生相关的环境知识，媒体在报道环境问题，企业和政府也在采取行动解决这些问题。这些都是政策转变的风向标。在密歇根州，每个人都知道弗林特的供水基础设施必须恢复安全运行；在印度，每个人都知道继续焚烧秸秆和城市垃圾会使空气质量恶化；在新泽西州，半个多世纪以来，帕塞伊克河一直是一个危险且令人厌弃的有毒液体废物倾倒场。年轻人比老年人了解得更多，因为他们在环保时代长大并接受相关教育。在高额的教育负债、向下流动的就业前景和海平面上升的影响之间，"千禧一代"正在成长，他们对世界运行的方式和世界的本质有着全新的理解，而这种理解也使他们高度支持环境可持续议题。

政党政治与地方可持续性

尽管普遍意识有所提高，但在大量的多党派民主制国家，环境保护仍然是一个党派问题。例如，在英国和德国，右翼政党对环境的关心程度要低于左翼政党；在加拿大，执政的自由党政府比保守党更支持环境保护。世界上没有任何地方在环境问题上的党派差异比美国更明显且更具影响力。在特朗普政府时期，针对气候问题的党派两极分化状态在美国进一步升级。这让我们想起了纽约市前市长菲奥雷洛·拉瓜迪亚的名言："捡垃圾的行动并不会分为民主党的方式和共和党的方式。"提供清洁的空气和安全的饮水、管理固体废物，以及防洪，都是纳税人期望获得的基本公共服务。在过去，美国的环保政治不那么和意识形态挂钩。在 1972 年，两党多数通过了《美国联邦水污染控制法修正案》，而且是在理查德·尼克松总统否决的情况下依然予以支持。

在美国，不同政党关于经济问题往往分歧不大，但人们普遍认为民主党比共和党更善于处理环境问题[15]，这成为民主党的一个优势。环境问题在民主党章程上的重要性越来越突出。尽管气候变化在 2016 年大选时并未成为重要的政治问题，但在 2020 年获得了更多的关注，不过我们尚不清楚它何时会成为未来美国大选主要聚焦的问题。

环境仍然是一个分党派的政治问题，但它有可能在未来的选举中成为一个重要的政治问题，一部分原因是环境已经从一个不同党派间能够达成共识的问题，变成了一个取决于党派自身意识形态的问题。因此，两党斗争的战场通常在那些相对独立的选民之中。2019年，皮尤和盖洛普的报告都显示，美国投票人口中约有40%的人不认为他们的观点和任何一个主要政党一致，他们认为自己是独立派。那么接下来的问题就是环境问题对于这些独立派人士到底有多重要。由于历史上美国政党在处理环境问题上存在差异，我们可以预期某些环境问题（尤其是气候变化）将在一段时间内成为国家政治关注的焦点。

自2004年以来，共和党对环境问题的支持力度有所下降。[16] 根据民意调查，74%拥有大学学历的共和党人士认为气候变化的问题被夸大了。[17] 这与我们之前提到的人们更加关注气候变化带来的直接影响有关，比如气候变化的影响在沿海岸线的社区和人口众多的大城市会比较显著，而沿海地区和大城市通常是民主党的根据地。我们还观察到，由于海平面上升带来的威胁更加紧迫，岛国往往更加关注气候变化。近年来，气候影响扩大到美国中西部地区，表现为洪水和西部森林火灾的增加。随着更多保守的、位于农村的社区受到影响，我们也许会看到两党在环境问题上重新达成共识，并延伸到对气候变化问题的关注。

此外，对于限制电厂碳排放的观点也因性别、年龄和受教育程度而异。女性、年轻人和受过高等教育的人最有可能支持限制碳排放。民意调查数据显示，与反对采取行动的人相比，希望对气候变化采取行动的人更强烈地认为政府采取的行动是必要的。此外，美国独立选民的观点更接近民主党而不是共和党，这些选民普遍较年轻且占比越来越大。从战略上看，候选人可能会发现在竞选期间提出环境问题也许可以帮助他们吸引更多独立选民。由于共和党基础选民的一致性，一旦获得党内提名，候选人可能会发现支持可持续政策是安全的，并且不会严重疏远党内支持者。民主党人可以在整个竞选过程中提出环境问题，但他们的观点不太可能使他们与党内其他竞争者产生很大区分，因为民主党人都支持环境保护。

在美国各州和地方层面，《管理杂志》曾将供水和碳排放列入十大值得关注的立法问题。[18] 这表明，除了影响美国总统的竞选策略之外，国家和地方治理的基本需求也表明了环境问题正在成为政治议程的中心。各州和地方对环境问题的关注可能会影响总统初选以及全国的选举议程。在最近 10 年里，美国政坛越来越无法避免面对环境问题。尽管我们迫切地需要在国家层面协调可持续发展政策，但归根结底，人们在家乡社区所体验到的环境质量具有最高的政治显著性。因此，一个成功的环境保护战略必须关注其在当地的影响。美国众议院已故议长蒂普·奥尼尔的观点再次被证明是正确的："所有的政治都是地方性的。"扩大这句话的适用范围，我们可以说，所有的环境政治也都是地方性的。

可持续城市的民意与政治

关注可持续性问题并非普遍现象，但越来越多的人意识到我们需要以可持续的方式管理地球上的资源和生态系统。大约一个世纪以来，这种意识一直在增强，且在过去的10年中势头更为强劲。大力支持环境保护在美国、日本和欧洲已不是新鲜事，随着全球化与城市经济发展，我们看到环保意识在全球范围内得到提高。正是这种认知的转变和越来越迫切的公众需求推动了企业和公共政策领域的可持续变革。

2014年，《纽约时报》记者贾斯汀·吉利斯在关于哥斯达黎加的报道中写道[19]：

在20世纪中叶的短短几十年里，这个小国家砍伐了大部分的古老森林。但在大规模的保护行动和一波森林再生浪潮之后，现在哥斯达黎加一半的国土面积被植被覆盖……随着时间的推移，人类已经砍伐或破坏了世界上至少3/4的森林……但是现在，在热带雨林国家日益壮大的环境保护运动和关心可持续实践的西方消费者的压力下，企业和政府领导人正在采取新的措施减缓砍伐，并最终阻止砍伐。此外，其中一些领导人也正在制订计划，促进森林再生。

气候变化问题可能是可持续问题中最难解决的一个，它不需要成为解决我们之前讨论过的许多城市可持续问题的核心。然而，我们发现气候问题是更深入地了解全球可持续挑战不同维度的一个重要指标。气候变化在政治上仍然存在争议，自由派通常比保守派更关心这个话题。民意调查还呈现了一个有趣的现象：年轻人比老年人更关心气候变化。盖洛普的一项民意调查数据显示，美国18~34岁的年轻人中有61%认为2015年创纪录的高温是人为造成的气候变化所致。35~54岁的成年人中有52%持相同观点，然而55岁及以上的人群中只有39%认为气温升高是由人为因素造成的。[20] 无论政治派别如何，年轻人往往能更好地理解气候科学的研究结果。尽管我们对气候问题的看法尚未像对水污染等问题那样达成共识，但在接下来的几十年里，20世纪70年代在美国达成的环境共识有可能会重新出现。当公众舆论一致关注环境问题时，它将会对政治体制产生巨大的影响。过去几年间，我们关于气候变化的共识已经有所扩大。最近的一项民意调查显示，美国的共和党人在很大程度上已经理解了环境问题的本质。

全球范围内，与环境问题相关的教育、认知和理解正在持续增强，否认环境科学或使环境科学失去合法性的努力正在走向失败。尤其是年轻人，他们不仅了解地球正在发生什么，而且格外关注，因为他们是需要面临不可持续发展长期负面影响的一代。年轻人也很理想主义，倾向于将可持续发展视为一个道德问题。[21] 这也是这些问题能出现在我们的脑海中，被提上议程，而且不会消失的原因。这些问题被提上议程，也正是因为它们反映了事实，它们的确反映了客观环境的变化。虽然海平面上升需要通过模型和对未来的预测来了解，但是空气污染是人们可以切身感受到的，交通拥堵和森林砍伐是旅行者可以拍摄到、可以通过热搜视频传播的事实。上述事实构成了我们开展行动的动力，要求政府监管那些破坏环境的行为。在大多数情况下，公众压力足以阻止对生态系统的破坏，但并非每次都能成功。我们面临的困境是，没有人是真正的坏人，因为所有的污染都是由我们自己的生活方式造成的，比如使用化石燃料。全球经济的每一个环节都需要能源，减少化石燃料造成环境污染的唯一方法就是找到一种比化石燃料更清洁、更便宜，且更方便的替代品。

邻避综合征

城市可持续发展政治存在一种维持现状、避免变化的倾向。人们之所以反对发展，是因为他们想保持现有的生活方式和住房价值。随着我们的社区变得越来越拥挤，交通越来越拥堵，为废物管理、供水、污水处理、公共交通枢纽选址变得更加困难。从大型商店到收容所，几乎任何设施都很难找到地方修建，这种现象被称为"邻避效应"或"邻避综合征"。这是对不恰当的开发或在没有社区充分参与和影响分析的情况下进行的开发，所做出的可预测且有时是恰当的反应。例如，中国一些城市的基础设施项目仍然采用过时的"决定—宣布—辩护"方式，当地居民的社会和环境问题在规划阶段没有得到解决，最终导致抗议甚至项目流产。[22] 发生邻避效应是因为人们不想失去他们所拥有的东西，也不信任那些试图将大型设施建在他们家园附近的机构。随着城市土地资源越来越稀缺，垃圾填埋场数量的增加及其带来的卫生问题使邻避综合征这一概念在20世纪六七十年代开始流行[23]，但邻避综合征并不是一种自然现象，而是一个需要解决的社会问题。

当这个问题发生时，通常在政治上表现突出，当地居民对环境和社会风险的认知会随之急剧提高。许多例子可以说明邻避综合征的影响，在英国，伦敦希思罗机场的6号航站楼和规划的第三条跑道就曾因当地居民的反对被取消。日本也发生过类似事件，当地农民曾强烈反对东京成田国际机场为建设第二条跑道而进行的扩建。在世界各地，由于被迫搬迁、生态系统破坏和噪声污染引起当地居民的不满，导致许多高速铁路建设计划被迫取消。

1980年，在"有毒废物清理超级基金计划"（以下简称"超级基金计划"）颁布以前，社区和政府在清除纽约尼亚加拉大瀑布拉夫运河中有毒废物污染的过程中存在着巨大的沟通障碍。二者在运河水质监测和有毒废物清理方面不断发生冲突，直到美国环保署决心颁布超级基金计划，才更好地促进了社区参与。在超级基金计划开始后，政府对拉夫运河有毒废物的清理工作持续了多年。最终，许多住在运河附近的居民被疏散，但了解现场的风险、向附近的居民解释，然后清理现场是一个漫长的过程，其中包含了许多尝试与失误。

在过去的几十年里，我们看到了一系列创新举措，对应急响应行动和基础设施的选址与开发起到了一定的促进作用。20世纪80年代初期，在纽约市哈莱姆区附近的哈得孙河上建立北河污水处理厂的提案就曾遭到当地官员和居民的强烈反对，最后只得对处理厂的设计进行调整以满足社区的要求。调整方案包括增加额外的空气过滤设备，并且在处理厂的屋顶建造了河岸公园。那是一个很漂亮的公共设施，有运动场、溜冰场、公共空间、奥运会比赛规模的游泳池以及其他便利设施。尽管处理厂的选址引发了严重的环境公正问题，但这个公园也为社区提供了其迫切需要的娱乐设施。近年来，我们看到了社区团体、公务员和开发商之间逐渐开始达成"社区利益协议"。哥伦比亚大学也制定了一份长达50页的社区利益协议，承诺在建设位于曼哈顿维尔或西哈莱姆地区的新校区时，向社区机构和非营利性组织支付1.5亿美元的福利金，并雇用大量少数族裔和女性职员进行新校区的规划与施工。[24] 任何新开发的项目都可能面临支持或反对的声音，但污水处理厂和校园建设项目都希望能与周围的社区合作，使开发项目更容易被接受。

* * *

环境问题会不可避免地出现在政治议程中，人们期望政府保护他们免受风险，环境污染可能对健康造成负面影响意味着环境破坏问题会不定期成为政治议程的高度优先事项。在许多情况下，这些问题被刻画为负面的，以促使人们采取行动，这在过去是可能的，而且很奏效。但当环保活动家呼吁的解决方案是大规模地改变人们的生活方式，而不仅仅要求使用清理技术时，负面的恐吓恐怕会适得其反。事实上，人们喜欢自由出行，喜欢空调、互联网和现代生活中的很多"玩具"。例如，住在海边的人不会想搬到山上，即使他们搬到了山上，也会担心发生泥石流和森林火灾。人们不想放弃自己的生活方式，要求他们放弃是一种失败的政治策略。然而，就城市可持续性而言，生活方式的改变通常是向更加便捷、更加充满活力的生活方式迈进的积极举措。生活方式的转变有助于保护地球，但这并不是最终目的。可持续性已融入城市生活的基本结构。正如我们在第3章中广泛讨论的那样，可持续的生活方式比专注于物质积累的生活方式更令人满足。

在政治上和现实生活中，我们需要一个关于可持续社会的积极愿景。城市需要建立在对人们具有吸引力的价值观之上：自由、奖励个人成就、热爱新奇事物、创新以及接受（哪怕是不情愿的）其他人、文化和生活方式。我们可能最终会生活在面积更小、设计更好的个人空间中，同时拥有更多有趣、美丽的公共空间。我们中的大多数人将在城市中度过大部分时间；我们的某些个人出行工具可能会被公共交通或拼车代替；我们的饮食也会持续地改变；我们在体育健身、医疗保健、健康、教育和电子媒体方面的参与度将会提升；我们将更加关注能源、食物和水的来源，并确保它们是可再生的且不含有毒物质；我们还会更加关注垃圾去了哪里，并思考如何确保我们的垃圾被回收利用而不是被彻底浪费。

我们应该将可持续城市的发展与生活偏好的趋势联系起来，这包括健康、饮食、体育健身以及对人类与环境互动的普遍关注。人们越来越关注外部世界会对个人及子女的福祉产生怎样的影响，这使人们开始关注食物、空气和水中的成分，以及他们选择的生活方式会对身心健康产生怎样的影响。这种普遍趋势促使许多人重新审视自己的生活方式。这是一个渐进的、几乎看不见的趋势，但从数据中可以略知一二，例如全球年轻人汽车拥有率的下降，以及我们在第3章讨论过的美国一些地区出现的再城市化趋势。

这些变化不仅是一时的流行或象征性的趋势，而是我们不断变化的价值观中的一个持久因素。我们认为有以下两个因素促成了这种转变。第一个因素是客观的环境退化，人们可以看见、闻见，或至少可以通过媒体看到环境的变化。例如，很多发展中国家依然存在严重的雾霾、美国西弗吉尼亚州的饮用水污染，以及墨西哥湾的英国石油公司漏油事件，人们已经充分了解上述事实。第二个因素是人们日益重视健康、营养和锻炼，人们越来越关注自己的身心健康。为了保护自己和所爱的人，人们必须确保政府尽己所能保护环境，即在一个越来越拥挤、经济水平越来越高的星球上，我们不能假设环境可持续会自然而然地发生，而是必须对其进行管理。

具体而言，为了顺利过渡到可持续的、基于可再生资源的经济，个人和组织将不得不做许多工作。我们仍需要一个积极而成熟的政府来促进可持续发展的美好愿景，并提供实现可持续城市所需的基础设施和监管框架。政府必须创造一个公平的竞争环境，以加强可持续发展的趋势，并且必须与私营部门合作，使这些变化切实可行。公共政策不能只是象征性的或毫无意义的声明，它必须能够刺激组织和个人行为的转变。公共政策还必须提供公共产品，包括交通、水、废物管理设施、公园、智能电网等，这样才能允许城市居民最大限度地减少个人的环境碳足迹，同时保持高质量的生活。政府不仅有责任资助这些项目，帮助私营部门扩大资本密集型可再生能源项目规模，而且还有责任为清洁能源技术的研究和早期开发提供其急需的支持。

公共部门在促进城市可持续方面可以发挥的整体作用是毋庸置疑的，但各国在实施方法上往往存在分歧。但有一个共同点，就是公众对减少污染和控制气候风险的呼声越来越高，并且正在推动世界各地的政府和公司采取行动。向全球经济的过渡还在进行中，而向可持续经济的过渡已经开始。这种过渡的人力成本不应被忽视，它需要政府提供坚定而富有创意的解决方案。

正如我们在本章中所讨论的，当我们把环境政治的象征性和抽象性讨论放在国家或全球层面，然后转向如何处理垃圾或交通拥堵这类地方性问题时，党派之间的差异就会显著减少。由于一座城市的可持续发展举措经常被纳入当地经济发展计划，它往往能得到广泛支持。这并不意味着我们需要大型的、官僚化的政府项目，而是意味着我们需要一个自信的地方政府与私营部门合作，来确保可持续城市的转型。

第 6 章
可持续城市与经济社会发展

本书聚焦可持续城市的演变。世界各地的人都被吸引到城市，而城市也为实现循环经济提供了场所。如果我们要实现向可持续发展的过渡，那么这种过渡需要在世界各地的城市中进行。我们在第1章概述了从人类进入文明时代起城市的演变。尽管公共卫生和环境卫生问题自城市发展之初就存在，但大规模的不可持续现象直到19世纪欧洲和北美工业城市快速发展才开始出现。当时，对空气和水的污染达到了前所未有的程度，是今天都无法比拟的。

直到1972年，我们今天所定义的"可持续发展"才首次出现在《增长的极限》一书中，人们首次对工业城市的不可持续性产生怀疑则始于19世纪。一些有影响力的人曾考虑通过在城市周边的乡村建设美观的社区来解决城市过度拥挤的问题。[1] 早期著作使公众意识到工业城市的不可持续性，并指出私营部门未能提供有效解决方案，这不仅为城市景观建筑和规划铺平了道路，还促进了城市可持续发展所必需的公共基础设施建设，如公园、住房和交通等。[2]

第一批重视可持续发展的环境思想家及他们的追随者一直关注城市与大自然之间的平衡。虽然主要城市还存在交通拥堵、空气污染等老问题，但更好的设计和规划使情况得到了一定程度的改善。比如，在20世纪60年代，我们无法在洛杉矶的市中心看见城市背后绵延的群山，不能在哈得孙河旁边的小路上骑自行车，但是今天可以了。过去在世界各地，人们常常将未经处理的污水倒入邻近的河流中，但是今天除了一些偏远地区，人们都会对污水进行处理。

　　我们已经设法改善工业城市曾经受到污染的环境。但几个世纪以来，社会公平问题，作为可持续发展问题的另一个重要方面，经常在世界许多地方被忽视。前面的章节讨论了个人、组织和政府可以为实现城市的可持续做些什么。在本章，我们将讨论怎样减轻城市化和工业化的社会影响。我们将对"可持续性可以带来社会包容"这一崭新模式进行评述，并介绍可持续金融等有助于可持续进程的新工具。作为第一部分的结尾，在本章的最后，我们将讨论环境可持续与经济发展之间的关系，并概述我们如何从目前侧重GDP的发展模式过渡到多维度的发展模式。

城市中的社会不平等现象

　　早期的工业城市曾经见证过居住在郊区豪宅的工厂主与居

住在城市公寓中的雇员之间的物理距离。[3] 英国和欧洲大陆工业城市中恶劣的工作条件和社会条件也深刻影响了马克思和恩格斯早期的著作。尽管建筑条例确保了人人都能享有充足的空气和阳光，基本的城市便利也得到了保障，但自二战以来，经济上的隔离与分化进一步深化。在纽约等一些城市里，隔离与分化体现在一些"贵族化"的社区，但政府提供的公共住房（类似于经济适用房）和房租管控措施部分缓解了这种情况。在某种程度上，解决社会问题比解决环境问题更具挑战性，因为它会影响自工业革命以来一直推动世界财富积累的资本主义经济的基本框架。一些保守派一直坚信发放福利会阻碍就业，而贫困反映的是一种性格上的缺陷。这种分析往往忽视了贫困的系统性原因以及种族歧视对经济福祉的影响。

现如今，我们生活在一个全球互联的世界，可不论是高收入还是低收入国家，收入的不平等都在加剧。一些国家仍在为基本的生存而奋斗，但在新兴的人才经济中，获得教育和医疗服务同等重要。比如我们的研究表明，在中等收入国家，获得教育和医疗服务通常被城市居民认为是最重要的社会和可持续问题。[4]

富裕的、受过高等教育的工作者往往聚居在更好的学校、医院、购物中心、餐馆和博物馆等城市便利设施周围，这推高了上述区域的房价，同时间接驱逐了不是那么富裕的人群。这种现象不仅存在于高收入国家，低收入国家的城市亦然。封闭性社区数量的激增，正在加剧城市内部地理空间的不平等现象。研究发现，即使是大型基础设施项目，例如铁路建设，也会在物理上划分城市,加剧收入与增长潜力方面的不平等现象。中国一项最新的研究利用夜晚灯光强度的数据对200多个地级市的发展情况进行了分析,发现穿越城市的铁路线会导致轨道两侧的发展不均衡。研究发现,铁路建成前经济发展较好的一侧通常会发展得更快,而另一侧则停滞不前,甚至在某些情况下,经济和社会还会出现一定的倒退。[5]

许多人认为,一定的不平等是不可避免的,甚至可能成为创新和增长的必要条件。例如,一项研究发现,用专利申请水平衡量的"创新程度"可以解释美国城市内部出现经济隔离的部分原因,而经济隔离是城市收入不平等的罪魁祸首之一。[6]在人才经济中,高学历、专业化的工作者选择生活在一起,同时往往从事医药、信息技术等高附加值产业的工作。这些领域的创新和发展加剧了经济隔离。相比之下,在制造业和纺织业等知识密集程度较低行业工作的蓝领工作者则聚集在与富裕人群不同的城区。

因此,正如我们在前面的章节中所指出的那样,城市可持续问题,在空间上和社会上的不平等现象尤为突出。随着不平等现象的加剧,犯罪率趋于上升,人们往往变得不那么容易满足,最终还可能导致政治抗议,例如法国的"黄背心"运动。美国民主党的很多领导人喜欢将社会问题归咎于不断加剧的收入不平等现象。他们认为,全球化和自动化的发展导致过去可以雇用数百万人的制造业工作被外包出去。而现在,这些人只能在主要城市中从事低技能的服务业工作。同时,外来移民的人数不断增加,而这些移民与本地出生的蓝领工人通常竞争相同的工作岗位，因此进一步压低了工资水平，加剧了仇外心理，使问题变得更加复杂。

相反，在人才经济中，受过良好教育和拥有高技能水平的人正在广阔的全球市场中获得更多的利益，这进一步加剧了原本就巨大的收入差距。亚马逊公司在纽约长岛市设立第二个总部的计划引起了当地民众对地区"贵族化"的担忧，这成了当地反对该计划的主要原因，并最终导致计划破产。在某些层面，日益严重的经济隔离和分裂激发了美国右翼人士反移民、反城市化的情绪，同时也激发了左翼人士反对大科技公司的情绪。一些右翼人士将就业机会减少和收入增长停滞归咎于移民，而一些左翼人士则指责自动化和大型科技公司将许多工人抛诸脑后。不断增长的GDP数据表明经济"蛋糕"一直在变大，但政治上的失败导致了增长红利分配不均的现象。

事实上，收入不平等在中等收入和低收入国家的城市中更为明显。拉丁美洲和非洲的城市，如约翰内斯堡、拉各斯、里约热内卢和圣保罗，经常在以基尼系数衡量的最不平等城市名单上名列前茅。在更微观的层面上，我们观察到的大多数收入不平等现象都是由城市中社区间的收入差异造成的。而这种空间上的不平等现象通常发生在城市内部而不是城市之间。试想，中国一线城市的人均收入水平即使显著高于二三线城市，也不过一倍，反观城市内部金融科技部门管理人员的工资与普通工厂工人的工资差距就不止一两倍那么简单了。城市地区的经济隔离，无论是物理上的还是其他方面的，都加剧了收入不平等现象。韩国电影《寄生虫》描绘了一个住在贫困街区半地下公

第6章 可持续城市与经济社会发展

寓的四口之家，讲述了他们为同一城市的一个富裕家庭打工的故事。通过许多对比鲜明的场景，电影凸显了社会不平等的主题。此片在 2020 年成为有史以来第一部获得奥斯卡最佳电影的外语片。

解决收入不平等问题需要阶段性经济发展更具包容性。这意味着我们需要发展和改革城市交通系统，使其更高效、更环保。我们必须设计和实施那些有利于不太富裕社区发展的基础设施项目和土地政策。需要通过提高医疗服务普及率、增加受教育机会和转移支付来为弱势社区提供更多机会。

自动化与教育

自动化加剧了城市不平等现象，因为它取代了世界各地数百万制造业的工作岗位，迫使失业的技术工人转移到低端服务业。展望未来，人工智能将有可能取代更多的人，不仅是过去在工厂工作的蓝领工人，甚至还有无数从事服务行业工作的人，例如卡车司机、收银员和客户服务部门的电话接线员。我们并非在谈论科幻电影中看到的那些智能的，甚至富有情感的机器人，那些机器人不仅取代了我们的工作，还接管了我们的世界。基于当前的技术水平，这种可能性仍然非常小。然而，我们现在拥有的技术已经使机器人在识别图形、建立联系后做出精准预测的能力比人类更加强大，尤其在大数据的支持下。例如，通过获取大量图像和医疗记录，人工智能可以比训练有素的医生更快、更准确地诊断多种癌症。一些研究估计，人工智能导致的工作岗位流失率可能高达50%，而且几乎涵盖所有行业。

当然，我们也有理由认为这些说法过于悲观了，尤其是在法律、政治和制度壁垒都可能大大减缓这一进程的时候。拥有可以将50%的工作任务自动化的技术，并不意味着社会就会采用这些技术，至少不会立即采用，就像我们曾经担心拖拉机和自动取款机会导致大规模人群失业一样。尽管蒸汽动力替代了许多农业工作，但它也为制造业创造了数百万个生产力更高、薪水更高的工作岗位。人工智能也可能带来同样的情况，即在破坏旧产业的同时，也将创造新的行业和就业机会。例如，我们还不能开发出可以像人类一样执行灵巧任务，或可以进行高水平社交互动的人工智能机器人。尽管开发在分析数据方面优于人类的人工智能程序变得更加容易，但它们无法进行创造性思考或基于不可量化、跨领域的信息做出战略性决策。[7]

因此，人工智能可以在收入范围的两端带来更多机会。它可以强化CEO的角色和能力，同时提高对医疗保健辅助人员的需求，它也有可能带来中产阶级空心化。我们也许可以将中产阶级转变为从事更灵巧、更需要交际的职业的从业者。事实上，护工是美国发展速度最快的职业，但它同时也是收入较低的职业之一。越来越多的工作者进入这个行业会进一步压低工资。相反，受过高等教育的人将能利用人工智能技术进一步提高他们的生产力，而在各自的领域已经占据主导地位的高科技公司将变得更加强大。试想一下：当优步和滴滴可以用人工智能程序控制车队而不再需要雇用任何司机时，它们的财务前景将会如何。乐观主义者认为，更好的技术通常会通过提高我们现有货币的购买力来压低价格，但我们所担心的是这种通货紧缩效应仍然会更有利于富人。

很显然，随着自动化取代体力劳动，服务经济取代制造业，以脑力劳动为基础的经济已经取代了以体力劳动为基础的经济。美国大约80%的经济来源于服务业，而服务业所需的技能变化迅速。这种转变可能会把那些没有市场所需技能的人抛下，甚至不给他们追赶上的希望。向更加自动化、专业化、创造性的脑力经济的转变将势不可当，我们曾经熟知的稳定的经济体已经被一个基于新技术和新机遇，同时不断变化的经济体所取代。

人们应该怎么做呢？可以从现代劳动力不断变化的性质中得出答案。例如，我们创造了很多曾经不知道是否需要的服务行业就业岗位。想想在苹果店里"天才吧"工作的人。20世纪80年代有多少人从事安装家庭娱乐和互联网系统的工作？还有数以百万计的"网红"在家里直播跳舞、唱歌、读评论、打电子游戏以及日常生活中所做的几乎所有事情，同时从他们的粉丝群中获得可观的"打赏"。还包括人人乘坐地铁时摆弄的智能手机上运行的应用程序的开发人员。随着更多的资金流向软件，智能手机里硬件的价值在经济中所占的比例越来越小。想想在餐饮服务行业工作的人：餐厅不再只是提供食物和饮品的地方，而是我们去享受和体验的地方。用餐体验在一定程度上是由餐厅提供的食物、餐厅装饰和由专业人士设计的娱乐活动共同构成的。迄今为止，自动化一直通过更多、更具创造性和参与性的工作形式来减少重复性的体力劳动。艺术、娱乐、信息、战略、分析和创意岗位正在增加,并且在未来还会继续增加。

要想在现代经济中获得就业机会或者保持现有的就业机会,就必须意识到,变化取代了恒定。组织、家庭、社会和个人生活的基础不会改变,对爱、社交互动和个人满足的需求仍然存在,但满足这些需求的世界在不断变化。许多家庭成员之间相隔千里,在屏幕上见面的次数比在餐桌上更多。从更广泛的角度来看,由于每天都会出现新技术和新职业,终身学习必须被制度化。人们必须学会接受甚至拥抱变化,机械和智能自动化将继续推动机器劳动力替代人力劳动。这种变化将使我们减少繁重的工作,但这些日常任务也必将被其他东西所取代。

我们需要政府和公共政策帮助解决这一困境。随着自动化的发展,蓝领的工作机会将持续减少,而这种机会减少所带来的社会和政治影响将是深远的。政府如果没有发挥作用,为这个过程中的受害者提供帮助,很可能导致政治上的不稳定,甚至经济上的灾难。一些企业并不情愿做这些事,所以必须利用政府和公共政策来鼓励它们采取更好的行动。最低工资标准、对公共机构和基础设施的支持,以及对在职人员终身学习的支持必须成为一种常态。我们应该投入更多资源对员工进行培训,帮助他们开发市场所需要的技能。

只需要高中或技校文凭的工作岗位更有可能被自动化所取代。相反,大学的通识教育使我们更容易适应职场的变化与世界的变迁。它为我们在某一专业领域继续深造和终身学习打下了坚实的基础。最重要的是,它促进了我们对艺术和文学的理解，对美与爱的领会，提高了我们的人际交往能力和情商。这些是人工智能、机器人或其他机械（无论多么智能）所难以取代的。

经济增长与环境可持续性

许多批评者指出，快速的经济增长已经使生态系统恶化，并扰乱了我们的社会。毁灭性的空气污染曾经困扰过伦敦、洛杉矶这类工业城市，现在又给许多中低收入国家造成危害。一方面，一些政治和商业领袖并不关心经济增长是否会破坏环境；而另一方面，也有一些环保主义倡导者认为经济增长必然造成环境破坏。在我们看来，两者的立场都站不住脚，他们的论点都过于简单化了。

如果我们仔细观察一些较发达经济体的近期历史，就会发现 GDP 增长与环境污染成功脱钩的例子。比如，随着强制性的法规和直接或间接的政府补贴等公共政策的实施，企业已经开发并应用了减少污染的技术，同时保持了经济持续增长。有了这些环境法规，对环境可持续性的关注可以渗透到企业、非营利性组织和政府组织的日常决策中。西方主要城市实现了经济增长，同时环境问题也在减少。有人可能认为这是由于高收入国家的去工业化进程，但这些国家目前在最大的两个空气污染源——发电厂和机动车的数量上，都比 1980 年要多得多。原因在于，现在的发电厂和机动车辆都采用了法律规定的污染控制技术。

此外，环境保护也有助于经济增长。研究表明，严格的环境法规如果与促进服务业发展的人才经济政策相结合，将可以提高就业率。[8]有人负责研发我们在发电厂和机动车辆上应用的空气污染控制技术，也有人建造污水处理设施。同样，有人靠太阳能电池和风车赚钱，而最终发明可以续航1 000英里的大容量电池来为电动汽车提供动力的人也会变得极其富有。舒适的自然环境是一笔巨大的财富。中国正在提倡的"绿水青山就是金山银山"，指的就是清澈的水源和未受污染的山脉就是财富的源泉。这句话被广泛用于描述环境资源巨大且尚未货币化的价值。在我们的城市中，河流越清洁，滨水区就越适宜居住，越会刺激周边房地产的开发。例如，在哈得孙河清理后，纽约西区就迎来了建筑热潮。公园对面的公寓总是比临街的公寓价格更高。纽约中央公园的复苏使与公园接壤的本就已经价格很高的房地产的价值再度提升。清洁的空气和水、健康的食物和未被污染的大自然都有益于人类健康，并且会产生远超建设（或维护）成本的经济效益。

回想我们在第3章讨论过的不断变化的城市生活方式和共享经济模式。随着我们不断向可持续城市迈进，共享经济代表了一种文化转变。这种潜在的文化转变是：越来越多的人感兴趣的是"体验"，而不是"拥有"。许多新型公司的经历证明，凭借创造力和良好的商业模式，低消耗的消费实践可以提供更令人欣喜也更方便获取的产品，例如网约车和共享民宿。我们会在第二部分的案例研究中对这些现象进行详细讨论。我们在从光盘到流媒体视频的转变中也看到了相同的现象，即可以用更少的实物提供相同的产品，进一步证明了经济的增长和 GDP 的增加是可以在不使用更多物质资源的情况下实现的。

只要我们可以出台旨在减少环境和社会影响的有效公共政策，那么经济发展和环境保护就没什么不相容的，我们将能够在一定程度上控制我们制造的产品和享受的服务对环境的影响。希望人们能够意识到问题并不在于经济增长与环境可持续的不相容，我们可以而且已经做到了两者的兼顾。问题的核心在于我们不能继续不惜一切代价地接受单一的经济增长模式，尤其是当人类生存受到威胁时。

对全球众多城市而言，不惜代价地追求经济增长可能适得其反。在撰写本章英文稿件时，我们的世界仍在经历一场由新型冠状病毒引起的灾难性大流行。该病毒在初期会导致呼吸道疾病，严重时还会引发肺炎。据官方数据显示，到 2022 年 9 月，该病毒已经感染了全球超过 6 亿人，导致接近 650 万人死亡。有很多企业破产或倒闭，世界经济也承受了巨大压力。

在中国，许多地方政府要么试图吸引高科技企业和大型国有企业来到它们的城市投资，要么在基础设施建设上投资。这条经过考验的道路推动了中国许多城市的发展，帮助数亿人摆脱了贫困。然而，新冠肺炎疫情表明，公共卫生、治安、环境等其他可持续因素必须在增长方程式中占据同等重要的地位。只要国家层面的 GDP 增长目标还在，地方官员就会面临交付成果的压力。没有哪个有抱负的官员愿意将他们的时间和有限的资源"浪费"在诸如医疗和教育这类长期目标上，它们通常被视为"附带"的政治目标。在新冠肺炎疫情过后，各国政府可能改变治理重点，不再那么强调 GDP 的增长，但新的发展模式是否能够成功改善社会福祉并继续带来经济增长，改善低收入人口的生活水平尚未可知。

获得人人都负担得起的、优质的医疗保健服务和教育或许是衡量社会进步最重要的指标。大量研究表明，学生在校内和校外的成就与班级的规模有关。[9] 教育是最具影响力且能确保产生长期效益的公共支出领域。然而，与中国在高科技和生物医学研究上数十亿美元的支出形成鲜明对比的是，中国在教育方面的支出水平落后于许多中等收入国家，远低于高收入国家的平均水平。中国的研发支出仅次于美国，在专利申请方面处于全球领先地位，在尖端的癌症治疗和人工智能领域与美国比肩。新型冠状病毒在全球的蔓延表明，尽管各国可能会在高科技研究和创新方面展开竞争，但公共卫生最基本的要素，即疾病的控制和预防往往被人们所忽视。

我们在第 2 章讨论了公共卫生系统对城市可持续发展的重要性。世界各地的政府对疫情的初步处理显示出有效应急系统的缺失。即使在目睹病毒感染了数千人并使世界第二大经济体几乎陷入停滞以后，欧洲和美国政府也没有采取有效措施为即将到来的疫情做好医疗和应急响应系统方面的准备。当疫情已经在当地社区蔓延开来，许多政府由于担心社交距离等限制政策会对经济造成损害，依然没有做出积极反应。它们的行动也许是出于善意，但拯救生命难道不应该先于经济吗？尤其是，如果病毒得不到控制，无论怎样刺激政策，不管刺激的规模有多大，都不可能挽救经济衰退。正如这场疫情让我们在许多国家看到的，对疫情的拖延反应所带来的经济成本要远远大于提前采取果断的、哪怕是会引起短期经济混乱的措施。

我们必须意识到可持续发展是一个多维度的概念，需要超越任何单一的指标。我们应该将 GDP 作为重要发展指标的同时将环境可持续和社会包容性纳入指标。总的来说，社会发展需要在不同方面取得成就，然而令人震惊的是，经济增长作为一种绩效类别竟会对国家和地方各级政府绩效的评估产生如此大的影响。当然，经济增长在没有物质基础的情况下具有很大价值，但是当人们拥有的太多时，往往会感到厌倦。经济学家将这种现象称为"凸性偏好"，意思是我们更喜欢多种事物的混合，而不是大量的同一种事物。中国有句老话："磨刀恨不利，刀利伤人指。"[10] 我们必须更多地关注生活质量的其他方面，例如健康和安全。一个好的决策者会关注多个成功的衡量标准，并善于在必要时改变目标。

基于此，我们在哥伦比亚大学气候学院与中国国际交流中心一道开发了中国可持续发展指标体系。这个排名体系综合了多个指标来比较中国城市的可持续发展绩效。[11] 该指标体系旨在帮助决策者超越对经济增长这一单一指标的评估，从而将其他可以影响人民福祉的地方成就纳入考虑。这个排名系统重视全面表现，就像经典教育理念注重培养身体、品德、智力等全面发展的学生一样。

城市需要根据经济繁荣度、社会包容性和环境可持续程度来进行评估。我们的系统使用隶属于这几大类的 24 个指标，对 100 座中国大中型城市的可持续发展绩效进行了排名，并每年更新。这个框架和其排名的目的是提升公众对可持续发展的认知，并通过展示每座城市在不同类别中的表现，帮助中国的城市朝着可持续发展的目标迈进。通过鼓励良性竞争和超越单一经济增长的全面发展，该排名可以为中国和其他地方创造一种更全面的发展模式。

尽管经济增长和高 GDP 水平可以为一些城市实现可持续发展创造天然优势，但排名结果表明，低 GDP 水平的城市也可以在为其居民提高社会福利和环境管理方面取得显著成就。随着全球同质化程度的提高，城市需要具备独特属性并找到自己的定位。在教育领域，我们可以看到一个重视学习成绩的同学依然可以从爱好体育活动的同学那里学到很多东西，反之也一样。同样，我们需要认识到那些经济发达的城市也可以从社会公平的城市学到很多东西，反之亦然。

当我们意识到幸福生活有许多不同的源头时就会发现，各个城市在实现可持续发展的过程中有很多可以相互学习的地方。多元化的发展模式是平衡的、可持续发展的先决条件。[12] 就像生活中最重要的事情往往是通过多种标准来评判的一样。虽然一家餐厅可能以某一道菜的风味而闻名，但同时顾客也会根据其菜品的选择、服务的友好程度以及装饰的美感来对其进行评估。当人们选择住房时，他们可能会优先考虑它与一所好学校的距离，但房子的朝向、大小，工作机会以及周边的城市便利设施也都是重要的考虑因素。只有傻瓜才会根据某个单一特性来选择自己生活中的伴侣，比如单看身高、长相或收入潜力。在选择生活中的美好事物时要想做出明智的决策，需要对多种因素进行权衡。[13] 查明某事或某人在某项事物上是最出众的固然重要，但我们也必须考虑其他因素，并善于权衡它们的相对重要性。

可持续发展的多利益相关方模式

人们逐渐认识到，当前全球化浪潮中的自由市场机制未能规范反竞争行为，也未能抵消经济活动对我们的环境和气候系统造成的外部成本。为了在经济发展、社会包容和环境可持续方面实现更加平衡的发展，我们必须采用一种多利益相关方的发展模式，而非传统的股东至上模式。

联合国可持续发展目标的制定过程在超国家层面展示了上述发展模式。石天傑和郭栋认为[14]：

联合国可持续发展目标鼓励政府和私营部门从人、利润、地球的三重底线进行思考，努力实现可以平衡社会、经济发展以及环境可持续的经济增长模式。在2015年推出计划的前几年里，联合国可持续发展目标是在前所未有的多方参与过程中被制定出来的，是通过许多国家以及社会各个层级的积极参与和讨论得到完善的。在为期两年的过程中，通过公共协商和多利益相关方的参与，联合国努力从社会最贫困和最脆弱的群体中收集新想法，这使联合国可持续发展目标获得了前所未有的合法性，同时被广泛采用。

制定联合国可持续发展目标的过程采取了一种自下而上的方式，通过包容性协商使所有联合国成员方都参与其中。它开创了一个合作和责任共担的新时代，以政府、私营部门和公民社会之间平等的伙伴关系为基础。[15] 尽管美国联邦政府在特朗普执政期间不愿积极促进可持续发展，但世界各地的国家和城市都在做出自己的选择，提高当地的可持续发展绩效。自乔·拜登当选美国总统以来，美国政府又开始采取举措，恢复其在可持续发展方面的领导地位。我们相信，通过地方政府和私营部门之间的有效合作伙伴关系，通过提高普通公民的发言权以及引导其行为的改变，城市将可以实现可持续。可持续发展的一个重要方面是社会各界都参与合作。比如，"一带一路"倡议是一个由中国提出的完善全球基础设施的宏大计划，其面临的重大障碍就是缺乏一个能够保护当地居民免受环境和社会风险的必要框架，也缺少一个能够确保在项目规划阶段听取当地意见并将其融入决策的机制。[16]

没有世界上两大碳排放国——中国和美国的积极参与，我们就无法实现可持续。如前所述，美国的可持续尝试是由一些州和地方政府，以及一些开明的企业发起的，进行这些尝试的部分原因在于它们受到了具有环保意识的消费者和组织的敦促。

正如我们在第 3 章对可持续生活方式的讨论那样，年轻人对环境可持续性的需求正在增长。这是一种自下而上的趋势。相反，在中国，通常企业和地方政府在"三重底线"框架方面的重视程度落后于中央政府。中国有个成语"独木难支"[17]，意思就是广泛的合作是应对艰巨挑战的必要条件。可持续发展不能仅是政府或私营部门的责任，它需要社会各界的积极参与与合作，包括来自政府的支持性政策与融资、企业的积极参与，还有公众生活方式上的转变。

在展望可持续发展时，我们并没有忽视诸如低收入国家仍然面临的生计问题等困难。然而，在没有根深蒂固的化石燃料行业包袱的前提下，许多中低收入国家可以更好地以可再生能源为主要的发展能源，在采用清洁技术方面超越高收入国家。实现这一飞跃的最大限制是资金不足。因此，我们在接下来将讨论可持续金融这一重要概念。

可持续发展与金融

可持续城市的发展需要资金。我们在上一章已经讨论过公共财政对于可持续科技和城市基础设施融资的重要性。在资本主义的全球经济中，金融市场为直接投资和经济活动释放信号，同时金融部门（包括保险业与房地产业）也是大型经济体国民生产总值的最大贡献者，直接为经济发展注入巨大动力。在将储蓄引导到企业和政府投资的过程中，金融体系发挥了很大的作用。然而，如果可持续性因素被金融界忽视（或者被轻视），那么一些投资可能会对环境产生不利影响。例如，对化石能源和不可持续生产过程的投资可能导致森林砍伐和生态系统的破坏，甚至连教皇方济各这样的宗教领袖都认为金融是"造成当前生态危机的一大原因"。

因此，投资可持续发展并推动投资远离环境破坏的根源至关重要。就像我们进行个人储蓄是为了将来的退休生活一样，储蓄对于未来的福祉至关重要。但仅靠储蓄是不够的，我们未来的生计还取决于健康的自然生态系统和运转良好的社会系统，包括清洁的空气、水源和肥沃的土壤，以及诚实的政策制定者、负责任的企业家、满意的消费者、积极进取的员工和热心的投资人。因此，金融决策必须遵循这样一种方式，即将代表非金融资本（如人力资本和自然资本）的价值纳入考虑。

石天杰和郭栋认为[18]：

在这些伙伴关系的迭代过程中，将会出现紧张局势、利益冲突和意见分歧，但现在有一个共同的全球可持续发展宏愿，强调环境问题不仅是政府的责任，而是应考虑到所有利益相关者。作为公民、职工、储蓄者、消费者、管理者或投资者，我们同属于一个相互交叠的利益共同体，共同构成了金融生态系统。最终，我们保存下来的银行账户、股票、公司债券和政府债券必须转化为健康的环境、清洁的空气和水、经济且有效的医疗，以及为家人和朋友提供满足的生活。除非能与所有人共同实现可持续发展，否则我们的储蓄最终也不会有很大的意义。

在过去的 40 年里，投资者越来越关注环境、社会和治理标准是如何影响公司财务业绩的。德意志可持续金融资产管理中心的一份报告称[19]：

一段时间以来，投资者越来越意识到可持续问题的重要性，例如气候变化、资源稀缺、劳工权利、企业治理以及它们对更广泛的经济和金融稳定的影响。这催生了投资环境中的新范式，非财政因素正在更多地发挥作用。

同样，机构投资者也更加关注可持续金融。例如，美国最大的养老基金和资产所有者加州公务员退休基金、日本政府养老金投资基金以及管理资产超过 1 万亿美元的全球最大主权财富基金、挪威政府养老基金都在进行投资时充分考虑 ESG 原则。

以下是可持续金融的 4 个关键要素：

一、在开发个人金融工具和技术的同时结合公共政策，为经济中的可持续要素吸引资本。

二、帮助投资者意识到相比于投资可持续的企业，投资忽视可持续的企业的相对风险更大。

三、使私人和公共组织在评估自身成本结构时，分析和了解可持续实践的财务成本与收益。

四、发展可交易的排污权、碳补偿以及其他环境资产的交换市场。

与广义上的可持续发展概念一样，我们只有在就可持续金融的定义和统一衡量标准达成共识时，才能充分实现可持续金融。迄今为止，可持续金融包括可持续投资、负面筛选、ESG基金（旨在促进企业关注环境、社会和治理绩效的基金）、影响力投资、分散式金融、环境保护金融、清洁科技融资、气候投融资、社会创业等。但是，上述金融类型之间的确切界限以及衡量影响力的指标仍存在很大的争议。在将可持续实践融入日常金融的过程中，一些该领域中的理想主义、使命导向甚至创造力可能会被牺牲。

在维持经济增长的同时减少对地球生态系统的影响，确保经济增长带来的好处可以被地球上绝大多数人口分享，这个要求是可持续发展背后的主要驱动力。这种认识将使组织管理者更加关注可持续发展的自然维度和社会维度，包括他们对物质材料的使用及其生产消费过程对生态系统的影响，还有组织文化、产品形象、员工政策、供应链管理、社区服务等方面的社会影响。随着可持续管理实践变得更加普遍，财务风险、管理能力和组织绩效的定义将被改变。为了使可持续管理完全融入组织管理架构，它还必须反映在金融市场，以及在影响资本配置的因素中，例如将可持续性目标与投资者和债权人联系起来。同时还要求储蓄者将他们的储蓄用于与可持续发展目标相一致的投资。

金融界也会受到其影响。商业和投资银行在为大型可持续产品和解决方案提供资金方面发挥着越来越重要的作用，主要是通过资产融资、税赋权益融资、绿色债券等方式。例如，

2006—2014 年，全球 100 家银行对清洁能源的投资总额增加了 142%，达到 3 100 亿美元。[20] 作为一种将收益用于具有环境效益项目的固定收益工具，绿色债券的发行量在过去几年激增，2017 年的发行量达到 1 730 亿美元，而 10 年前仅为 5 亿美元。[21]

金融的世界是由数据驱动的，是无情的。资本只流向具有最高回报率或最稳定回报的投资。然而，这些市场受政府政策、社会规范和消费者行为的影响。一些国家和地方的政府机构开始推动向可持续经济转型。不情愿的金融界正在慢慢理解这种暗示，可持续金融领域的发展也已初具规模。联合国可持续发展目标在全球范围内得到认可，也开启了通往未来可持续金融生态系统的道路。围绕可持续金融的讨论也需要在做出投资决策时采用多利益相关方的方式，但这在高收入国家尚未成为主流，在大多数中低收入国家仍然非常匮乏。

可以将可持续金融定义为利用和影响金融体系，调动资本实现可持续发展的所有有益的努力。[22] 基于自然资本和人力资本的长期价值，可持续金融可以被视为有效资产配置的延伸。在应对气候变化这类具有挑战性的任务时需要集体行动，这是一项需要很多人共同努力的任务，包括政府、公司经理、消费者、员工、专业投资者、家庭投资者和企业融资方面的从业人员、财务顾问、保险承保人以及许多其他有意改善经济活动环境与社会影响的人。[23] 社会各个部门，无论大小，无论公有还是私有，它们的贡献对于实现可持续发展都是至关重要的。

* * *

本章重点关注了城市可持续性的社会维度。随着我们的制造业经济逐渐被以脑力为基础的服务业经济所取代，许多制造业工作岗位实现了自动化。大量从业者流入低端的服务业，导致服务行业员工的工资下降，拉大了他们与受过高等教育、从事高附加值行业的员工的收入差距。收入不平等现象的加剧正在引发城市中诸多的社会问题，如果任其发展，可能会导致社会动荡，并对政治稳定和经济增长构成威胁。政府需要意识到这一威胁并制定相应的公共政策，为失业的员工提供教育资源和新的就业机会。地方政府还需要确保交通和土地政策不再向富裕社区倾斜，同时需要改善弱势群体获得教育和医疗保健的机会。

我们已经讨论了可持续如何成为平衡增长的新模式，并在带来经济繁荣的同时加强环境执法。在日益同质化的全球经济中，城市需要找到自己的比较优势，以独特的魅力吸引人才，实现长期增长。我们需要摒弃单一的增长模式，尤其是在只看GDP，以环境退化和社会不平等扩大为代价寻求发展的中低收入国家。

正如我们在本书中所强调的，向可持续发展成功过渡需要广泛的利益相关方参与到决策的过程中。我们必须倾听不同的声音。开明的消费者、以可持续为导向的管理者、政府的监管，三者通力合作才能实现这种过渡。我们在前面的三章中分别讨论了每一种角色的作用。

本章讨论的多利益相关方模式与可持续性范式、社会包容性是一致的。此外，共享经济的概念在城市中最容易实现，它甚至有可能颠覆资本主义与社会主义的争论，因为在共享经济中妥善经营资本的重要性将大于资本的所有权，这或许还能帮助减少社会的不平等现象。

　　接下来，我们在本书的第二部分介绍了一系列案例，通过具体的例子展示向可持续城市转型的过程中所取得的成就和遇到的障碍。这些案例涉及废物管理、交通、能源、公共空间以及可持续生活方式。在每个案例的最后，我们都会讨论其对可持续城市发展的借鉴意义，以及给我们带来的启示。

第一部分

概念

第二部分

可持续城市案例研究

第三部分

结论

第 7 章

可持续城市中的废物管理

废物管理是世界各大城市都在面临的挑战。清除城市住宅、机构和商业场所的垃圾是一项重大的后勤和运营任务。它也是公共卫生、环境质量和经济发展的一个关键问题。随着世界城市化进程逐步加快，这项挑战变得越来越严峻。更多的人口意味着有更多垃圾产生，快速发展的城市也是大量垃圾产生的地方，这给当地市政府带来了应对成本上升和环境影响的压力。

　　城市大约每年产生13亿吨固体废物。预计到2025年，全球废物总量将增加到22亿吨/年。全球处理垃圾的成本也在上升，从2010年的2 050亿美元/年上升到2025年的预计3 750亿美元/年，其中中低收入国家的成本增幅最大。[1] 特别是中国的固体废物量正在前所未有地增加。在中国，尤其是城市，人口快速增长、城市化和工业化导致垃圾激增。到2030年，中国城市产生的固体废物量预计将达到160万吨/天。[2]

　　本章介绍了纽约、香港和北京三座城市的废物管理实践。我们将简要介绍每座城市的废物管理方式以及各城市应对日益严重的废物问题的方案。最后，通过比较这些城市的实践说明每座城市的废物管理系统在技术、管理和政治等方面的问题。

纽约

纽约的数百万居民、企业、建设项目以及非常住人口雇员每年会产生1 400万吨的废物。[3] 废物管理和清除工作由两个系统负责，即公共部门系统和私营部门系统。以纽约市环卫局为代表的公共部门需要为住宅楼、政府机构和许多非营利性组织提供服务。而私人的废物收集公司则需要收取一定费用清除固体废弃物。2014年，上述两个系统在清除住宅和商业垃圾上的总支出约为23亿美元（市政府的年度预算是750亿美元）。[4] 纽约市废物处理的费用来源于税收收入，不直接向市民收费。

纽约市在固体废物管理方面有着悠久且艰难的历史。在20世纪，纽约市环卫局依靠几个垃圾填埋场和焚烧厂来处理垃圾。由于新垃圾焚烧厂计划被经济大萧条及第二次世界大战延误，这座城市难以满足自身的废物处理需求。1947年，弗莱士河垃圾填埋场在纽约市五个行政区之一的斯塔滕岛开始运营。然而随着公众环保意识的提高，反对垃圾焚烧和填埋的呼声越来越高，这使当地政府倍感压力。旧的垃圾填埋场和焚烧厂被逐个关闭，最后一个由市政管理的垃圾焚烧厂也于1992年关闭了。到20世纪90年代后期，弗莱士河垃圾填埋场成了纽约市环卫局管理的唯一一个废物处理设施。[5] 2001年12月，弗莱士河垃圾填埋场也被关闭了。之后随着当地建设垃圾发电焚烧厂的计划受阻，废物输出成了纽约市废物处理的唯一选择。市议会就政府管理废物输出的问题通过了一项为期20年的计划，主要依赖一个基于卡车运输和陆地转运站相结合的系统，将纽约市的垃圾运到邻近各州甚至是距纽约市750英里以外的填埋场、回收站或垃圾焚烧发电厂进行处理。[6]

在市环卫局每年收集的380万吨固体废物中，14%被回收利用，76%被送往垃圾填埋场，剩余的10%会在垃圾焚烧发电厂中被转化为能源。[7]尽管环卫部门组织运营良好，但纽约市的废物转移主要基于陆运，不仅价格高昂而且对环境有害。目前，一项利用驳船将垃圾运载出城市的计划在缓慢实施中。从长远来看，过于依赖废物输出系统会使这座城市在废物处理方面变得脆弱，因为废物处理的经济成本可能增加。另外，环境成本也会上升，在纽约市进行垃圾填埋会产生超过100万吨的温室气体，相当于燃烧13 000辆油罐车的汽油。

纽约市的废物管理策略

纽约市一直在推行各种策略以改进废物管理系统，包括提高回收捕获率、鼓励居民和企业将有机废物转移，以及克服垃圾焚烧发电厂的相关许可障碍。2006年，市议会批准了一项"综合固体废物管理计划"，旨在建立一个具有成本效益、可靠性高且环保的城市废物管理系统。该市废物回收工作的基石是它的"路边回收计划",目的是收集纸张、金属、玻璃和塑料制品。该计划旨在降低对垃圾外运的依赖,同时以具有成本效益、环保且对当地社区有益的方式出口垃圾。该计划也旨在减少废物输出。2011年,固体废物管理被纳入"纽约2030城市规划"。该规划的目标之一便是在2030年前使75%的固体废物不再被送往垃圾填埋场。该规划设定了每年减少3.4万吨温室气体排放的目标,同时每天将2 000吨废物从位于布鲁克林和皇后区的固体废物转运站转移到海上转运站。[8]纽约市还在布鲁克林南部的海运码头开设了一个材料回收厂,用于对金属、玻璃和塑料制品进行分类回收。随着该厂的启用,纽约市环卫局扩大了其"路边回收计划",开始回收所有硬质塑料,这也是该计划20年来的首次扩大。

环卫局还在斯塔滕岛、布鲁克林和布朗克斯的部分地区启动了一项自主的有机物回收计划,并扩大了公立学校餐厨垃圾堆肥试点计划。纽约市增加了公共废物回收箱的数量,到2016年,数量已达到2 190个。有机废物占企业废物产出的1/3左右,其中大部分最终进入了垃圾填埋场。为了解决这个问题,纽约市于2016年7月通过了《商业有机废物法案》,该法案要求纽约市产生大量有机废物的企业必须对有机废物进行分类和妥善处理。[9]

2015年4月,时任市长德布拉西奥宣布将"纽约2030城市规划"更名为"只有一个纽约:2050城市总体规划",旨在建设一座强大且公正的城市,其中包括增长战略、可持续战略、城市弹性战略和公平战略。根据该计划,纽约市的目标是到2030年实现零废物，至少不再将垃圾运到填埋场。自纽约 2050 总规发布以来，纽约市已朝着零废物的目标逐步迈进。2015 年，市环卫局将路边有机废物收集（主要是食物垃圾）范围扩展到超过 5 万户家庭，现在已为超过 70 万名居民提供服务。[10] 在新冠肺炎疫情暴发后，为了减少开支，该计划暂停了一年。

纽约市还为 850 座公共住房启动了纽约市住房管理局废物回收方案。2016 年 2 月，纽约市通过了修订后的商业回收法案，使企业能更加便利地回收垃圾。然而，在减少塑料袋使用方面却没能取得显著成果。经过一次很激烈的投票，市议会通过了一项法案，要求某些零售商对塑料袋收取 0.05 美元 / 个的费用，但该计划后来被纽约州立法机关推迟。[11] 最终在 2020 年，纽约市出台法令，禁止一次性塑料袋的使用，并要求商店对纸袋也收取相应的费用。

尽管该禁令似乎产生了一些影响，但前市长德布拉西奥想要转移垃圾填埋场的计划进展极小。据记者萨莉·戈登伯格和丹妮尔·穆欧的报道：

> 纽约市最近在减少 5 个行政区的温室气体排放方面取得了一些进展。但根据 2017 年的一份报告，垃圾仍然是该市一个主要的污染源，每年垃圾填埋场造成的温室气体排放就达到 170 万吨。德布拉西奥在 2015 年地球日发布的气候变化蓝图中写道："我们认识到公平和环境状况是密不可分的……我们致力于通过实现'零废物'目标以及减少卡车运输来改善弱势社区的空气质量。"目标是将 2015 年全市运出的 360 万吨垃圾减少 90%，即到 2030 年，

5个行政区总共只能运出36万吨垃圾。

纽约市在这一方面进展较小,上一年环卫部门运出了近325万吨生活废弃物,超过了德布拉西奥承诺的317万吨。如果照这样的速度,德布拉西奥市长离自己定下的目标会越来越远,尤其是在对气候变化的担忧还处于国家政治舞台最前沿的时候。[12]

废物管理方面的计划支出从2020年的4.1亿美元增长到2021年的4.32亿美元。纽约市正在努力尝试改进其废物管理方式,但人们发现要想实现目标还是很困难的。

香港

与许多高收入地区一样,香港的废物量也随着经济增长而增多。自20世纪80年代中期以来,香港的城市固体废物量增长了近80%,反映了该城市在这一时期快速的经济扩张和人口增长。[13] 香港是世界上人口极为密集的城市之一,大约有720万名居民,该城市每天产生超过1.8万吨固体废物,每年约为600万吨。[14] 香港特区政府环境保护署(以下简称"环保署")负责监督香港的废物管理情况与废物减少计划的落实情况。废物收集和清除工作则由香港特区政府食品环境卫生署以及私人承包商负责。[15] 2013年,废物的收集、转运、处理和填埋的运营成本达 14 亿港币。[16]

生活废物占香港垃圾填埋废物的 45%,其中大部分是厨余垃圾。所有生活废物均由环保署收集,并通过垃圾转运站网络转运至垃圾填埋场。商业和工业废物由私人承包商收集,一些工业企业会直接将自己产生的工业废物运往垃圾填埋场进行处置。[17] 废物的另一个主要来源是香港频繁的建设和拆除活动产生的建筑垃圾。

在 20 世纪的大部分时间里,香港通过垃圾填埋场和垃圾焚烧厂双管齐下来管理其固体废物。20 世纪 80 年代中期,公众对健康和环境的日益关注使固体废物焚烧厂被逐步拆除。[18] 1989 年,环保署发布了首个废物管理政策——废物处置计划,呼吁建设庞大的废物转运站网络,以及在农村地区建立 3 个新的大型垃圾填埋场,以满足不断扩大的废物处理需求。彼时,香港特区政府运营的 13 个垃圾填埋场,都在逐步被淘汰或关闭。新的垃圾填埋场被建在香港的 3 个角落——新界东北、新界东南和新界西,并于 20 世纪 90 年代中期开始运营。建造这些垃圾填埋场耗资近 60 亿港币,这 3 个垃圾填埋场的运营成本每年约为 7 亿港币。[19]

目前,垃圾填埋是香港主要的废物处置方法。然而,不断增长的人口和商业活动给该地区的废物管理系统带来了新的压力。香港现有的 3 个垃圾填埋场,每天接收超过 1.4 万吨废物[20],预计将在不久的将来达到其设计容量。[21] 虽然扩建计划正在实施,但香港的人口密度和地理空间限制了垃圾填埋场扩建增容计划。此外,垃圾填埋场的扩建也引发了居民的广泛争议,他们担心扩建会破坏环境，影响健康。

香港的废物管理策略

为了减少进入垃圾填埋场的废物量，香港特区政府将关注点放在了回收利用上。1997年，当废物回收成为政策重点时，大约70%的城市固体废物被填埋，只有大约30%被回收再利用。[22] 1998年，环保署发布了"减少废物纲要计划"，提出了一个为期10年的"回收实施计划"，重点从垃圾的收集和处理转为减少废物的产生和对废弃材料的再利用。为提高废物回收率，香港在公共住房的一楼或指定的公共区域设置了废物分类箱。[23]

随着废物量持续增多（2002年产生的垃圾量接近800万吨），香港特区政府意识到要采取更有效的废物减少措施，才能跟上垃圾的增长速度。2001年初，香港特区政府宣布在屯门设立回收园（后更名为"环保园"）。该地区获得了补贴，以促进当地回收行业的发展。环保园于2007年开始运营，租赁了13个地块用于废品回收。2005年，环保署发布了一项为期10年的废物管理策略，提出了新的回收措施和污染者付费原则，并颁布了各种生产者责任制。[24] 该计划还包括启动"生活垃圾源头分类"计划，鼓励私人住宅物业管理公司在每一个楼层提供垃圾分类设施。截至2016年4月，已有2 055座建筑参与了该计划。[25]

2013年，环保署发布了"资源可持续利用蓝图"，并宣布香港的目标是到2022年将城市固体废物的人均处置率降低到40%。[26] 为了实现这一目标，政府采取了旨在增加回收的额外举措,其中包括建立社区回收网络以及设立10亿美元的回收基金。该基金于2015年10月启动,为提升回收行业的运营能力和效率提供资金。[27] 减少垃圾填埋场的厨余垃圾量也是"资源可持续利用蓝图"的一个重点,因为厨余垃圾不仅消耗了垃圾填埋场的空间,还破坏了环境。香港约有40%的食物未被食用,每天会产生约3 500吨的厨余垃圾。[28] 目前,除了一些自发倡议,香港特区政府还没有颁布管理厨余垃圾的官方条例。香港还计划建设有机垃圾处理设施,将厨余垃圾回收再利用。[29]

一些项目现在已经取得了进展。一家名为HK Recycles(香港回收利用)的私人公司提供按月收费的全方位回收服务,回收率整体来说也在提高。2001—2018年,香港的废物回收率从10%增长到30%,绝大多数回收的垃圾被运到中国内地进行处理。[30] 香港的3个主要垃圾填埋场也即将被关闭。根据环保署的说法:"即使提高了废物回收率,我们也难以处理家庭、餐馆和建筑工地产生的高达数千吨的废物。"[31]

北京

中国的首都北京是一个拥有超过2 000万人口的大都市。[32] 与中国其他快速发展的大城市一样,随着城市废物产生量超过自身处理能力,北京也面临着严峻的废物管理问题。目前,北京市城市管理委员会与北京市生态环境局合作,共同进行废物监管，北京市商务局商务环境协调推进处负责材料的回收。2006年，北京环卫工程集团公司承包了北京城市生活垃圾的收集和运输工作，该公司每天从街道收集垃圾，并运送到垃圾转运站和处置区。[33] 2006年，北京在废物管理方面的支出约为2.428亿美元，收集并运输了1.49亿吨垃圾，其中92.4%被运往垃圾填埋场。[34] 因为垃圾填埋场远离市区，运输成了北京废物管理系统中最大的单项成本。

在1979年之前，北京没有废物管理条例。垃圾通常被送到农村地区倾倒，并未受到过多限制，一般被当作肥料。但随着废物残渣变得越来越不可生物降解，北京开始寻找替代性的垃圾处理方式，而最快的解决方案就是建造垃圾填埋场。北京的第一个垃圾填埋场建于1994年。到21世纪初，北京90%的垃圾被送去填埋场填埋。[35] 垃圾被送到垃圾填埋场被认为是很好的处理方式，因为它们具有成本效益，同时可以处理不同类型的废物。截至2010年，北京共有15座垃圾填埋场和6座完整的垃圾转运站，以及两座焚烧厂和两座堆肥厂，每天的垃圾处理总量为15 380吨。[36] 数据表明北京的垃圾产生速度超过了处理厂的处理能力。[37]

2019年，北京每天可以产生26 000吨生活垃圾，垃圾焚烧厂的数量也从2010年的两座增加到了11座，处理了城市40%的垃圾。包括填埋场和生物质处理设施在内的总垃圾处理设施数量达到了30座，每天可以处理30 300吨垃圾，但北京市城市管理综合行政执法局表示这些设施都是满载运营，勉强可以满足城市的垃圾处理需求。因此，政府也开始意识到垃圾填埋场无法处理不断增加的垃圾，从 2008 年开始，政府开始将注意力集中于减少垃圾和节约资源等方面，并在一定程度上将堆肥作为将垃圾运到垃圾填埋场的替代性措施。中国政府曾计划到 2020 年使主要城市的回收率提高到 35%，特别是在禁止进口大部分可回收垃圾之后。

北京的废物管理策略

垃圾焚烧逐渐被视为北京固体废物泛滥问题的重要解决方案，尤其在垃圾焚烧发电厂投入使用后。垃圾焚烧发电厂的排放管理比燃煤发电厂宽松，但焚烧过程产生的飞灰可能含有剧毒。出于对环境和健康的担忧，特别是受到邻避综合征的影响，公众反对焚烧发电厂的呼声很高。即使如此，大部分人仍相信焚烧总好过填埋。出于对环境问题的考虑，中国开始寻找更清洁的垃圾焚烧方法。2016 年 2 月，由北京市政府控股的一家投资集团收购了德国领先的垃圾发电企业 EEW，以获取其最新技术。EEW 开发了先进的排放过滤技术，是该领域的领导者。截至目前，北京有超过 10 座垃圾焚烧发电厂，并计划到 2025 年将垃圾焚烧处理量提高到每天 35 800 吨，同时停止垃圾填埋。

此外，北京还尝试实行从源头分类，并曾在申办奥运会时承诺，在 2008 年之前实现 50% 的分类率。北京市城市管理委员会称，北京在 2007 年实现了这一目标，其中 470 万人次参与了废物源头分类。2006 年，北京回收了 163.8 万吨废物。北京的大部分回收行业都建立在一个非正式的"捡垃圾"系统之上。

据估计，该市有30万人手动拾取和回收废物，这些人集中在城市的某些地区，他们挨家挨户上门收集塑料瓶，还有一些低收入人群以收集塑料瓶为生。这些非正式的回收人员清除了北京多达30%的废物。

北京市政府试图在一些地区进行有针对性的试点项目来提高分类效率。其中2013年的一项试验覆盖了500万名北京居民，并为社区配备了家庭垃圾桶。超过20 000名志愿者被派往社区，教授并推广回收方法。但是，很多居民往往不会马上遵守这些规则。当地政府在回收方面引入了其他创新举措。例如，2012年，北京市在部分地铁站推出了"反向自动售货机"，人们可以将塑料瓶放入机器然后获得积分，该积分可用来兑换地铁票。[38]近年来，北京效仿上海推行强制性的生活垃圾分类，分为有害垃圾、可回收垃圾、厨余垃圾和其他垃圾。这类措施的有效性（无论是其外延还是项目本身）仍然不确定，特别是许多项目还处于起步阶段，并且只在城市的特定区域进行。此外，复杂且非正式的回收形式使我们很难了解实际的回收量以及具体的回收人是谁。

对废物管理的分析

很难找到比固体废物处理更基础的城市环境问题。显然，有效的废物管理对于可持续城市的发展至关重要。世界各地的许多城市都在实施创新措施来处理废物,并越来越多地将废物管理纳入它们的可持续发展计划。一些城市通过积极回收垃圾和"零废物"计划树立了正面的榜样。城市通过提供更好的储存和运输条件来减少食物浪费,同时,采取新型建筑策略,提高材料的再利用率,并投资垃圾发电技术;一些地方政策鼓励大家减少垃圾产生,例如收取垃圾处理费或其他税费;一些城市还禁止了塑料购物袋的使用;还有一些地方要求商家对塑料购物袋收费。

纽约市垃圾填埋场的容量危机已经过去了15年。类似的问题在中国和其他新兴经济体的大城市中还相对较新。废物管理是一个公共卫生问题,所有城市都在学习如何更有效地减少、收集和管理废物。城市垃圾处理面临诸多复杂的政治、管理和技术挑战,需要私营部门、地方政府、规划部门和开发商之间相互合作,从而确保未来的城市和建筑是可持续的,能满足子孙后代的需求。

随着这些城市向可持续发展过渡,我们有必要对纽约、香港和北京废物管理实践的方式和影响进行比较。我们将从不同的角度,并借鉴格雷厄姆·艾利森所著的《决策的本质》中的"概念透镜"框架对废物管理的案例研究以及后续案例进行评估。该框架在评估废物管理问题时分别从价值观、政治、科技、经济与政策分析以及管理和组织能力等方面进行。上述三座城市的废物管理策略为其他试图解决废物管理问题的城市提供了宝贵的经验。

废物管理作为一个价值观议题

废物的产生受主导消费模式的个人价值观影响。我们的消费模式创造出了大量生活和商业垃圾。个人产生的废物类型和数量受到经济发展、生活方式和土地开发利用模式的影响。在销售商品时使用的大量包装材料反映了社会的集体价值观。出口废物是由于人们希望避免看到或闻到垃圾,以及基于邻避综合征的价值观。在纽约,这种价值观将减少废物阻挡在政治议程之外,但这些消费模式并不是纽约独有的,而是在所有现代发达经济体中普遍存在的。部分香港和北京的市民也会向往一个"抛弃型"的社会。

公众和社会精英对废物管理问题的回避反映了一种微妙的价值选择。也许部分原因在于垃圾本身令人不快,并暗示着一种相对财富。很多人丢弃了一些穷人可以从中获益的食物和衣服。垃圾令人生厌,而且闻起来刺鼻,我们不愿去想象垃圾或者考虑它最终会去哪里。与这种态度相伴的是让垃圾处理尽可能远离中上阶层的大趋势。便利性驱动的消费行为与躲避废物的价值观是固体废物管理危机的基础。

废物管理作为一个政治议题

上述价值观制造了一种使地方决策者难以解决固体废物问题的政治氛围。固体废物问题的核心通常是围绕废物处置和处理设施选址的地方性政治。垃圾在本质上是不受欢迎的,作为垃圾处置地的好处往往不多。斯塔滕岛关于垃圾处理的政治讨论是对20多年来纽约对垃圾处理问题政治反感的佐证。在20世纪90年代，大多数斯塔滕岛官员的首要任务是如何关闭斯塔滕岛的弗莱士河垃圾填埋场。在弗莱士河垃圾填埋场关闭之前，纽约市所有的住宅垃圾都被倾倒在那里。除了少数官员，当地政界人士几乎都顺应了纽约市民长期以来反对在纽约市设立废物处理设施的要求。废物处理的相关政治，特别是选址带来的社区政治，一直是纽约市废物管理政策的主要限制因素。

在香港，特区政府建议扩大现有的3个垃圾填埋场，以解决日益严峻的废物处理问题，遭到了当地社区和政界人士的强烈反对。位于大屿山以南的小岛——石鼓洲附近的人造场地上的综合废物管理设施也遭到了来自当地社区的强烈反对。[39] 在北京，政府将焚烧作为一种解决日益严重的废物问题的方法。北京市政府也开始面临类似的选址难题，反对建造垃圾焚烧厂的声音越来越大，这也迫使政府专注于从源头减少废物产生，并通过垃圾分类提高回收利用率。

废物管理作为一个科技议题

如果不依靠大量的技术创新，包括与固体废物相关的清洁技术创新，任何城市的高人口密度都将成为一个问题。自20世纪60年代以来，垃圾焚烧技术已经取得了长足进步。在纽约，由海洋废物转运站或铁路转运站供应的垃圾焚烧发电厂以及其他先进的废物处理技术很可能成为处理数百万居民和游客产生的废物的最环保的方法。同样，在香港和北京，建设垃圾发电设施被认为是减轻城市日益增长的垃圾负荷的必要措施。香港综合废物管理设施正在兴建的垃圾焚烧厂将采用热处理技术减少废物量，使其转化为复合灰烬。北京的公司收购 EEW 公司表明中国渴望获得更先进、更清洁的技术，以解决日益严峻的废物处理问题。

由于专家有时不受信任或政府有时缺乏公信力，尽管我们拥有适当和有效的废物处理技术，选址的问题仍然占据着主导地位。科学技术已经有望解决废物问题，但政治问题使新的废物管理技术实践变得困难。例如，热处理技术的替代方案是等离子气化。目前，垃圾发电技术可以将垃圾转化为复合灰烬，而等离子气化可以将有机物转化为合成能源，并从垃圾中去除有毒废物。然而，这一技术价格昂贵，对于政府机构而言很难向民众推销这一技术。迄今为止，只有少数等离子气化工厂在运营，而且都位于亚洲。如果公众和利益集团认可的专家能够验证该技术可能带来的改进，科学技术也许会影响政治议程。废物处理技术正在迅速发展，未来有一天我们可能会开发出一种经过验证的清洁废物处理技术，突破选址带来的政治壁垒。

废物管理作为一个公共政策议题

之前，垃圾处理成本较低且没有给纽约市的财政造成重大问题。现在，随着垃圾处理成本迅速上升，成本与收益的计算开始影响政策制定。纽约目前的垃圾处理资金结构给该市带来了一些政策上的挑战。纽约用税收来支付处理居民和公共垃圾的费用，因此居民并不关注废物处理的实际成本。然而，如果处理成本持续上升，废物处理作为一个公共政策问题可能会被重新定义，从而为寻找废物输出的替代性手段提供合理性。

固体废物作为政策问题的另一个原因在于监管层面。废物处理过程由美国的地方政府、州政府和联邦政府进行监管，而执法的即时性使该问题的监管层面相对简单。相比之下，香港特区政府倾向于采取自发性而非强制性政策。回收是香港废物相关公共政策的一个关键要素，但该政策（如废物分类计划）的监督和执行通常落在房东和居民身上。在涉及转变公众对回收利用和减少废物的态度时，自发性政策可能不如强制性政策有效。同样，北京并没有强制规范固体废物管理章程。由于废物回收相关数据的不准确、不充足，有效的公共政策设计也会变得异常困难。比如，中国各城市对"城市垃圾"的定义并不一致，关于垃圾填埋场、焚烧厂及相关环境影响的数据和研究依然欠缺。另外，一个关于中国垃圾发电技术的问题是它在运营方面受到的监管比燃煤发电厂宽松，这会造成环境和健康问题。中国地方政府一直在尝试以不同类型的政策鼓励垃圾发电厂建设，包括退税、银行优先贷款、直接补贴以及上网电价补贴等。[40]

废物处理问题的部分解决方案是鼓励减少产生废物。对于纽约、香港或北京而言，建立按服务收费的废物处理系统不失为一种选择。在这样的系统中，所有的垃圾回收都要收费，但可回收利用废物的回收价格可以明显低于混合性垃圾。这类政策设计在以独户住宅为主的地方被证明确实有效，但这些大城市的许多居民都住在公寓里，因此很难将收费与个人行为挂钩。[41] 收费也可能导致非法倾倒。此外，在北京，非正规的"捡垃圾"系统也可能使这类激励政策难以实施。

废物管理作为一个管理议题

从纽约、香港和北京的住宅、机构和商业场所清除垃圾是一项巨大的后勤和运营工作。私人公司负责清除纽约商业机构的垃圾，环卫部门负责清除居民、政府和非营利性组织的垃圾。在香港，也有一个复杂的废物清除系统，包括政府工作人员、承包商、清洁工人和私人废物收集公司雇用的员工。香港有超过400家私人废物收集公司，其中一些还参与废物的回收和再处理业务。在北京，成千上万的人从事环卫工作，其中有许多并不是受雇于当地政府的人员。

回收、废物转移以及最终的处理是纽约环卫管理人员面临的三项挑战。由于之前对垃圾收集车进行了分类，环卫部门的收集车必须分别运输可回收纸类、玻璃类、塑料类和混合垃圾。在纽约，回收成本高于传统垃圾处理成本的原因之一在于负责可回收垃圾的收集车在返回的路上有时会空载。同一条路线满载或空载的运营成本几乎相同，因此每吨可回收废物的成本就高很多。纽约另一个未解决的管理难题是废物处理的价格与废物处理设施的可用性难以保障。目前，纽约与其他州和地方的垃圾填埋场和焚烧厂签订合同，接收来自纽约的垃圾，但接收价格不断攀升，而且处理场所不一定能保证长期提供这项服务。

北京的废物管理通常涉及职能交叉重叠的管理机构，有时反而会造成职能上的空当。中国城市的垃圾收集服务差异巨大，甚至位于同一座城市不同地区的服务都不相同。例如，在北京，中心城区的垃圾收集服务运作良好，而郊区的垃圾收集系统则较为混乱。[42] 同时，整个垃圾管理系统既有正规元素，也有非正规的元素。正规系统包括由当地政府或收集和运输废物的企业发放薪水的雇员，而非正规系统的人员数量要多得多，包括很多依靠捡垃圾赚钱的人。这些人有时会在垃圾集散地等未经授权的区域捡一些可回收的垃圾，可能会扰乱该区域的正常运营。还有一些人甚至会在垃圾填埋场找空瓶子或者纸箱，给自己带来健康和安全隐患。虽然近年来环境监管有了很大的改进，但还是有一些城市的垃圾填埋场没有受到监管或存在经营不善的问题，可能挥发有毒物质，甚至将它们排放到周边的水和土壤中去。

废物管理作为一个多维度议题

我们的消费和相关的废物处理模式建立在价值观体系上。我们可以设想一个缓慢的、更为细致的生活，我们也可以更为谨慎地使用资源。回忆一下我们的上一辈是如何处理一只鸡的，与今天我们食用鸡的方式相比，上一辈人将鸡的每一个部位都利用到了极致，而在现代富裕的生活方式下，一只鸡的很多部位最终都被扔进了垃圾箱。

废物管理设施的选址与很多敏感的政治问题一样具有争议

性，因为没有人希望在自己的家门口建设一座废物发电厂，不管它有多么安全或是多么环保。科技可以在废物回收利用、燃烧发电或开采食物垃圾中的营养物质作为肥料等方面发挥巨大作用。当然，也必须具备良好的组织能力来运行一座庞大城市的废物管理系统。也许，没有哪个单一的因素可以在特定的时间或地点占据主导地位，但总会有一两个问题可以作为重点。比如，垃圾焚烧发电厂激起政治反对的原因之一是一些工厂使用过时的技术带来了污染。如果可以证明相关技术已经得到了改进，那么选址引发的争议可能就会变少。

第 8 章
可持续城市中的公共交通与私人出行

一座可持续城市必须有一个可靠且便捷的交通系统，包括公共交通和私人出行。随着人口密度越来越大，城市必须提供一个方便人们出行、生活、工作和娱乐的系统。根据国际公共交通联会的表述："鉴于土地是城市中极为稀缺的资源之一，提高公共交通的利用率可以带来额外的好处，使城市空间能够服务于其他功能，进一步提高大都市的宜居性和生产力。"[1] 在美国，公共交通使用率在过去的10年中增长了超过20%。美国每年有超过100亿人次使用铁路、公交车、无轨电车和有轨电车等公共交通工具出行。2017年，全球地铁系统每天运送乘客超过1.68亿人次，比2012年增长了19.5%。[2]

　　公共交通只能解决一部分交通问题。一个可持续的交通系统还需要解决私人出行问题，特别是在城市区域不断扩大的情况下。到2030年，道路上的汽车数量预计将达到20亿，尤其是中国和印度的汽车数量增长迅速。[3] 一个可持续的交通系统必须包括私人出行，同时比目前使用内燃机车辆造成的污染更少。

电动汽车是目前越来越流行的解决方案之一。全球电动汽车的销售情况从 2012 年的 11 万辆增加到 2018 年的 330 万辆。[4] 近年来，电动汽车的销量持续大幅度增长，仅 2022 年第一季度全球销售就达到了 200 万辆，比 2021 年同期增长了 75%。

接下来我们主要考察世界各地公共交通和私人出行方式的 4 个典型案例：波哥大的快速公交系统、耶路撒冷的轻轨、中国的高速铁路和以特斯拉为代表的美国电动汽车。

哥伦比亚波哥大快速公交系统

波哥大是一座拥有 800 万人口的城市，是哥伦比亚的政治和经济中心。但是作为一个欣欣向荣的全球化城市，波哥大还以其拥堵的交通而闻名。由于巨大的交通流量仍然困扰着这座城市，州政府和市政府近年来投资了一系列项目帮助缓解一部分交通压力。其中包括建设世界上最大规模的自行车道网络，即 300 千米长的 CicloRuta（自行车道）。另一个创新举措是 1998 年由时任市长恩里克·佩纳洛萨颁布的名为"Pico y Placa"的汽车限行政策。该政策根据车牌号的最后一位数字限制车辆出行，管理高峰时段的交通状况。类似的政策也被其他国家广泛使用，包括中国的许多城市。而波哥大最有名的交通创新举措当数它的快速公交系统——TransMilenio。与其他快速公交系统一样，TransMilenio 设置了公交专用道、类似火车站的公交车站，以及连接中央网络与周边地区的支线公交车，使交通更加通畅。

要了解波哥大的交通需求，必须先了解其地理布局。在波哥大，不同收入阶层在地理上划分明显。高收入群体更接近城市中心，而贫困人口则位于城市的边缘，并主要集中在城市的南部和西部。此外，在这座人口密集的城市，只有一小部分居民拥有汽车，大多数居民的出行依靠公共交通、步行或骑自行车。[5]在 TransMilenio 项目实施之前，城市公交路线由私人运输公司运营。政府无限制地出售道路交通运营许可证，导致各路线运营商之间的竞争激烈，且服务质量低下，同时还造成了严重的拥堵、污染以及频发的交通事故。[6]

长期以来，解决城市交通问题的首选方案一直都是地铁系统。最初，佩纳洛萨市长计划建立一个由地铁和公交线路网络组成的综合交通体系。然而，该计划被认为成本过高。只发展一个全面的公交网络能够实现更大范围的交通覆盖，且比修建地铁成本更低。[7]市长也希望通过改善交通系统刺激经济增长。最终获批的 TransMilenio 项目参考了巴西库里蒂巴市已经使用了 20 年的公交系统。[8]私人交通特许经销商在波哥大具有相当大的经济和政治影响力。这些经销商最初反对该项目，但在被允许参与招标后，也成了该项目的支持者。

计划的实施

TransMilenio 系统基于公私合营。波哥大城市发展研究所提供基础设施建设（包括电网系统、平台和车站），7家通过公开招标选出的私人公司负责运营，并按距离收取费用，还有另外两家私人公司负责卖票。整个TransMilenio系统由一个公共公司管理、规划和监控，并向市长办公室报告运营情况。TransMilenio车票收入的大部分被分配给了私人的干线和支线服务的运营商。车票费用通常通过智能卡支付，公交车队则由全球定位卫星系统监控，并优化服务。[9]

TransMilenio最初的计划非常宏伟。1998年，佩纳洛萨市长规划了一个公交网络，能满足全市85%的日常交通需求，覆盖全市385千米的主要交通线路。总体规划分为6个阶段，计划在数十年内完成。该项目包括车辆在内的预计总成本约为33.2亿美元。一期工程的实施非常成功。到佩纳洛萨三年任期结束时，已经建造了41千米的交通线路。TransMilenio一期工程证明，在短时间内建设完成一个高容量、高质量的公共交通系统是可能的。另外，TransMilenio还让私家车使用量减少了10%。如果换成地铁系统，只能覆盖29千米的线路，同时造价将是TransMilenio系统成本的10倍。一期工程估计耗资2.4亿美元（平均590万美元/平方千米）。资金来自以下四个方面：46%来自汽油税，20%来自国家预算，6%来自世界银行，28%来自地方资金。到2003年，TransMilenio公交系统仅一期工程每天就可以运送乘客79.2万人次。[10]

但TransMilenio扩建的二期工程并不像一期工程那样顺利。二期工程比一期工程成本更高，同时被推迟了几年。二期工程的3条线路建设费用大约是5.45亿美元，平均为1 330万美元/平方千米。二期工程成本较高的主要原因是需要购买大面积的土地。一期工程只需要购买600块新地，而二期工程需要政府购买4 000块新地。同时二期工程的资金更加依赖政府补助（占比为66%），剩下的来自当地的燃油附加费。[11] 项目的三期工程同样被推迟。

尽管如此，截至2019年，整个系统还是建成了131个车站，完成了115.5千米道路的铺设，每天运送乘客240万人次。波哥大约30%的公共交通需求通过该系统得到满足。[12] 该系统不仅帮助乘客快速到达离家较远的工作地点，而且增设了更多的自行车道，为行人改善了道路和桥梁的通行方式。波哥大的交通安全状况得到显著改善，噪声污染也有所减少。波哥大还承诺2024年前将公交车由柴油车转换为混合动力汽车或纯电动车。

计划面临的挑战

尽管TransMilenio被认为是世界上极为高效且环保的城市交通系统之一，但它仍面临着一些挑战。第一个挑战来自信息，车站外或公交车上没有配置公交网络地图。一个车站可以跨越3个街区，但车站内本就数量有限的地图往往集中在某一个特定区域。第二个挑战是，近年来该系统的扩展速度非常缓慢，在过去5年里，建设里程只增加了3千米，这导致现有系统过度拥堵。[13] 大多数干线公交车最多可容纳160人，而在高峰时段，这些公交车几乎都是满载的。随着需求的不断增加，乘客往往无法乘坐到第一班车，而是必须等待后面的一班。第三个挑战是，许多低收入乘客认为 TransMilenio 的票价太高。类似的问题也在其他城市的公共交通系统中存在，比如纽约和华盛顿特区也有类似的情况发生。乘客对 TransMilenio 的满意度目前处于历史低位，不过政府已承诺更新车型，使用更大、更省油的汽车，并开拓新线路，改善服务。

快速公交系统在世界各地的发展

虽然仍存在过载等诸多不足，但基于公共汽车而非地铁的高容量公共城市交通系统仍然是一次有意义的尝试。TransMilenio 的早期成功启发了拉丁美洲的其他城市，它们分别建设了自己的快速公交系统。在中国，至少有 20 座城市建设了类似 TransMilenio 的快速公交系统，用来满足居民的公共交通需求。在全球 170 多个快速公交系统中，约有 140 个是在 TransMilenio 系统之后建造的。[14]

耶路撒冷轻轨

耶路撒冷的经济、文化和背景

耶路撒冷是世界上古老的城市之一，位于地中海和死海之间。[15]该城市人口约为 100 万，占地面积约为 126 平方千米。这座城市是几个宗教地标的所在地，包括犹太教祈祷的圣地——哭墙、基督教地标圣墓教堂和伊斯兰教圣地圆顶清真寺。耶路撒冷人口多元，约有 50 万名犹太居民和约 30 万名阿拉伯居民。[16]

耶路撒冷是巴以冲突的焦点，该城市同样也面临经济问题。其经济基础是服务业，主要包括教育服务业和旅游业。受宗教信仰影响，耶路撒冷的许多家庭都是单收入家庭。耶路撒冷的贫困人口比例高于特拉维夫和海法等其他城市。游客和朝圣者的不断增多刺激了当地经济，个人收入在过去的 45 年中稳步上升，但极端贫困者仍然较多。[17]

轻轨的发展

公共交通系统是解决市中心交通拥堵问题的方法之一。随着 20 世纪八九十年代城市人口的增长，住宅区域面积不断扩大。1988—1994 年，城市人口增长了 15.6%，大多数新移民都住在市中心以外的地方。公共交通的使用率从 20 世纪 80 年代的 60% 下降到 1996 年的 39%。耶路撒冷市中心的交通拥堵同时带来了审美和环境问题。交通拥堵及其造成的空气污染、噪声污染和人群聚集，影响了游客的旅游体验。到 20 世纪 90 年代末，耶路撒冷的司机对堵车造成的延误感到非常不满，政府认为必须重新评估道路建设，而非改善公共出行模式。耶路撒冷交通局受特拉维夫成功建设郊区轨道交通系统的启发，并意识到这一系统可能带来诸多益处，例如减少噪声和空气污染，以及避免因城市向外扩张而对土地的过度开发。[18]

因此，耶路撒冷制订了一份全面的计划，包括建立两条"环路"，分别环绕城市的外围和内部，同时将道路与轻轨系统连接起来。环路将把耶路撒冷的一条主干道——雅法路囊括其中，它也是城市中一条重要的公交路线。在进行投资评估时，政府预期将轨道系统与现有的公交系统相结合，有助于缓解公交和道路压力、解决满载问题，并减少交通拥堵和环境污染。[19]

轻轨系统的批准和建设始于 2002 年，并于 2011 年 8 月竣工，该系统的"红线"部分首先投入运营。[20]"红线"沿城市东侧延伸至老城区，然后沿着雅法路向西，通往赫尔兹山。目前，"红线"是唯一正在运营的线路。另外还有两条线路——"蓝线"和"绿线"已获得批准建设。

"城市通"是一家全球性公司，负责开发、建设以及运营轻轨系统的新线路。该项目的总预算已增至约 9.25 亿欧元。2013 年，耶路撒冷市政规划和建设委员会批准了交通部的预算拨款，用于延长轻轨路线。2015 年，由于相关人士的抵制、撤资和制裁，跨国基础设施公司威立雅在欧洲、美国和中东承包业务变得困难，随后威立雅选择出售其在"城市通"公司 5% 的股份，最终决定退出这一项目。[21]

益处与弊端

耶路撒冷轻轨系统的益处主要体现在经济和环境方面。通过刺激雅法路沿线新建企业和开发住房，轻轨的建设带动了市中心的发展，使这个自 20 世纪 90 年代以来一直在衰退的地区重新焕发生机活力。耶路撒冷环境局在 2002—2011 年对小大卫广场（位于"红线"中段）施工时，对空气质量进行了监测，发现由于轻轨的建设使交通流量减少，二氧化氮和一氧化氮的年平均值减少了 80%，从 2002 年的 151 微克/升下降到 2011 年的 32 微克/升。轻轨系统运营三年后，以色列交通运输部和耶路撒冷市政府共同获得了 2015 年"轻轨奖"最佳环境和可持续倡议类奖项，表彰它们将耶路撒冷的空气污染指数降低了 85%。此外，轻轨系统在 2015 年每天运送乘客约 140 万人次，目前它仍然是人们首选的出行方式，并且使耶路撒冷的很多社区团结起来。[22]

耶路撒冷的轻轨系统也遭到一些批评，甚至遭到暴力破坏。因为成本高昂被指为"面子工程"。其预算最初为 1.2 亿欧元（约合 1.355 亿美元），但最终耗资达到 9.25 亿欧元（约合 10.4 亿美元）。市政府官员认为，轻轨建设将减轻公交系统运行压力、缓解交通拥堵问题，同时提供不受地面交通影响的直达路线。另外，还有人担心轻轨是否会成为恐怖袭击的目标。[23]

共生的城市动脉

耶路撒冷市长尼尔·巴卡特曾表示："随着当地公交网络的建设和高速列车的使用，市民将能够享受更短的旅行时间、更少的拥堵、更清洁的空气和更令人振奋的城市。"[24] 耶路撒冷轻轨被誉为一条共生的动脉，同时服务着阿拉伯人和犹太人社区。虽然沿线地区依然存在一些争端，但轻轨给耶路撒冷的经济和环境带来了益处，同时使耶路撒冷成为一个更可持续的城市。轻轨为减少空气污染和解决交通拥堵问题做出了积极的贡献，同时列车精美的设计也丰富了城市景观。耶路撒冷和特拉维夫之间的轨道交通将进一步促进这两座城市可持续出行模式发展。

中国高铁

在过去的 20 年，中国对其高速铁路网络进行了大规模扩建。如今，中国拥有世界上最长的高速铁路网络，运营里程超过 4.2 万千米，超过世界上其他高速铁路的里程总和。中国的高铁连接了很多偏远地区，开创了从前令人难以想象的全国范围的交通出行方式。自 2007 年中国开通高速铁路服务以来，日客流量已从 23.7 万人次增长到 400 万人次。2019 年年客运量超过 22.9 亿人次，中国高速铁路成为世界上使用量最大的铁路网络。高速铁路网络几乎连接了所有主要城市，服务了大约 90% 的中国人口。[25]

中国高速铁路网络的国家规划始于 20 世纪 90 年代初期，旨在替代阻碍各省均衡发展的陈旧铁路系统。当时，由于技术落后和严重拥挤，中国铁路的平均时速低于 60 千米，商业列车服务的市场份额逐渐被航空和公路出行所挤占。20 世纪 90 年代末和 21 世纪初，在中国铁道部的领导下，对现有铁路线路进行了现代化改造和升级，但火车运行的最高时速并没有超过

150千米。2007年,第一组高速动车组列车通车,次年,中国为2008年夏季奥运会开通了京津城际铁路。连接中国北方两大城市的京津线是国内第一条最高时速达到350千米的商业列车。[26]到2011年,中国已经拥有世界上规模最大的高速铁路网。

2011年7月京沪线的开通是中国的一项重大成就。然而,一个月后温州附近发生的一起事故引发了人们对安全问题的担忧,暂时减缓了高速铁路扩建的步伐。此外,早期的低载客量、高成本以及建造过程中的一些环境问题也给高速铁路建设带来了挑战。在高速铁路建设和运营阶段,环境问题对于居住在高速铁路轨道附近的居民尤为重要。虽然面临种种困难,但到2012年初,中国政府还是重新开始对高速铁路项目进行投资,以此提振经济。这一年,铁道部的预算从650亿美元增加到近1 000亿美元。此后,中国继续大力推进高速铁路事业的发展。中国国民经济和社会发展第十三个五年规划(2016—2020年)计划投资3.5万亿元用于建设新的高速铁路。[27]

高速铁路系统的快速扩张也引发了一些问题和争议。主要由于债务压力不断增长,以及一些通往西部地区的铁路线旅客量不足,人们对继续投资高速铁路的顾虑也有所增加。

改善城际交通

中国高速铁路从根本上改变了国内居民的出行方式。截至2014年,高速列车月载客量是国内航空公司的两倍,年增长率为28%。600~800千米以下的航班有60%~70%停运,包括作者熟悉的北京至郑州线，从原来的每天超过10班锐减到现在的每天1~2班，同时高铁在春运期间可以达到日发车130个车次。铁路客流量飙升的部分原因是中国将高速铁路线路的票价定为不到机票价格的一半，这使许多企业高管转而乘坐高铁出行。高速铁路大大缩短了城市之间的通行时间，使通勤者流动性增加，并成为推动经济增长的关键。同时，高铁为城市奠定了可持续发展的基础。比如，北京和上海之间的高速铁路将1 318千米的旅程时间从12小时缩短到5小时。[28] 现在，进城务工人员回家的频率可以超过一年一次。小企业主和制造商也更能负担得起频繁前往较远商业中心的费用，从而获得更多的客户群。劳动力的流动性增强，市场更容易开发，进一步缩小了中国不同地理区域经济上的差距。

中国庞大的高速铁路项目正在重塑工业乃至服务业的发展定位，开辟了新的商业集群和经济增长机会。作为经济走廊，高速铁路系统优化了区域经济发展，加速了资源的流通。例如，京津城际铁路于2008年开通运营后，随着贸易量的增加和新的投资、新的商机的出现，两地的经济水平都得到了提高。线路开通后的前两年，天津的经济增长率达到了16.5%。[29]

改善城市之间的交通基础设施也有助于解决大城市交通拥堵、环境污染等问题。由于高速铁路缩短了通行的时间，有效地拉近了城市之间的距离，人们可以在享受大城市带来的诸多好处的同时，生活在远离污染和交通拥堵的城市。例如，天津、南京和韶关分别位于北京、上海和广州100~750千米的范围内。高速铁路可以让原本打算进入一线大城市的人转而在二线城市定居。因此,高速铁路可以被视作中等收入国家对抗"大城市病"的一个安全阀,有助于缓解大城市人口众多所带来的问题。那些只需要偶尔与企业或政府工作人员进行面对面会谈的人或企业可以搬离大城市,在二线城市享受较低的房屋租金。[30]

不断增加的债务负担

尽管高速铁路系统总体来说很成功,但还是有批评者对其安全性、票价、低乘客量、财务可持续性和建设过程中的环境问题表示担忧。尽管高速铁路票价对大多数人来说是负担得起的,但某些线路的票价对于工薪阶层来说还是过高。世界银行的一项调查发现,高速铁路旅客的平均收入比传统火车旅客高出 35%~50%。一些昂贵奢华的服务没有取得商业上的成功,比如从上海到成都的卧铺价格高达 350 美元。[31] 中国经济的持续增长虽然保证了旅客量增加,但为高速铁路基础设施建设提供资金的公共债务也在不断上升,这也一直是批评者关注的焦点。

中国高速铁路的快速扩张是政府大规模投资计划的一部分,得益于应对 2008 年的全球金融危机时刺激经济的政策,以及中国建造铁路相对较低的成本。有两个因素使高速铁路建设成本相对较低:第一,中国的低劳动力成本;第二,土地国有制。世界银行 2014 年的一项分析估计,中国建造高速铁路每千米的造价为 1 700 万~2 100 万美元,而欧洲为 2 500 万~3 900 万美元,美国加州则需要 5 600 万美元。然而即使如此,高速铁路的建设成本还是相当高昂。截至 2022 年上半年,中国国家铁路集团负债合计 6 万亿元，大部分与高铁线路的持续建设投资有关。利润最大的线路是客流量较大的京沪线。[32] 由于高速铁路线路已经覆盖交通最繁忙的地区，近期的建设重点是向人口稀少和欠发达的西部地区扩张，同时覆盖更远的距离、更复杂的地形，包括川藏铁路、成都至兰州铁路、大理至瑞丽铁路、丽江至香格里拉铁路等。这也将是财政刺激政策的一部分。虽然某些线路最初可能看起来没有那么成功，但规划者希望新线路的修建能够促进经济发展，旅客量也会随之逐渐增加。在世界其他地区，随着需求的增加，火车站附近的土地价格会上涨，很多公共交通投资长期都能获得回报。

大部分铁路建设项目是通过银行贷款进行融资的，其中一些每年都会延期。使用这些短期贷款虽然降低了融资风险和借贷成本，但对短期信贷的依赖也使该系统容易受到利率上升的影响。早在 2010 年，有知名人士就曾警告高速铁路的支出可能会引发债务危机，而建设成本约为高速铁路 1/3 的传统铁路也能带来与高速铁路同样的好处。对铁路债务的担忧曾被人们所忽略，但现在越来越受到人们的关注。[33]

近年来，中国不断增加的债务在国内外均引起了广泛关注。中国一直希望出口高速铁路技术，但遇到了重大困难，因为那些曾有望购买高速铁路技术的国家，由于"巨大的建设和运营成本"，正在缩减其高速铁路建设计划。[34] 泰国因融资问题，选择缩短一条计划由中国修建的高速铁路线路；印度尼西亚政府则要求在不花费任何政府资金或无须进行贷款担保的前提下，与中国签署一项高速铁路项目；墨西哥则以预算限制为由，直接取消了一个高速铁路项目。

以高速铁路为基础的城际交通

中国独特的政治体制使其能够在全国范围内快速、有效地实施高速铁路运营计划。[35] 然而，对高速铁路的巨额投资也导致了国家债务的上升。高速铁路带来了诸多明显的好处，例如使城际交通更加频繁，减少私家车、长途汽车出行所带来的环境影响。随着高速铁路覆盖率的进一步提升，建设速度将逐渐放缓，提高服务质量、增加客流量及提升经济效益将成为下一步要面对的难题。同时，知悉和解决乘客的需求对于实现高速铁路网络的可持续发展至关重要。鉴于中国人口密度大、城市距离近，以及与高速铁路有一定竞争的公路交通往往十分拥堵等特点，中国建设高速铁路可以说是一项具有成本效益的举措，将持续带来更广泛的经济效益。

美国电动汽车

在美国，由城市向郊区扩张的土地利用方式占据主导地位，任何关于美国交通情况的讨论都绕不开私人出行。同时，一个可持续的交通系统还需要包括基于可再生能源的公共交通，以减少温室气体排放和地方的空气污染。

电动汽车

电动汽车，包括纯电动汽车和插电式混合动力汽车，正在全球范围内被广泛推广。国际能源署称："电动汽车有能力提高能源效率、使运输能源载体多样化、降低碳强度、支持将可再生能源整合到发电网络，以及将发电过程中产生的温室气体减排分摊到交通运输部门。纯电动和混合电动汽车还可以减少城市环境中高暴露区域的污染物排放，降低噪声水平。"[36]

能在家给电动汽车充电的通勤者就不再需要去加油站，而且一次充满电的费用只要几美元。一些研究表明，即使将以化石燃料为基础的电力碳排放以及电动汽车在生产过程中和报废后的处理过程中产生的二氧化碳包含在内，电动汽车产生的二氧化碳和臭氧仍然比传统汽车大约少40%。[37]

然而，电动汽车的普及仍面临着许多障碍。首先，很多电动汽车还是比传统汽车更昂贵，这可能成为消费者的负担，虽然从长远来看，电动汽车的驾驶成本比传统汽车低。其次，续航里程（电动汽车一次充满电能行驶多远）限制的问题还会使人们产生"续航焦虑"：比如需要提前规划充电的时间，这样既不方便，也不容易操作。然而，电动汽车的成本和续航里程问题在很大程度上取决于电池技术：更强大、更高效的电池可以实现更长的续航里程，并降低电动汽车的整体价格。

最后，一个重大的障碍是目前仍缺乏能够支持不断扩大的交通网络的充电基础设施。美国有大约2.4万个公共电动汽车充电站，而加油站大约有11.4万个。[38] 充电站的问题通常被认为是一个先有鸡还是先有蛋的问题：是应该先鼓励使用电动汽车，还是先大规模建好充电基础设施呢？充电基础设施是指确保将能源从电网传输到车辆所需的硬件和软件。目前，大多数使用电动汽车的人在家里为车辆充电。而在纽约这样的城市，多户的住宅楼比较常见，很多人将车停在街上，这样在家里充电就显得不是那么可行。这些城市的居民必须依赖公共充电站，同时为充电和停车付钱。瑞恩·布拉德利在《麻省理工科技评论》中写道[39]：

如今，大多数拥有电动汽车的人会在自家车库或门口车道为汽车充电。但这种情况正在迅速改变，绝大多数新的电动汽车销售对象是城市居民，这自有其道理，因为电动汽车在走走停停的城市交通中更有效率。但是对于那些租房或没有车库的人来说，晚上在家充电就不太可行了。

增加公共充电站的数量可能有助于电动汽车提升销量。一项研究发现，一座城市如果每百万人口的充电站数量增加10%，那么该城市电动汽车的市场份额将增加10.8%。然而，这并不只是建造更多充电站那么简单，整个充电网络需要十分便利且容易使用。比如，许多人将家里或者家附近是否能接入快速充电网络作为购买电动汽车的首要标准。[40] 目前，美国大约有3 360个快速充电站，但德国和大部分美国汽车制造商使用的充电标准均与亚洲制造商不同，特斯拉使用的充电标准也与其他制造商不同。[41] 一个包含不同类型充电站的网络不仅混乱而且不便于人们使用。但是这种情况正在逐渐改善，比如，日产和宝马宣布合作安装快速充电站，该充电站将配备两种最流行的插座类型（CHAdeMO 和 SAE），特斯拉也开发了一种可以使用 CHAdeMO 插座的转换器。充电站的数量和操作难度将影响电动汽车的普遍接受程度。此外，电动汽车车主的体验感也不尽相同，一些车主表示，即使能找到开放的充电站，也经常因为软件或硬件问题而无法使用。也有人反映目前依然存在不好的充电习惯，比如有人会拔掉不是自己的充电线，或者占用充电车位，不是为了充电，而只是为了停车。

特斯拉

特斯拉是美国一家电动汽车及能源公司，它尝试制造了一种充电速度更快、成本更低的电动汽车，改变了整个电动汽车行业。与其他早期电动汽车的电池相比，特斯拉选择专为笔记本计算机设计的小型锂离子电池，制造成本也相对较低。[42] 更重要的是，特斯拉车辆的现代化设计改变了人们对电动汽车的看法，不仅推广了特斯拉这一品牌，也使电动汽车这个概念更具吸引力。

特斯拉品牌由马丁·艾伯哈德和马克·塔彭宁于 2003 年创立。贝宝联合创始人埃隆·马斯克于 2004 年成为该公司的董事会主席，于 2008 年担任 CEO，并对该公司进行了大量投资。特斯拉的成立基于电池会变得更好、更高效的构想，而这一发展方向在公司创立后的近 20 年间的确保持不变。考虑到汽车行业零配件的细分化程度,从款式设计到风挡玻璃,甚至电子设备都是外包给不同的公司,因此艾伯哈德和塔彭宁相信创立一个出众的电动汽车品牌会很容易。[43]

特斯拉的第一个旗舰车型 Roadster 于 2008 年推出,售价为 10.9 万美元。特斯拉分别在 2012 年和 2015 年推出 Model S 和 Model X 两款车型,售价分别为 5.74 万美元和 8 万美元。2009 年,美国能源部向特斯拉提供了一笔 4.65 亿美元的贷款,用于扩大产能;特斯拉于 2013 年 5 月还清了这笔贷款,比到期日提前了 9 年。特斯拉也是自 1956 年福特汽车公司上市之后第一家上市的美国汽车公司。特斯拉的 Model 3 是一款五座轿车,续航里程为 346 千米,起售价为 3.5 万美元,是特斯拉迄今为止最便宜的车型。特斯拉于 2012 年开始在加利福尼亚州建设超级充电站网络。目前,特斯拉在北美地区已拥有 595 个充电站,在全球拥有 1 400 个充电站,其快充设备可以在 30~40 分钟为一辆特斯拉车充满电,而公共充电站通常需要 3~4 小时才能充满。[44]

当前,特斯拉公司的市值不仅是全球上市车企中最高的,而且超过第二到第五名的总和,是第二大车企丰田的 3 倍。早在 2014 年的一项调查就发现特斯拉的 Model S 是"美国最受欢迎的汽车"[45]。对特斯拉新款车型的巨大需求表明了人们对电动汽车的需求与日俱增。然而,特斯拉的成长过程也并非一帆风顺,其在制造方面遭遇的挫折导致特斯拉每款车型的上市时间都一次次被推迟。2009 年,因为螺栓松动问题,特斯拉不得不召回了 75% 的 Roadster 车型。2016 年,一辆配备了自动驾驶系统的特斯拉 Model S 发生了致命的车祸。2019 年,该公司在全球最大的电动汽车市场——中国，开设了第一家工厂，缓解了一部分生产窘境。

2016年6月，特斯拉宣布了一项28.6亿美元的商业计划，与美国最大的住宅太阳能电池板生产商太阳城公司合并，打造世界上第一家垂直一体化的可持续能源公司。能源生产、储能、太阳能电池板、家用电池和电动汽车都将由同一个品牌提供。当这笔交易被首次公布时，特斯拉股价下跌超过10%。摩根士丹利的一位分析师警告说，向非汽车业务扩张会使特斯拉面临"未经检验的成本风险、竞争和监管压力"[46]。又因为太阳城公司的董事会主席也是马斯克，有批评者指责马斯克试图利用特斯拉的股票来挽救陷入困境的太阳城公司。[47] 然而，马斯克坚持这一决定，认为这是他加速可持续能源生产愿景的一部分。[48] 特斯拉和马斯克的目标不仅是改变电动汽车市场，同时还希望改变整个能源供应系统。

电动汽车模式的发展

电动汽车为可持续的私人交通提供了一个很好的方案。有了基础设施作为支撑，且城市驾车距离较短，驾驶电动汽车出行在城市中相当便利。电动汽车市场主要取决于科技的进步，尤其是电池技术的进步。同时，政府的激励措施可以使电动汽车比传统汽车更具性价比、更便捷。目前，在政府补贴之后，很多电动汽车已经比相同类型的汽油或柴油车便宜。彭博新能源财经预测，到2040年，电动汽车的销量将达到4 100万辆，占轻型汽车销量的35%，这一预测主要基于电池价格下降的趋势。在2010—2019年，锂离子电池价格下降了87%，并且这一趋势还将持续。[49] 目前，包括全球最大的电动电池公司宁德时代在内的动力电池公司，正在尝试制造钠离子电池。虽然目前该类型电池的性能不及锂离子电池，但造价要便宜很多，适合很多经济实用的车型。

但是要注意的是，如果我们并非仅仅关注尾气排放，那么评估电动汽车对环境的影响会变得十分复杂。生命周期分析表明：制造带有大型电池组的电动汽车比内燃机汽车的碳排放强度更高。[50] 在使用阶段，电动汽车通常排放量较小，但它们对环境的影响取决于电网的能源构成，即给电池充电的电力是否来自清洁能源。在以煤炭火力火电为主要电力来源的地方，电动汽车甚至可能比内燃机汽车产生更高的碳排放量。受电池大小影响的汽车重量和续航里程都是决定电动汽车对环境影响的重要因素。随着电网转向可再生能源，电动汽车的能源和环境效益也将随之增强。

有关方面正在鼓励建设更多的充电基础设施。2016年7月，美国白宫宣布了一系列支持建设电动汽车充电基础设施的举措，包括提供45亿美元的贷款担保，以支持电动汽车充电设施的商业化部署、出版《插电式电动汽车和充电站的联邦资金、融资和技术援助指南》，并启动《修复美国地面运输法案》以支持零排放和替代燃料计划。[51] 城市成为电动汽车发展的先头部队也不足为奇。国际清洁交通委员会称："城市地区拥有集中的车辆所有权、独特的驾驶模式和特殊的交通需求，是该市场发展的关键枢纽。"[52]

旧金山、洛杉矶、纽约、西雅图和亚特兰大等城市拥有美国超过一半数量的电动汽车。事实上，在旧金山，由于联邦、州和地方的消费激励措施，电动汽车每千米的驾驶成本要低于普通汽油车。[53] 国际能源署称："所有类型的电动汽车都是未来可持续交通系统的核心。电动汽车与优化城市结构，缩短出行距离，以及鼓励公共交通出行方式同样重要。"[54] 虽然在特朗普执政期间，来自联邦政府的支持有所减少，但拜登政府将减少碳排放放在了首要位置，电动汽车也成为该战略的重要组成部分。2022年8月通过的《2022年通胀削减法案》(也称"气候投资法案")包含大量政府对电动汽车的支持政策，以及购买新能源汽车的资金补贴。

对交通出行的分析

交通出行作为一个价值观议题

正如第2章所述，城市的一个重要功能是让人们产生互动，包括在工作、文化、娱乐、社交及其他方面。人们如何在一个区域内出行，如何选择多元化的刺激都取决于城市居民的基本偏好。偏好包括舒适度、速度、地位、成本以及各种有形和无形的因素。在本章介绍的各个案例中，我们看到了改变人们出行方式所面临的困难，但同样也看到了新兴的出行方式持续不断地涌现。人们想要外出，并且一直在寻找新的、更高效的出行方式。人们很愿意接受新技术，并且会继续尝试不同的出行方式。

我们的出行方式与我们居住和工作的地方有关，同时也反映了我们的价值观。如果我们更喜欢在农村或郊区生活、工作，那么我们将更需要私人的出行方式；如果我们对城市更感兴趣，那我们可能更倾向于选择步行或公共交通。

交通出行作为一个政治议题

私人出行（例如汽车、自行车和步行）涉及私有财产，人们对公共道路、人行道、港口、火车站和机场的依赖使交通本身就具有政治性。有人会支持交通设施的建设，例如修建火车站、道路和桥梁，但也有人会反对在自己家周边建设类似的设施，更希望保持周边环境原有的特色。企业和地方部门希望通过建设和运营交通设施获得更多的收入以及提供更多的就业机会。

交通中包含的政治因素可能会被激化，并产生冲突。纽约市前市长迈克尔·布隆伯格在决定对进入纽约中央商务区的机动车征收拥堵费时曾遭到强烈反对，最终该决议没有得到通过。半个多世纪前，纽约建筑大师罗伯特·摩西在当地群众不知情的情况下建造了横跨布朗克斯区的高速公路。但后来当他试图建造一条将格林威治村一分为二的高速公路时，就没能再次如愿。简·雅各布斯的经典著作《美国大城市的死与生》就受此事件启发，掀起了一场反思交通基础设施对社区生活影响的运动。

交通出行作为一个科技议题

自从学会了驯服动物、制造轮子和引擎，我们就开始通过技术实现交通出行和货物运输。今天大部分的交通技术仍依赖化石能源，但出行技术的电气化程度在不断提高，为一个基于可再生能源的交通系统奠定了基础。另外，高速列车、无人驾驶以及由计算机控制的地铁也为提升交通的速度和舒适性开辟了新的可能性。

出行价值与交通枢纽选址涉及的政治议题会给交通技术提出新的要求。把信息技术同交通系统相结合，将使收费系统更有效、非高峰时段的定价更灵活、公共交通调度的响应速度更快。交通出行的速度和舒适度将继续提升，一些便利设施，例如，公共交通上的无线网络，还会得到持续改善，使出行过程更加舒适、方便。

交通出行作为一个公共政策议题

一些出行模式可以达成某种社会目的。比如，公共汽车服务能帮助一些家庭接送孩子上下学。在纽约，公共交通系统有效避免了专门为学生建造额外的交通系统。过桥费可用于补贴公共交通支出，同时提高私家车的出行成本，让乘坐地铁出行更廉价。州际公路系统的建设可能促使人们离开城市，降低了人们在郊区定居的生活成本。

投资哪类交通设施，在哪里选址建造，都将对土地利用模式、生态系统以及社区凝聚力产生深远的影响。交通补贴和投资的类型以及数量会对政治、社会和经济产生深远的影响和连锁的反应，因此交通建设方面的有关决定也被视为政府极具影响力的决定之一。

交通出行作为一个管理议题

每天将数十亿人从一个地方转移到另一个地方的复杂性不容小觑。空中交通管制、列车调度、公共和私人交通工具的运营和维护，以及交通设施的规划、建设和维护都是极其复杂的工作。从每天发生的交通事故和死亡人数就可以看出这些工作的难度，而这还仅是一小部分。在很大程度上，交通能力必须能够快速适应新技术和不断增长的社会需求。随着经济的发展、社会的变迁，农村人口向城市的迁移，人们从一个地方移动到另一个地方的需求也在增加。为了满足这一需求，我们需要相关的管理和规划部门倾听不同利益相关方的声音，尤其是要让那些受到交通设施影响的社区参与进来。我们必须听取社区的意见，将其纳入规划和管理的过程。

管理上的创新是由交通需求驱动的，这种趋势会延续下去。就像哥伦比亚的新型公交系统，就比之前的自由市场式的不定时小型公交车系统更需要高度协调且可靠的组织管理能力。随意开一辆公交车去接乘客这种简单的模式已经被一个按计划的、协调的、更复杂的交通系统所取代。这要求更多训练有素和有协调能力的工作团队进行管理，没有这种能力，创新的设计以及新的技术就不会达到预期效果。

交通出行作为一个多维度议题

当研究这四个案例中的可持续交通系统时，我们发现开发和维护一个资源强度较低的交通系统也会涉及政治、管理、科技和公共政策等因素。在私人出行领域，电池续航里程和充电速度方面的技术难题往往占据主导地位。而在公共交通领域，选址和补贴政策则是最重要的。同时，在任何情况下都必须具备组织能力。这些案例应该给我们信心，它们不仅表明改变是可能的，而且也表明向以可再生能源为基础的交通系统过渡是一个复杂的过程，其间将伴随着成功与失败。

第 9 章
可持续城市中智能电网的建设

可持续城市必须基于可再生能源，并且必须采用更新颖的技术打造更高效且更有弹性的能源系统。通常，能源产生于一个地方，然后被分配到需要它的地方。微电网是一种局部的能源发电系统，可以与更大的电网系统断开连接并独立运行。微电网可以与大电网使用同样的电压，并在大电网中断的情况下独立运行，甚至为电网中的一小部分供电，这被称为"孤岛模式"。使用微电网有很多好处，可以使小型社区能源更加独立，同时有助于降低成本，使用更多可再生且更环保的能源。

　　微电网技术的发展为缺乏大型基础设施来满足自身能源需求的国家和地区（例如，中低收入国家）提供了解决方案，也为易受极端天气影响的地区提供了恢复和弹性方案。然而，从当前的集中式能源生产结构向本地化、独立的能源网络过渡需要更高水平的投资、研究和开发。政府和社区必须与私人投资者、承包商、项目经理以及能源公司合作，有针对性地制定地区能源战略方案。本章介绍了3个实施微电网的案例：纽约大学、参加

"电力非洲"倡议的几个非洲国家以及日本的东松岛市。

除了介绍以上的微电网案例外，本章还讨论了中国的特高压输电系统。特高压输电线路可以以最小的功率损耗进行远距离的能量传输，因此可以将分散的可再生能源整合到中央电网中，并将电力输送到人口密集的地区。在某些地区，特高压传输可能成为微电网的替代方案，或者被用于将微电网连接到大型可再生能源发电站，提供多种电力来源。

美国纽约大学的微电网

纽约大学是美国规模较大的私立大学之一。2010年3月，纽约大学发布了"气候行动计划"，旨在改善大学的可持续发展实践，详细说明了其温室气体减排战略以及到2040年实现碳中和的目标。纽约大学还计划通过个人行为改变和建筑升级实现节能目标。升级建筑需要运营管理上的创新，例如完善建筑的管理系统、高级控制系统，进行主动监控以及组织运营培训等。[1]

向热电联产过渡

纽约大学一直致力于分布式能源发电（本地发电），这是一种高度可靠，同时具有成本效益的尖端节能技术。自1960年以来，纽约大学一直致力于本地发电，纽约大学当时就建设了一座石油动力热电联产厂用来发电。自2011年以来，纽约大学开始从石油动力技术过渡到天然气动力技术，使用了一种新的热电联产设施，以一种高热力学效用的方式将发电和加热过程结合起来。[2]

向以天然气为基础的联合热电系统过渡也是由于纽约州颁布了《空气污染法案》。20世纪70年代，纽约大学由柴油发动机驱动的发电系统无法达到新的空气质量标准，因此旧系统必须在2008年之前关闭。与此同时，纽约大学加入了当时的纽约市市长迈克尔·布隆伯格的"碳挑战"计划，该计划鼓励该市的大学到2017年将温室气体排放量减少至2006年的70%。纽约大学在2012年就实现了这一目标，比计划提前了5年。[3]

纽约大学还希望能满足自身的电力需求。它的石油发电厂只能为大学70座核心建筑中的7座供电，而且只有当系统处于"孤岛模式"时才可以。较小电网的好处之一是它可以在电网系统电源中断时继续运作。一个自给自足的微电网可以独立运作，就大学而言，微电网可以在大规模停电的情况下保证学生的安全，并提供电力让研究项目不受干扰。[4]

纽约大学的新系统是一个热电联产设施，其输出容量为13.4兆瓦，为旧电厂的两倍。该系统由两台5.5兆瓦的燃气涡轮机、几台热回收蒸汽发电机和一台2.4兆瓦蒸汽涡轮机组成。升级的前期成本约为1.26亿美元，资金来源于纽约州宿舍管理局协调的免税债券以及纽约大学收取的学费和其他费用。纽约大学也接入了联合爱迪生电力公司的电网系统，可以在需求超过自身发电能力时，从电网购买能源。但纽约大学的微电网能够在电网外以"孤岛模式"独立运行。[5]

热电联产系统可以同时生产电力和热力。该系统不会浪费蒸汽，而是将其用于区域供热，提高系统的整体效率。这极大地减少了能源浪费，使纽约大学的温室气体排放量减少了超过30%。此外，纽约大学的整个热电联产系统由高科技计算机系统控制，而不是像石油动力系统一样通过手动阀门调节。[6]

纽约大学位于曼哈顿下城，这是一个缺乏开放空间的人口密集区，热电联产电厂位于华盛顿广场公园附近的地下。2008年9月，建造热电联产厂的工程正式开工，并在纽约大学柯朗数学科学研究所前方进行了挖掘。根据托马斯·奥弗顿在《电力杂志》上的报道[7]：

由于场地的限制，整个系统不得不挤在一个只有60米长、12米宽、18米深的空间中。格林威治村的住宅街道十分狭窄，将燃气轮机、热回收蒸汽发电机和其他重型设备装配到新电厂是一项挑战，但对于那些习惯于在曼哈顿狭窄的环境中工作的施工人员来说，这一工作还是显得稀松平常。经过28个月的建设后，该项目于2011年1月竣工。

作为额外的红利，建设电厂时拆除的旧广场也为新的社区公园提供了休闲场地。广场的旧人行道也被改成了长椅和花园。

微电网的实践

这一次的微电网升级曾在2012年的一次紧急情况中起到

了重要作用。2012年10月，飓风"桑迪"席卷了美国东海岸，严重影响了新泽西州和纽约州的东部海岸。这是继"卡特里娜"飓风之后美国历史上第二次造成极为严重损失的飓风，它造成了高达714亿美元的损失。[8] 飓风造成了大规模的洪水、48人死亡、很多人受伤以及流离失所。一场大规模的风暴潮袭击了位于曼哈顿东十四街的联合爱迪生公司的变电站，导致变电站的变压器爆炸，整座城市的电网也遭到了一定程度的破坏。这一事故导致很多地区断电，包括曼哈顿下城的大部分地区，也包括当时正接入电网的纽约大学。当大规模停电导致纽约大学电网的电力减少时，热电联产系统开始将大量的电力输向电网，同时纽约大学的电力系统也与联合爱迪生的电网断开，开启了"孤岛模式"。这意味着当曼哈顿下城的大部分地区陷入黑暗时，纽约大学校园内依然灯火通明。

在接下来的几天里，由于曼哈顿的电力尚未恢复，校园成了学生们的避风港。几周内，纽约大学的校园成了让城市其他地方恢复正常并再次运行的大本营。由于在没有接入联合爱迪生电网的情况下运行，工程师们需要夜以继日地工作以确保该微电网系统能继续正常运行且不会超负荷。纽约大学负责可持续发展、能源和技术服务的助理副校长约翰·布拉德利指出："整个街区一片漆黑，我们这里却是灯火通明，这的确有点不真实。"[9] 他观察到纽约大学的微电网在受"桑迪"飓风影响期间提供了校园基本公共设施所需的电力，使关键设备保持正常运行。[10]

高效且可靠的微电网

纽约大学的电力系统证明了热电联产电厂和微电网的效率与可靠性，该电厂被《电力杂质》评为"顶级电厂"。[11]同时在2013年，纽约大学还获得了美国环境保护署"热电联产能源之星"奖项。在"桑迪"飓风期间，该系统使应急人员能够在此建立指挥所，更好地应对飓风造成的危害。[12]

纽约大学的微电网为校园内的26座建筑提供了电力，为37座建筑提供了热力，为26座建筑提供了用于制冷的冷却水。纽约大学计算，新的热电联产电厂每年可以为大学节省500万~800万美元的电力开支。与原来的系统相比，新系统的碳排放量可以减少23%，一氧化氮和颗粒物的排放量可以减少大约68%。[13]

"电力非洲"倡议

在撒哈拉以南的非洲地区，多达2/3的人口用不上电，而那些能够用上电的人也长期面临停电和低电压带来的困扰。据国际能源署估计，撒哈拉以南非洲地区将需要超过3 000亿美元的投资才能在2030年前为人们保障电力供应。[14]随着可再生能源成本的下降，微电网和其他离网发电系统最近在许多非洲社区变得可行。这些较小型的电网可以使用太阳能或风能为个别村庄或家庭提供足够的电力。包括非洲开发银行在内的很多机构都支持新的可再生能源系统，因为这些系统的建造成本比火力发电站低，而且可再生能源技术也与非洲减缓全球气候变暖的目标相契合。

美国也通过"电力非洲"倡议加入了改善非洲电力可及性的工作中。该倡议由美国政府牵头，美国国际开发署等 12 个美国政府机构、世界银行、非洲发展银行、瑞典政府、挪威政府、英国国际发展部、国际可再生能源署、非洲各国政府以及来自私营部门的合作伙伴承诺在 2013—2018 年提供 70 亿美元的资金。该倡议的目标是从 2013 年开始，在 5 年内将撒哈拉以南非洲的电力供应量翻一番。"电力非洲"的 6 个重点国家是埃塞俄比亚、加纳、肯尼亚、利比里亚、坦桑尼亚和尼日利亚，目标是增加 10 000 兆瓦的电力，并连接 2 000 万个新用户。[15]

微电网的实践

"离网能源挑战"是"电力非洲"倡议中的一项，由美国非洲发展基金会运营。该基金会向"提供离网解决方案的非洲公司和组织提供高达 10 万美元的补助金，帮助它们部署可再生能源，为当地经济活动注入活力"。那些能为生产和商业活动提供短期解决方案的项目将成为这一挑战的赢家，包括在农业生产加工产业、非农产业和商业等领域。[16] 在通用电气非洲公司和美国国际开发署的资助下，美国非洲发展基金会报告称，截至 2016 年 1 月，它们已向 50 名企业家颁发了能源创新奖。该挑战始于尼日利亚和肯尼亚，随后扩展到另外 9 个国家。

"离网能源挑战"旨在通过拓展商业模式，将离网能源解决方案带到更多未得到服务和服务不足的社区。美国非洲发展基金会总裁兼首席执行官莎莉·贝伦巴赫表示："如果想要惠及大多数非洲人民，就必须考虑离网方式。"[17] 许多获得资助的项目都涉及微电网。例如，"埃塞俄比亚资源小组"的一个项目于 2014 年在埃塞俄比亚获得了资助，用于安装 6 个 1 000 瓦的风力涡轮机系统，分别为 6 个微电网供电。这将为埃塞俄比亚阿姆哈拉地区一个乡村的 300 户家庭、20 家企业以及 1 家卫生所提供电力。[18] 2014 年，在尼日利亚，空岛资源集团获得了在阿南布拉州开发小型太阳能微电网的拨款，为多达 75 家小企业供电，用户可以按照自己的使用量付费。2016 年，在卢旺达，RENERG 公司获得了一笔拨款，用于为穆甘扎社区（距离国家电网 32 千米的一个小村庄）的 120 户家庭安装一个 30 千瓦的太阳能微电网。

另一个获奖项目——GVE 项目有限公司提供了两个 9 千瓦的离网太阳能发电系统，每个系统配备两套便携式电池套件。每个系统大约能为 80 个家庭和几家企业供电，总共覆盖 2 400 多人。[19] 这些系统取代了蜡烛和汽油，减少了噪声和空气污染，也降低了能源成本。坦桑尼亚的两个项目在当地村庄安装了微电网，当地社区的居民原来将 30% 的月收入花费在照明上，而微电网为他们节省了大量开支。所有项目都旨在通过提供电力来支持当地的社区，帮助学校和小型企业，降低它们的总体电力开支。

负责"电力非洲"的区域项目主管汤姆·库根表示："我们

希望资助创新型解决方案，展示成功的商业模式，共享可拓展、可复制的技术。"[20] 在"电力非洲"倡议提出的前4年，肯尼亚主要通过扩建城市电网，将其电力接入率从26%提高到46%，同时新增了180万个上网用户。[21]

风险投资公司也为非洲微电网的发展做出了重大贡献。2015年第一季度，美国的一些风险投资公司为非洲和其他新兴市场中专注于分布式太阳能产品的公司筹集了大约3 800万美元的资金。例如，肯尼亚的一家太阳能公司M-KOPA通过移动支付系统向肯尼亚、坦桑尼亚和乌干达的离网家庭销售太阳能发电系统。M-KOPA公司从各种投资者那里筹集了1 245万美元的资金。[22]

为农村社区供电

可再生能源和微电网技术在为农村社区提供平价电力方面具有很大潜力。希望那些通过"电力非洲"倡议发展起来的公司和离网项目可以激励更多能源企业开启非洲电力基础设施建设的新篇章。农村地区微电网的开发经验也可能促进非洲城市地区微电网的迅速发展。

日本东松岛的微电网社区

2011年3月11日，日本东海岸发生大地震，引发的强烈海啸冲击了海岸。这次地震为里氏 9.0 级，由此引发的海啸波及了日本东部的大部分地区，尤其是宫城县成了重灾区。这场灾难摧毁了很多城镇，使数百万日本居民断水断电，甚至导致福岛第一核电站的 3 个反应堆熔毁。此次事件也导致日本在 2012 年 5 月关闭了所有核电站。一个月内，该地区发生了数次余震。在第一次地震发生近一个月后，宫城县又发生了里氏 7.4 级地震。大约 400 万户家庭断电，一些地方的供水和铁路服务被迫中断。[23]

地震发生时，日本的总发电量是 2 860 亿瓦，其中 65% 来自化石能源，17% 来自核能。日本的电力通过两个大型电网和一个较小的电网传输。在这场灾难之后，日本的能源供应系统遭到人们的质疑，于是国家开始开发一种可以抵御极端天气的系统。日本政府、公用事业公司和研究人员开始分析损害，并评估可以从哪里入手改善基础设施。根据日本政府对 571 家企业的调查，大多数企业认为停电是威胁业务连续性的最大因素。[24]

微电网的实践

长期以来，日本政府一直将微电网视为在电力供应环节实现可再生能源高普及率的工具。在地震和海啸发生之前，日本已有多个微电网同时运行，其中两个微电网甚至在灾后发挥了"安全孤岛"的作用，表明具有安全保障的局部能源系统对于应急服务至关重要。[25]

日本政府于 2012 年制定了"未来城市倡议"，旨在提出备灾和改善环境的方案。日本内阁选择东松岛作为该倡议的试点城市，并成立了一个名为"东松岛进步与经济、教育、能源组织"的机构，通过公私合作来促进这项工作的开展。[26]

东松岛市是宫城县在地震和海啸中遭受洪水破坏最严重的城市，该市面积的65%被淹没在水下，地震和海啸造成了超过1 000人死亡，1万多名居民流离失所。为了建设更具可持续性的能源基础设施，作为东松岛市灾后重建计划的一部分，该市设立了到2022年建成"净零能源城市"的目标，即整座城市最终只使用当地生产的能源。[27]

在日本环境省的科技支持和资金资助下，东松岛市与日本领先的住房开发公司积水建房合作，开始建设日本第一个微电网社区——东松岛防灾智能生态城。该社区由70套独户和15套多户公寓组成，这些公寓归市政府所有，用来出租给因海啸而失去家园的家庭。这些房屋采用钢结构，抗震且高度隔热，从而实现能源效率最大化。在发生灾难时，社区微电网还可用于为医院和其他家庭供电。[28] 太阳能专家顺子·莫韦礼安表示[29]：

该社区的能源需求将通过分布式清洁能源，即光伏系统（470千瓦）、生物柴油发电机（500千瓦）以及大规模储能（500千瓦时）的结合来满足。当集中电网不可用时，社区能够自主运行。社区共有3个光伏系统：一个在水库上建造的400千瓦光伏系统，一个在公寓楼上建造的60千瓦光伏系统，还有一个在礼堂里建造的10千瓦光伏系统。该礼堂可以作为紧急情况下社区聚集的场所。这些光伏系统白天产生的所有剩余电力都将存储在电池系统中，供夜间使用。当与传统电网断开连接时，该社区可以为居民和建筑物保障3天的日常电力供应。如果长时间断电，该社区仍可以为医院和礼堂保障最低限度的电力供应。

东松岛市电网基础设施由市政府所有和运营，同时与当地的公用事业公司签订了合同。该系统通过一个社区能源管理系统向用户收费，从而监控发电量与使用量，找到高峰需求的时间段，这样可以使社区内部在能源使用上更加有效率。[30]

东松岛市还致力于开发可持续能源，如风能、太阳能，并探索生物柴油发电与大规模储能的可能性。除了微电网，该市还开展了一些项目以减少对电网的依赖。例如，在被洪水破坏了的公园遗址开发了一个2兆瓦的太阳能光伏项目。该项目由私人企业三井物产有限公司于2013年完成。该公司还着手建设更大型的太阳能发电设施，总投资约为12.4亿日元。[31]

东松岛市将继续制定战略目标和恢复目标，以支持当地经济发展，应对气候变化。为了实现到2022年100%电力自供的目标，东松岛市必须保证33~44兆瓦的可再生能源装机容量。同时，东松岛市将继续探索其他的可再生能源，例如生物质发电，以及由有机废物转化而来的燃料。[32]

改造能源系统

东松岛市正在努力改造自身的能源系统。虽然这项工作起源于核灾难，但在日本环境省的推动下，该市的城市电网与私人企业之间的合作已经取得了进展，多个项目已完成施工并投入运营。该市的微电网社区也有可能成为日本其他城市建造微电网的示范案例。

中国的特高压输电系统

作为中国主要的电网运营商，中国国家电网有限公司为贯通 6 个区域电网而构建了一个以特高压电力传输为基础的超级电网雏形。这可以被看作分布式发电或微电网之外的又一种输电方案，也可以被用作微电网的备用能源。与传统系统相比，特高压输电系统的效率更高，功率损耗更低（传统输电线路的功率损耗在美国为 6%，在其他国家甚至更高，而特高压输电功率损耗仅为 2%~3%），并且可以长距离、大容量输送电力。[33] 鉴于中国的能源需求问题主要是需求与供给的不匹配（东部，特别是沿海地区的需求量大，而西部地区的能源更丰富），特高压输电系统被认为是中国能源需求错位问题的重要解决方案。更重要的是，特高压电网使在远离人口中心、靠近能源的地方建造发电站成为可能，在中国的西部地区，水电资源、风能和太阳能等可再生能源也十分丰富。因此，该系统还可以降低城市空气污染。

苏联在 20 世纪 80 年代建造了第一条特高压输电线路。（超过 800 千伏的高压电路为特高压输电线路，作为参考，美国典型的输电线路一般在 375 千伏以下运行。)通常有两种类型特高压电路,分别是交流电路和直流电路。直流电路能够传输更长的距离,通常超过 1 000 千米,并且直流电源在通过电导体时比交流电源更均匀,因此也能减少损耗。交流电路的运行距离略短,但更容易在沿途开辟分支。

特高压输电线路的实践

中国于 2009 年建成了第一条特高压输电线路,作为示范项目,它将中国西部(世界上最大的风能和太阳能发电厂所在地)与中部的电网连接了起来。此后,中国又建设了 19 条特高压线路,并计划再建设 11 条。虽然特高压输电线路有很多优点,但是许多线路并没有得到充分利用。例如,有两条特高压输电线路在 2016 年仅传输了 1.71 太瓦时①和 3.28 太瓦时,只完成了全年传输 40 太瓦时目标的一小部分。同时,尽管特高压输电线路主要是为了推广可再生能源,支持向清洁能源过渡,但有时由于地方存在煤炭消费配额,许多线路仍在传输以煤炭和可再生能源为基础的混合电力。2016 年,特高压输电线路输送的可再生能源发电总量仅占中国总用电量的 3.2%,其中大部分电力来自水电。[34]

2019 年,中国建造了一条 1 100 千伏的直流输电线路,将电力从许多大型太阳能和风能发电项目的所在地新疆输送到东

---

① 1 太瓦时等于 1 万亿瓦时。——编者注

部地区，输送距离超过 3 300 千米。国家电网承诺，这条巨型线路所载电力的一半以上将来自可再生能源发电。该项目的建设成本约为 60 亿美元，输送容量为 120 亿瓦，每年提供 660 亿千瓦时的电力，足以为 5 000 万户家庭供电。如果国家电网能够优先从新疆输出风能和太阳能，这条被称为"电力丝绸之路"的线路每年可减少 3 024 万吨煤炭消耗，同时显著减少碳排放。[35]

批评与挑战

尽管特高压输电线路在传输清洁电力方面效率很高，但该项目也伴随着一些问题。例如，中国西部地区虽拥有丰富的清洁能源，但同时也存在利用率较低或产能闲置的问题。欧洲风电产量较大，而且风电利用率超过 95%，相比之下，中国新疆在 2017 年约有 20% 的太阳能和 25% 的风电被浪费。[36] 一般来说，可再生能源发电厂可能因为电网拥堵、稳定性不佳，甚至需求较小而关闭。在中国，对西部可再生能源的需求较小有时是因为中部和东部省份都有自己的能源基础设施以及当地的发电厂，与外来的输入电力形成了一定的竞争。本地电厂的建设和生产可以为当地经济和政府的财政收入做出贡献，同时还可以刺激就业。而通过特高压输电线路从其他省份输入电力，即使是清洁的，也会严重影响当地的发电产业。此外，可再生能源仍在与煤炭竞争，因为以煤炭为原料的火力发电仍然是许多省份最重要、最可靠的电力来源。因此，可再生能源有时不得不为火力发电腾出空间。

在一些情况下，即使有中央政府的支持，特高压输电依然不能被地方政府所接受。由于地方的反对，部分已列入"十三五"规划（2016—2020年）的特高压输电线路建设项目也被推迟。由于电网的收入取决于输电量，如果特高压输电线路未被充分利用，可能会给电力公司造成损失，并使其在建设更为昂贵的线路时面临压力。此外，基于特高压输电线路系统的集中式电网还会增加因局部事故而导致大规模停电的风险。最后，一个高度集中的电网会将市场力量集中到一家公司手中，将导致市场极度缺乏竞争。与微电网不同，特高压可能会导致一些效率问题，比如可能导致一些地方的清洁能源发电企业退出市场，并使很多城市和社区的议价能力变小。

在国际上，中国国家主席习近平曾在2015年联合国可持续发展峰会上提出构建全球能源互联网的倡议。该倡议提出扩大可再生能源的跨国共享范围，使得有朝一日全世界能够充分利用撒哈拉沙漠、青藏高原和北海丰富的可再生能源来替代化石能源。如果可以成功，那么这个倡议将促进脱碳并减缓气候变化，但该倡议在国际上可能会遇到政治上的反对。事实证明，哪怕仅仅是连接区域电网对各国来说都很困难，这也是很多地方都将分布式能源发电作为发展方向的原因。一个国家级电网的建设需要各方高度合作，并要求地方放弃对能源的控制，将能源集中在少数几家电力公司的手中，而这在当今政治两极分化和民族主义复兴的背景下显然不大可能。

特高压模式

为了实现气候目标，我们必须找到一种方法来化解风能和太阳能发电的间断性与地方电力需求持续性之间的矛盾。特高压输电可以为此提供一种具有成本效益的解决办法。用匹兹堡大学能源电网研究所和电力系统实验室负责人格雷戈里·里德的话来说："中国的特高压技术是很先进的，他们投入了大量的资金，并且从一开始就具备了最高水平的技术能力，世界上其他任何地方都不能与之相比，就像我们都在骑自行车的时候突然身边有一辆 F1 赛车飞驰而过。"[37] 中国国家电网有限公司还在与巴西的公司合作建设两条特高压线路，用来将巴西北部的水电输送到人口密集的南部地区。

对智能电网的分析

智能电网作为一个价值观议题

智能电网的建设源自我们对清洁能源的渴望。我们的生活离不开能源：灯光、暖气、空调、交通、娱乐、食物、污水处理、通信等。我们不是生来就需要使用智能手机的，但随着时间的推移，我们所习得的一系列价值体系和信仰会影响我们对整个世界运转方式的看法，以及我们对商品、服务、社交关系和其他选择的偏好。在这种情况下，价值观也会影响我们的能源使用偏好。我们需要使用能源并不意味着需要选择使用化石能源还是可再生能源，也不意味着要对能源效率有所关注。人们选择使用微电网可能更多地与降低成本、防止电力在传输中流失，以及实现关键基础设施现代化的愿望有关，而不是出于对气候变化或环境退化的担忧。

能源问题占据着我们生活方式的核心，因此十分重要。人们对能源的需求影响着生活的方方面面，从地方政治到消费选择，甚至包括外交。能源供应方面的威胁就是对人们生活方式的威胁。由于微电网可以提高能源安全和效率，我们可以预想到人们对微电网建设的大力支持。关于集中式与分布式能源的讨论仍在继续，各个国家的选择往往基于自身的文化、历史以及价值观。也许，集中式与分布式并存的混合能源系统才是未来的发展方向，将有助于提高电网的整体安全性与稳定性。中国在建设特高压输电线路的同时，也开始进行微电网建设。

智能电网作为一个政治议题

能源的核心地位在 40 多年前就曾得到了明确的证实。当时，石油输出国组织 OPEC 曾禁止将石油运往美国，导致美国油价上涨，加油站前排起了长队。2022 年发生的俄乌冲突又给世界带来了一系列能源问题，尤其对于欧洲国家，天然气价格大幅上涨，各地能源出现紧缺。"能源独立"的呼声从 40 年前就已经开始出现，到今天再一次成为关注热点。能源政治是气候变化和环境保护政治的核心。燃烧化石燃料会排放温室气体以及其他污染物，开采化石燃料可能会破坏海洋和陆地生态系统。最后，对智能电网等能源基础设施的公共投资还会引发关于政府在经济中应发挥什么作用的讨论，以及税收与用户使用费用等相关问题。此外，分布式能源发电的选择，比如微电网和特高压输电线路本身就是高度政治化的问题。

智能电网作为一个科技议题

智能电网问题本质上是一个科技议题。从传统电网转向智能电网是科学进步的结果。计算机控制的智能电网提高了能源效率，促进了分布式能源发电；可再生能源技术和储能方面的科技进步使向可持续经济的过渡成为可能。由能源技术引起的环境问题最终将被新的能源技术解决。

智能电网作为一个公共政策议题

如果我们要对电网进行现代化改造，这个费用要么需要政府税收，也就是由纳税人来支付，要么通过收缴的电费来支付。说到底，本质上是同一拨人来支付。假设实现分布式能源发电和净计量的技术能力已经成熟，家用电表可以任意调节，并且电力也可以被立即使用或存储起来，以便最大限度提高效率，但如果没有对公用事业公司和电价进行有效的监管，该系统仍有可能运行不佳。减少对化石燃料的依赖需要依靠智能电网，同时也需要电力公司在一定程度上减少对火力发电的投资，并获得一定的债务减免。如果没有这种政策上的设计和支持，很多公用事业公司，包括电力公司，可能选择继续使用低效能的化石能源电厂，直到它们走向破产，这就会大大减缓可持续城市的建设进程。

费率结构作为能源政策设计的关键要素，也可以用于改善消费者的能源使用行为。费率结构能够影响能源效率并且有利于鼓励非高峰时段用电。通过创造性的公共政策来影响费率结构、公用事业利润和能源基础设施融资，可以帮助我们达成许多目的。

智能电网作为一个管理议题

向新能源系统过渡需要时间、金钱、技术、政治意愿、创新政策、费率结构和组织能力。新技术需要匹配新的技术专家。由于新技术可能颠覆旧技术并影响不同的人群，我们还将需要政策制定者和管理者能够管理预期、倾听不同的声音，并帮助遭受负面影响的人群与社区适应变化。向智能电网过渡还需要协调、运营、动力和领导力。归根结底，新能源系统需要建设与维护，这要求决策者具备管理技能和对组织变革过程的深刻理解。

智能电网作为一个多维度议题

许多因素使能源成为一个多维度的议题，但主要因素是科学技术、费率结构以及鼓励私人投资的措施。如果要替代现有的能源系统，那么向可再生能源的过渡必须能降低成本并提高可靠性。能源对人们来说十分重要，因此不能轻率地对待。有一个可持续的可再生能源系统当然更好，但如果这个系统既昂贵，可靠性又低，那就需要再斟酌了。如果通过采用智能电网等手段能够降低价格并使系统更高效、更具成本效益，那么可再生能源将会更容易被接受。更高效的太阳能电池、更好的电池存储能力以及各种备用传输系统都将是一个成本更低、更可靠的能源系统的一部分。

第 10 章
可持续城市中的公园与公共空间

公园是可持续城市中的宝贵资源。在人口密集的地区，许多人住在没有私人户外空间的狭小空间里，因此城市必须创造每个人都可以使用的共享开放空间。当土地稀缺时，城市必须找出创新且具有成本效益的方法来做到这一点。本章研究了4座不同城市的4个公园和开放广场，其中3个位于美国，1个位于巴西。这些公园的共同点是它们都经历了从一个没有功能的废弃场地，转变为一个广受欢迎的、可以被所有人利用的开放空间的改造过程。

华盛顿州西雅图市：煤气厂公园

煤气厂公园占地约8.3万平方米，位于华盛顿州西雅图市中心以北。这个公园从联合湖的北岸延伸出120米。联合湖拥有大约600米的海岸线，在这里人们能够观赏到独特的西雅图天际线景观。公园的景观主要由连绵起伏的丘陵和一座废弃的煤气厂组成。煤气厂公园曾经是一家垃圾焚烧厂，后来变成了一家煤气制造厂，该厂通过将煤炭和石油转化为煤气和天然气，并为这座城市供气长达50年。由于制造煤气的工艺已经过时，并且比其他替代品昂贵，煤气厂于1956年关闭。废弃的工厂一直被周边的社区认为是一片令人感到不舒服的土地。1963年，市政府将这片土地购买下来。后来，它逐渐被建成了一座公园，并在1973—1976年分阶段地向公众开放。该公园由西雅图市政府公园和休闲部所有并经营。成立于21世纪初的非营利性社区组织"煤气厂公园之友"负责公园的日常运营工作。

该市的公园和休闲部以130万美元的价格从煤气厂购买了这片土地，将其变成了一个传统的景观公园。双方协议规定，煤气厂需要在转让日之前清场。该市通过发行远期债券拨出175万美元作为将这个污染严重的场地改造成繁荣的城市空间的启动资金。1970年，建筑师理查德·哈格受委托对该公园进行设计规划。哈格计划保留之前废弃的工业厂房，以便将场地的历史融入新的园区。然而，这个计划并没有受到市议会成员和公众的欢迎，人们更希望将工业建筑直接拆除。在被拒绝后，哈格开始针对这一创新性的设想向公众进行了一系列宣传。[1]

哈格的宣传侧重于这片区域的地理位置、历史意义和美学资源。哈格将这个公园设想为一个人们可以拓展城市体验的区域，而不是与城市完全脱离的世外桃源。他认为那些陈旧的"维多利亚式"公园的规划太局限，且已经过时。哈格想要努力说服公众，他的概念是既符合对一个美丽公园的设想，又保留了后工业时代的遗迹。他主动提出在现场与当地居民沟通，面对面地描述自己的设想，说服大家将曾经让西雅图繁荣和成长的这一工业体保留下来作为公园的一部分。哈格的设想保留了工业感，促使自然系统与城市系统共存。[2] 西雅图市议会最终于1971年批准了哈格的总体规划。

当时，哈格开始在新兴的生物修复领域里试验，利用微生物或其他生命体来消耗和分解环境污染物，清理这片曾经受到污染的场地。煤气厂的地面曾经满是焦油和芳香烃。据当时的检测结果估计，在厂区的某些地方，工业沉积物覆盖地面深达2.7米。曾经布满湿地和绿草的土地现在由于污染而变得异常贫瘠。[3] 为了打破土壤先前的无氧环境，哈格先将土壤重新翻整，之后加入污泥、锯末、生物质和落叶，开始了一个被动清洁的过程。之后的第一年，就有青草生长出来。那些无法回收的建筑瓦砾被堆在污染最严重的土壤上，正好形成了风筝山的底部，之后他又在上面覆盖了45厘米厚的压实泥土。公园高低起伏的地形促进了污染物在整个场地中进行动态分解。山丘的地势确保落下来的雨水始终处于流动状态，而流到山谷后正好可以渗入地下以完成清洁、净化的过程。哈格的景观设计打造了一个能自我修复的环境，让土地再次变得富有生机。工厂的旧塔现在是公园的标志性建筑，旧锅炉房被改造成一个受欢迎的野餐区，而原来的排气压缩机房则被改造成了一个露天的游戏场。[4]

然而，公园后来也经历了持续污染带来的挑战。1997年，焦油开始在风筝山上冒泡，市政府官员不得不从公园运走约

3 000磅①的焦油。尽管有政府的努力和自然、被动的清洁过程，但在2001年时还是出现了两个重要的问题：其中一个是在公园东南角的地下水中检测出了苯，这是一种在煤气制造过程中产生的致癌副产品。因此，公园安装了一个管道系统将其从地下水中清除。这些联合湖下面的沉积物多年来不断下沉，生态学家也一直在对它们进行监测。仅2001年的清理工作就耗资300万美元。[5]

2005年、2012年和2014年都曾发现类似的污染问题并需要对其进行修复。现场清理需要在被污染地点覆盖厚度达0.6米的表土以及土工织物。2014年项目的重点是改善风筝山的地被植物以保持其结构形状，为此风筝山关闭了将近一年时间。同时对受污染的水下沉积物进行了清理。普捷湾能源公司（华盛顿天然气公司的新所有者）和西雅图市政府负责支付这些清理工作的费用。[6]通常，有毒废物的清理是恢复工业场地所面临的一项重要挑战。

哈格的煤气厂公园设计将一个曾被污染的工业空间重新设计成一个健康的公共空间。该公园于1999年被列为西雅图历史地标，并被列入华盛顿州历史名录以及美国国家历史名胜名录。因为将受污染的土地变成了适合公众使用的土地，煤气厂公园被认为是一个"激进"的作品。该公园是第一批在没有完全清除污染物的情况下被改造为公共用地的工业基地。煤气厂公园于2013年被评为"国家地标"，也成为西雅图很受欢迎的公园之一。[7]

---

① 1磅约合0.45千克。——编者注

纽约州纽约市：高线公园

纽约市的高线公园位于曼哈顿西区，原来是一条高架（约9.1米高）货运铁路线，后被改造成了一个长约2.4千米的公园。该公园归纽约市政府所有，由非营利性组织"高线之友"与纽约市公园和休闲部合作维护、运营和规划。最早建设高架路基也是由于公众对在第十大道和第十一大道上穿梭的货运列车造成公民伤亡有所不满。后来，建设高架路基就成了西区改善项目的一部分。[8]最初的高线铁路于1934—1980年运营，利用铁路将货物从西区码头直接运送到曼哈顿附近的工厂。线路上的火车为市里的工厂运输肉类、原材料及其他产品。当引入集装箱运输后，市里的工厂和港口慢慢颓败，高线铁路也就逐渐被闲置了。

"高线之友"成立于1999年，是由附近的居民约书亚·大卫和罗伯特·哈蒙德创立的非营利性组织。该组织在高线铁路面临拆除之际，主张保留原有的一些设施。二人希望效仿纽约中央公园保护组织的模式，利用公私合作伙伴关系来维护和运营一个高线公园。纽约市原本希望通过拆除高线铁路刺激该区域的经济和房地产开发。当地的房地产利益集团，如切尔西开发集团也希望将高线铁路彻底拆除。但在2002年布隆伯格市长上任后，在高线建设公园的计划前景有所改善，新市长表示支持建设公园，同时也可以将它作为一次发展经济的机会。[9]

高线公园的保护计划始于21世纪初，纽约市为其设计权举办了一场公开竞标。2005年，纽约市对该地区的土地用途进行了变更，创建了西切尔西特别区，允许在这里同时建造住宅和商业建筑。[10] 新的规划中规定，任何开发商都可以建造高于规划允许的高度，但面积每超过1平方英尺，就需要支付50美元的费用，远低于当时的市场价格。同时，规划还创建了可转让开发权的区域，使开发商能够将其未使用的层高出售给附近的土地开发商。这些措施创造了税收，抵消了纽约市花费在高线公园改造上的费用。高线铁路的实际所有人CSX运输公司将高线铁路捐赠给了市政府，并因此减免了建设高线时背负的所有债务。当地社区一度担心公园的建设会导致地区的贵族化，但当"高线之友"调整了土地使用权，将30%的空间用于建设经济适用房后，打消了社区成员的遗虑，他们对此表示满意。

公园于2006年开工建设，2009年6月，高线公园的第一段向公众开放。在开放前，纽约市和"高线之友"签署了正式协议，确保公园成为城市公园系统中的一部分，但由"高线之友"负责运营和管理，同时提供至少90%的运营预算。[11] 现在，"高线之友"提供大约98%的公园年度预算，包括运营和维护所需的300万美元，以及大约200万~300万美元的管理费和员工费用。高线公园的运营和维护成本比纽约市的许多公园要高。建设时的费用也很高，前两段的建设耗资为1.523亿美元，其中1.122亿美元来自纽约市政府，2 000万美元来自美国联邦政府，40万美元来自纽约州政府。

2013年，来自纽约市的分析表明：高线公园的经济效益接近10亿美元。纽约市投入了约1.15亿美元，20年来公园的净收益将超过9亿美元，超过投入的800%。[12] "高线之友"在一篇博文中写道[13]：

今天，当你漫步在公园中时，你会看到高线在过去作为一条活跃铁路的遗迹仍保留在公园中。曾经供火车驶入邻近楼房装卸货物的支线现在已成为园艺保护区。高线曾经的铁轨已经嵌入种植床内。你甚至可以在高线南端附近的厂房旁发现依然悬挂着的旧肉钩。

公园的设计和运营还包含了可持续元素。植被设计的灵感来自高线铁路路基上自然生长的植被。选择多年生植物、草、灌木和树木，主要是因为它们的坚韧性和可持续性，同时也是为了选择本地的物种。在植物选择上更倾向于来自本地的、耐旱的以及维护成本较低的物种，反映了高线地区原始的小气候，同时可以减少额外的资源使用和开支。[14] 公园还起到了绿色屋顶的作用，渗水的道路有接缝，水可以从木板之间排出，减少流入下水道系统的雨水量。滴灌系统使种植床能保留尽可能多的水分。公园的堆肥设施还有助于将其中产生的垃圾加工成堆肥。

高线公园的成功建成得益于城市复杂的土地使用规划、市长的支持、创新的政策、公共关系策略以及来自私营部门的大规模融资。高线公园的成功启发了其他城市将废弃铁路之类的废弃设施重新开发成有吸引力的城市空间。在开园后 5 年内,公园已经接待了超过 2 000 万人次的游客,每年举办 450 个项目和活动。[15] 高线公园被广泛视为公私合作的成功范例,在利用了闲置空间的同时,还激发了社区重振,带来了房地产开发热潮。今天,公园的一端是惠特尼美国艺术博物馆的新址,另一端是耗资 250 亿美元建设的哈得孙城市广场(一个高端开发项目,包括办公楼、公寓楼、商店和一个表演艺术中心)。除了提升了周边的地价,高线公园还成为一个每年接待超过 800 万人次游客的旅游胜地,带动了世界各地高架公园的建设。

尽管公园取得了巨大的经济成功,但仍然有一些人批评它是曼哈顿日益不平等的象征。[16] 不断上涨的地价迫使许多传统企业关门,很多当地居民搬走。剩下的人大多挤在公园两端的两个经济适用房项目中。他们抱怨公园经常被大量游客占据,而没有服务于当地社区。在未来,要想复制高线公园在经济上的成功,或者想要做得更好,可以好好研究一下项目服务的人群究竟是谁。

巴西圣保罗:维克多奇维塔广场

维克多奇维塔广场位于圣保罗东部富裕的皮涅罗斯区。该广场建在一个面积约为 1.2 万平方米的高度污染的旧医疗废物焚化厂之上。修复这个空间的想法出自位于圣保罗的四月出版公司，该公司由维克多·奇维塔创立，其总部就位于该场地附近。[17] 该公司与圣保罗市达成了合作伙伴关系，回收了这个场地并将其提供给公众使用。

圣保罗市正在实施"100个市政公园"计划，在城市里建设新的公园。广场的最初计划是使用新鲜土壤覆盖受污染的土壤，并采用传统的设计方案，但后来该项目的建筑师认为这样做会削弱其教学潜力。设计师的设计是史无前例的，没有直接的法律涉及污染区域的重新利用，设计师必须借助政治支持才能让项目的设计方案被公众接受。阿德里安娜·列维斯基是当地一位专门从事区划和城市规划的建筑师，大家认为是她协调利益相关方的能力与政治头脑使公园的建设取得了成功。经过精细规划和广泛讨论后，设计师最终被允许将该场地受过污染的历史融入建筑设计，公园于2008年完工。[18]

设计师没有用新土去覆盖受污染的土壤，而是建造了一个90米高的钢架来支撑一块由回收的巴西硬木制成的浮动甲板，使该甲板位于受污染的土壤之上。市环卫部门要求使用这个90米高的钢架确保将污染隔离开来之后再将场地用于公众服务。甲板围绕着空间原有的元素而建造，为游客营造了一条人行步道，让游客在漫步广场时可以与空间中的新旧元素互动。在广场一个未被覆盖的区域，景观设计师在一套高架托盘上建造了一个科技花园，并且通过储存和净化雨水形成了一个天然的过滤系统。椰子纤维衬里的管道使植物在需要时通过管道汲取水分，让花园能够进行自我调节。此外，植物的选取主要根据其是否具有教育意义：花园中的植被展示了土壤净化的过程，或生物柴油的生成，甚至还有水培植物。除了高效用水外，广场还通过太阳能电池板、发光二极管照明，并依靠自然光等设计来减少传统能源的使用。[19]

维克多奇维塔广场的设计有意体现社会包容性。公园的目标是打造一个开放和自由的空间，来提高人们的环境意识、社区意识，并促进文化繁荣。[20] 公园的一位设计师表示："我们的想法是将整个广场打造成一个开放式博物馆。"[21] 甲板上设置了一个荫蔽的舞台区，用来举办各种类型的活动，包括开音乐会、表演戏剧以及举办讲座。花园里有教育展板，介绍植物的种类及其用途。在焚化厂房的遗址内有一座可持续博物馆，专门解释了该遗址的历史，此外还有为其他教科类内容提供的空间。这些空间有的被用来展览圣保罗艺术博物馆的艺术品，还有的负责承办儿童环境教育工作坊。另外，广场附近还有一个老年人居住的楼房，因此广场的活动也融入了很多老年人喜欢的内容。[22]

维克多奇维塔广场是一个突破建筑与环境边界的公共空间。这也是该市与四月出版公司合作的一个成功案例。在一个几乎没有开放空间的发展中城市，维克多奇维塔广场展示了如何将受污染的工业遗址融入可持续发展的城市中。这个公共空间充满活力和互动性，游客可以从多个层次了解到它之前的用途。正如广场的一位设计师所说，维克多奇维塔广场展示了"相对较小的干预措施的重要性，它能阐明一座城市的复杂性，并让人们更加理解和谐的、可持续的设计解决方案。"[23]

华盛顿特区：运河公园

运河公园于 2012 年底向公众开放，这里曾是华盛顿特区发展迅速的首都河滨社区的校车停车场。[24] 它是在商业改善区进行重新设计的众多空间之一，旨在创建智慧设计型社区，打造充满启发性的工作空间、开放的公园、可步行的街道，并促进创新的工作方式和更健康的生活方式。[25] 组成运河公园的 3 个街区曾经是连接阿纳科斯蒂亚河和波托马克河的、历史悠久的华盛顿市运河的一部分。运河街建于 20 世纪上半叶，在过去的一个世纪里，运河街归区政府所有，并被应用于各种用途。到 20 世纪 90 年代，有人提出了在运河街建造公园的计划，却未能实现。当时的社区几乎没有任何现代化的便利设施，非常落后。直到 2000 年，人们才开始花费时间重新对这个空间进行构想。此时，当地开发商史密斯先生创建了一个名为"运河公园开发协会"的非营利性组织并努力获得该场地，以进行开发。运河公园开发协会与阿纳科斯蒂亚河滨公司合作，协同副市长负责该区域的规划和经济发展。该公园通过合作伙伴的赞助，进行公开设计竞标，并于 2010 年动工建设。[26]

运河公园是一个预算 2 650 万美元的公私合营项目，由政府拥有，私人运营。美国联邦政府向运河公园的开发商提供了 250 万美元的拨款，一位参与该项目建设的开发商也提供了一笔等额资金。项目的大部分资金是由区政府提供的,大约为1 350万美元,市住房管理局还提供了390万美元的资金。运河公园发展协会和首都河滨商业改善区共同管理这座公园以及在这里举办的所有活动。该公园位于中心位置,为周边的住户和商业社区增加了经济和社会效益。运河公园所处的位置非常便利,附近有3条地铁线,体现了一个创新的包容性公共空间是如何促进发展的。除了在运河街建造公园,华盛顿特区还建造了1 800套混合住房,以取代之前这个地方的700套经济适用房。首都河滨社区提供了许多工作岗位,包括华盛顿特区交通部的主要办公室。这里还住着超过4 000名居民。该社区现在每年接待超过250万名游客。[27]

公园的设计反映了该地区的历史,包括一个线性的雨水花园和3个大展篷,看起来就像曾经沿着运河漂流的漂浮驳船。公园的设计还体现了可持续性的三大支柱:可以同时作为一个社交聚会的场所、一个经济的促进机构以及一个具有环保价值的场所。3个展篷都是由循环材料制成的,为了减少公园的能源足迹,展篷中还使用了地热装置制冷和制热,同时安装了绿色屋顶和电动汽车充电站。其中一个展篷还设有一个可容纳65人的餐厅。

运河公园可持续景观设计中最令人印象深刻之处,是它的雨水管理和再利用系统。线性雨水花园收集并自然过滤雨水,最终将其排入庞大的地下水系统。雨水被收集在蓄水池中,该蓄水池可以容纳从公园和毗邻街区收集到的多达8 000加仑的水。这个系统满足了公园95%的用水需求,包括灌溉用水、溜冰场用水和喷泉用水。该系统还包含了地热井，可减少公园近40%的能源消耗。尽管该片区曾经是受过污染的棕地，但在公园建设时，这个地方的原生植物被重新引入，低环境影响的树坑和生物洼地都被用来加强公园的水过滤能力。运河公园分别获得了 LEED 和 SITES 金牌认证，前者是对建筑设计的认可，后者是对可持续景观的认可。[28]

公园最受欢迎的场所无疑是它占地面积达 925 平方米的户外溜冰场。在夏季的几个月里，溜冰场被改造成一个受居民和游客欢迎的交互式喷泉。[29] 公园的人行道、绿地和展篷里都设有座位，还有由当地艺术家大卫·赫斯设计的互动雕塑。首都河滨商业改善区经常在公园里举行活动，包括各种户外健身活动、户外电影系列活动、音乐节和商务活动等。

对公共空间的分析

公共空间作为一个价值观议题

当一个人主动或被迫选择在一座城市定居时，也就决定了其自身拥有或可以使用的个人空间的大小。城市中的个人空间都是以平方米为单位计算的，而在城市外则可以按照更大的计量单位计算。但是哪怕是在城市，人们依然存在对开放空间、远景、休闲空间以及精神层面空间的需求。空间的大小及形式是由每个个体或社区的价值观决定的。我们越来越认为良好的公共空间是城市基础设施的关键部分，是城市可持续发展的必要条件。有趣且环境优美的公共空间可以提高毗邻的土地和建筑物的价值，同时为人们旅游和娱乐提供场地，为社交和公共聚会提供场所。这些都是与将人们吸引到城市的价值观相互联系的关键城市活动。真正具有包容性的公共空间可以促进和普及这种城市中的互动。

公共空间作为一个政治议题

所有的公共资源、场所和基础设施本质上都具有政治性。谁为它们买单，如何买单，建在哪里，为谁而建，都是潜在的政治问题。公共空间的类型也可能成为激烈争论的主题：是建一块自然保护区还是一座高尔夫球场，是建一座篮球场还是一个公共花园？其中可能产生的冲突和社会影响不难想象。是利用公共财政建设公园，还是将资金用在学校、道路或者治安等方面的建设和完善上也是一个紧迫且有争议的话题。例如，虽然美国的国家公园不是城市的公共空间，其建设也通常得到全国的广泛支持，但它们经常受到当地利益集团的强烈反对。土地是一种稀缺资源，地球上的人口不断增多，而土地的面积却保持不变，未来的冲突可能会愈演愈烈。

公共空间作为一个公共政策议题

在过去的几十年里，还有一个更有趣的，与公共空间相关的政策因素，即利用公私合作伙伴关系来开发并管理公共空间。私人开发商为了换取利益，比如提高容积率，可能会答应投资公共空间的开发及维护。同时，建设公共设施也可以提高开发项目的价值与经济回报。另外，投资公共空间并进行后期的维护也可以帮助提升公司的公众形象，增加项目的吸引力。从公众的角度来看，这样的交换可以提供低成本甚至免费的公共空间。如果私营部门能够承担公园的维护成本，这类交换将会更有价值。虽然很多私人拥有的城市空间并没有采用优秀的设计，其公共用途也不明确，但在这方面也有许多成功的案例。比如有些私人的花园和空间就与公园没有明显区别，像许多大学的校园或非营利性的博物馆都有类似的空间，既漂亮又充满活力。

有些公共空间则被私人的非营利性组织接管。最著名且成功的要数位于纽约市的中央公园。这个公园一度管理糟糕，后来由非营利性的"中央公园保护组织"接手，成功经营了几十年。之前我们讲到的纽约市高线公园也是由非营利性组织"高线之友"开发和管理的，也取得了经济上的成功。在美国，即使没有签订任何涉及管理权限的合同，仍有许多非营利性团体为城市的公园筹集资金并提供不同的支持。当然，美国很多地方的税法也会为这种类型的组织提供支持。

公共和私人空间的混搭一直是一个政策性的问题。其实，哪怕是私人空间也不能完全摆脱政策的影响。在法律上，一个主权国家始终保留对私有财产的所有权，政府可以通过土地征用权将私有财产公有化，并用于公共目的。在一个更加城市化的地球上，公共空间的重要性将继续提高，同时它作为一个公共政策议题的重要性也会不断提高。

公共空间作为一个管理议题

公共空间既需要资金来保障规划和开发，也需要资源和组织能力进行维护和改善。公共空间不是简单地预留出一块土地而已，我们需要对其环境进行美化、对废物进行清除，还要进行长期的维护和维修。同时，给一个新公园剪彩总比给一个旧公园修剪草坪更具政治吸引力。因此，如果一个公共空间没有被合理地利用，变得不受欢迎，无人问津，则可能面临被忽视、年久失修甚至惨遭破坏的困境。从这个角度讲，一个公共空间不仅是一片土地，还需要被视为一座具有吸引力的设施。

将众多公共空间作为一个集成系统进行管理是一项复杂的任务，既需要进行合理规划，具备市场分析能力和高水平的项目管理能力，同时也需要政治技巧的配合，因为很明显，总会有一些社区的公园相较其他公园地理位置更好、更便捷，也更漂亮。一座公园还必须与交通等其他城市基础设施相结合。比如，如果公共交通不便利，哪怕是最受欢迎的公园也可能不会长期受欢迎。此外，公园内部与周边的公共安全是另一个需要高度组织协调能力的关键领域。

公共空间作为一个多维度议题

除了科学技术，公共空间与我们分析框架里的每一个维度都相关。公园选址会引发政治讨论，公园的使用会产生价值观问题。私营部门的作用以及公园及其周边地区的商业化又是另一个关键问题。空间的一个基本逻辑是：地球上的人口在增加，但其空间并不会增多。随着时间的推移，关于空间的议题，尤其是城市的空间议题只会变得更加富有争议。随着城市化的加剧，城市里的公共空间将成为越来越稀缺而又不可或缺的公共资源。

第 11 章
可持续城市生活与共享经济

我们在第3章讨论了可持续城市的生活方式。可持续城市的生活不仅包括节能建筑、公共交通和绿地，还包括一个日益增长的方面，那就是"共享经济"。共享一直是城市生活的一部分（例如，公共图书馆和社区空间）。但在过去几年，城市在共享和创新方面表现出了明显的复苏和加速迹象。世界各地，在城市中生活的人们开始用闲置的房间招待客人，同时更多地分享自己的工具和设备，还与陌生人拼车出行，利用自己的汽车接送乘客等。这些创新的行为和做法已经不只是一时的流行，而是成了我们日常生活中不可或缺的一部分。那些领先的、在共享经济基础上运营的公司规模已经可以与世界上最大的交通、酒店和其他服务行业的企业相媲美。其中的大多数公司在10年前并不存在。

　　从创新的技术和商业模式，到被重新定义的公平与安全，共享经济正在改变我们的城市。城市中有许多有效而且很容易被重新分配和共享的资源。如果资源可以共享，那么人们就不需要再消费那么多，也不需要个人拥有那么多，这样也会消耗更少的资源。因此，共享经济促进了城市的可持续发展。[1] 共享经济也可以形成更多的可持续消费，同时成为经济增长的新动力。库尔特·马茨勒及其同事称，共享经济"似乎是一种集降低成本、提升效益、便捷和环保意识于一体的消费模式"[2]。与共享经济相关的服务也给城市带来了前所未有的复杂挑战，例如对现有行业和工作的破坏。城市所面对的来自共享经济最大的挑战是如何平衡共享平台给居民和游客带来的好处与对其进行监管所要承担的责任。随着越来越多类型的共享业务进入市场，而且这些与共享业务相关的新的应用程序和服务越来越受欢迎，城市的领导者不得不面对随之而来的问题。[3]

在这一章的案例研究中，我们关注共享经济中的两个主流平台：爱彼迎和优步。这两家公司的成功是通过让人们有机会从自己最重要的两项资产中获取更多的潜在价值，即房子和汽车。爱彼迎在 2019 年的市值约为 350 亿美元，可与大型连锁酒店相媲美；优步在 2020 年的市值约为 550 亿美元，与很多大型汽车公司相似。本章中，我们首先简要概述共享经济的形成与背景，然后讨论这两家公司的背景，以及它们给城市带来的便捷和挑战。

什么是共享经济？

共享经济也叫协同经济，是指"通过协调基于线上社区的服务来获取、给予或共享商品和服务的点对点经济活动"[4]。共享经济是一个围绕着未使用或未充分使用的资源而构建的系统。共享经济可以追溯到20世纪90年代成立的在线市场易趣和克雷格列表网。但现代共享经济看起来略有不同。现代的共享经济源于科技驱动的硅谷文化所带来的网络社区的激增，并被信息和通信技术所加剧。根据普华永道的分析，到2025年，共享经济的五大主要领域——交通、住宿、金融、在线招聘，以及音乐、电视和流媒体视频的年收入可能在全球达到3 350亿美元。[5]

这些共享经济平台的快速增长得益于科技创新，简化了供应商进入市场的过程，使消费者可以更便捷地访问可搜索列表，同时保持较低的管理成本。因此，共享资产比以往任何时候都更便宜、更简便，也可以在更大范围内实施。在互联网出现之前，向他人租用物品或空间虽然可行，但并不容易做到。现在，很多网站可以将业主和租户进行匹配；配备全球定位系统的智能手机可以让人们找到距离自己最近的出租汽车的位置；社交网络提供了一种寻找朋友和建立信任的新模式；在线支付系统可以更方便地进行缴费。[6]就像优兔网彻底改变了电视和博客一样，共享经济取代了那种企业持有、大众消费的商业模式，进而允许每个人同时成为消费者和生产者。

共享经济已成为一种让人们在无须拥有的情况下，也可以使用一种物品或服务的方式。所有权的观念正在改变。今天的这一代人不像他们的父母那样将所有权视为一种优势，反而有时将其视为一种负担。一项调查数据显示，66%的消费者（包括 77% 的"千禧一代")更喜欢简约的生活方式，不需要拥有很多物质商品。[7] 我们正在从一个围绕所有权运转的世界转向一个围绕资产使用权运转的世界。与展示自己的个人资产相比，现在的人们更想展现他们去过的地方和过往的经历。共享经济能够让人们花更少的钱拥有同样优质的体验。例如，人们想乘坐机动车从一个地方到另一个地方，但并不一定想要拥有一辆属于自己的机动车，因为这样还需要为其投保以及做保养等。因此，很多人会选择拼车或者使用优步、滴滴之类的软件叫车以达到出行的目的。

在某些情况下，共享经济可以使人们获得以前负担不起的新服务。例如，服装租赁公司 Rent the Runway 向女性出租设计师品牌的服装。无论是为了工作还是其他场合，这家公司都可以向顾客提供租赁、清洁、修补衣服的服务。该公司在资源消耗极大的行业之一——时装领域，开创了一种新的商业模式，让女性不需要拥有也可以穿着最新的时装。服装租赁业务的另一个重要特点在于，现在人们不介意穿别人穿过的衣服。在传统观念里，人们认为穿别人穿过的衣服是自己买不起某件衣服时的无奈之举。过去，时尚的名牌服装是个人独有的，而不是共享的。出租服装地位的提高反映了我们消费文化的重大变化。

这种"无所有权"的新趋势给个人和家庭提供了更多选择，并为更高效的生活方式打开了大门。人们经常听到的一个例子是，一把电钻平均只会被使用 12~13 分钟。那么，当我们可以租用一把电钻时，为什么还要花钱购买一把新的呢？共享经济的理念在人口众多的城市中更容易实现。共享经济可以淡化所有权，提升资本管理的重要性。

对气候变化和未来可持续性的日益关注，使共享经济成为具有环保意识的消费者的不二选择。通过共享，运输和生产商品所需的能源将变得更少，由于我们日常所使用的商品和服务可以在群体之间共享，产生的浪费也会更少。以 Rent the Runway 为例，这项服务仍然会消耗很多资源，比如租赁出去的衣服需要送出，归还时需要干洗。也许有朝一日，运输衣物的车辆都是由可再生能源驱动的电动汽车。不过，服装的租赁和共享至少可以通过减少服装的制造节省原材料和能源的使用。一些研究表明，参与共享经济在生态上是可持续的。[8] 莎拉·坎农和劳伦斯·萨默斯发现，共享汽车可以减少 44% 的车辆行驶里程，欧洲的一项调查显示二氧化碳排放量可以减少 50%。[9]

一些城市很欢迎共享经济带来的技术创新和新的商业模式，但也有一些城市抵制变革，担心这些新服务如果不受到与传统服务相同条件的监管，会产生安全隐患。关于共享经济，城市面临的最大挑战就是监管的不确定性。共享经济的爆炸式增长引发了世界各地的城市在监管方面和政治领域的争斗。政府目前还没有建立起强有力的监管框架来管理这些新兴服务。[10] 监管具有挑战性是因为现有的法律并没有考虑伴随着共享经济可能出现的新问题。提供共享服务的公司并不完全符合现行的行业法规，有时甚至会超出法律范围运营。出租车司机、房东和酒店业主认为："相对于受到严格监管的现有企业，在不受监管的情况下运营会使这些共享经济的初创企业具有不公平的竞争优势。"[11]

城市被迫需要迅速做出反应，几乎没有时间或机会制定有效的应对措施，有时在没有大量利益相关者参与的情况下就颁布法案。政策制定者经常面临来自居民的压力，给居民认为有价值的服务"开绿灯"，这使政策制定者在确保安全、公平和社区利益最大化方面可能会行动迟缓。一个典型的例子是中国的共享单车。在中国许多交通拥堵的城市里，共享单车被视为一项解决交通拥堵和空气污染问题的举措。2017年，成千上万辆共享单车在城市街道上排列，通过智能手机中的应用程序就可以轻松激活，并停放在任何地方。政府最初对这种创新持宽容态度，因为共享单车可以满足人们"最后一千米"的出行需求（从地铁口到家或办公室）。尽管很多人试图将共享单车整齐地停放，但堆积如山的自行车还是开始堵塞人行道、地铁和社区的入口。最终，政府和居民都无法忍受乱停乱放的共享单车，一些城市开始禁止在人行道和住宅社区骑共享单车，企业也会因停放不当而被罚款。不久后，一些共享单车企业倒闭，它们在城市中摆放的单车也相继被运到垃圾填埋场。留存下来的企业都必须严格遵守新规定，还有许多企业开始使用专门的停靠站。

一份行业报告称："许多城市政府试图对这些新市场业态实施陈旧的法规，而没有过多考虑这些法规是否适用于新的企业模式，也没有完全了解这些新服务的利与弊。"[12] 新规则的可执行性有时也有待商榷，因为许多共享服务是相对不可见的。无论如何，共享经济都会继续存在，我们在制定规则时应当考虑如何促进，而不是阻碍它的发展。

拼车：优步

我们在第 3 章中简要讨论过的优步可以通过智能手机应用程序提供按需出行的服务。优步是一个可以很好地说明政府对共享经济监管不力的例子。优步由科创企业家加勒特·坎普和特拉维斯·卡兰尼克于 2010 年 5 月在美国加利福尼亚州旧金山创立，当时他们获得了 20 万美元的种子基金。该公司最初以豪华黑色轿车服务起家，并于 2012 年推出了一项名为"优步 X"的更经济的服务，为公司的快速增长奠定了基础。优步目前在全球 600 多座城市开展业务。截至 2020 年，它的市场估值约为 550 亿美元。

优步并不认为自己是一家交通服务公司。相反，它将自己定位为一家平台公司，允许用户通过第三方出行供应商平台轻松获取乘车服务。优步声称自己"从事汽车配送业务"。用户可以在智能手机上通过应用程序要求汽车到达一个确切位置，然后获知预估车价以及预计到达时间，用户可以使用信用卡通过该应用程序自动付款。该公司主要宣传按需服务、定价清晰、便捷支付，以及简便的使用方式。司机和乘车人都可以对使用体验进行评分，这也是共享服务的一个主要特征。尽管优步采用高峰定价，在高需求时段提高用户交付的车费，但它还是为赶时间的人提供了另一种出行选择。优步从用户支付的车费中抽取5%~20%作为佣金，其余部分属于司机。司机在自己的日程安排上有很大的灵活性，可以使用自己的私家车来提供服务。同时，只要通过背景调查、车辆所有权和汽车保险的相关审核，任何人都可以成为优步的司机。除了提供更多的出行选择以及额外的就业机会以外，一些研究还发现，类似优步X这样的拼车服务还可能减少酒驾和与酒驾相关的伤亡。[13]

优步的崛起也有其不利的一面，尤其是它对在美国受到高度监管的出租车行业造成的巨大影响。在纽约市，对出租车的监管基于一个"奖章"制度：出租车"奖章"是一个贴在车辆上的小金属牌匾，在没有该奖章的情况下运营某些类型的出租车是违法的。纽约市政府以此控制出租车牌照的数量。一项研究发现，优步已经导致纽约市出租车牌照的价格下降。一些人提出疑问，即优步司机是否也应该遵守与出租车司机相同的规定。出租车司机必须符合执照规定，满足培训要求，还必须接受背景调查和执照的定期审查，并且必须定期接受车辆检查。出租车司机抱怨优步通过提供相同的服务抢走了他们的生意，但政府对于优步的监管松懈，可能会给乘客带来安全隐患。因为不需要出租车牌照，优步避免了合规成本，稀释了市场，并与出租车进行了不公平的竞争。[14]纽约大学马伦城市管理学院称："共享经济企业对限制其增长的监管措施具有极大的抵抗能力，展示了企业将消费者召集为其政治倡导者的不可思议的能力。"[15]

各城市的应对措施

一些城市最初试图禁止优步和类似企业提供拼车服务。温哥华、里约热内卢等城市都认为优步是非法的，意大利和西班牙甚至禁止了这项服务。里约热内卢是巴西第一个宣布此类禁令的城市。时任市长爱德华多·佩斯于2015年9月签署法案，禁止优步及类似服务，相关司机可能会受到近500美元的罚款。[16]然而，优步凭借着法院的禁止令（不予执行市长签署的法案）继续在里约热内卢运营。另外，优步最终在2020年初获准在温哥华运营，后来也在意大利的罗马和米兰获准运营。但优步在西班牙的运营仍然面临困难。

其他城市则接受了拼车的模式，认识到了优步和类似公司提供的服务是人们想要的，也是越来越需要的。华盛顿特区通过了涵盖拼车服务的立法：其市议会于2014年通过了《车辆出租创新法案》，该法案不要求拼车服务遵守与出租车相同的许可证规范。但是，该方案设定了拼车服务需要提供的最低保险要求，以及关于背景调查、注册和运营的要求。该法案实质上使优步在华盛顿特区合法化，并赋予特区出租车委员会执行监管的权力。[17]

各城市最初的反应很不一致。根据旧金山市交通局的数据，在旧金山推出优步后的18个月内，出租车的使用率下降了65%。加州公共事业委员会是监管加利福尼亚州拼车服务的机构。2013年，该州通过了拼车法案，并创造了"交通网络公司"一词，以此定义一类提供交通服务但在严格意义上不拥有汽车或雇用司机的新公司。[18]加州州政府对拼车网络进行监管，而出租车则由市政当局负责监管。

优步于2014年4月开始在得克萨斯州圣安东尼奥市运营，但随后威胁该市政府，要在8个月后停止在该市的运营，因为该市的立法部门想让优步司机接受指纹采集和随机药检。优步认为这些要求对司机来说过于烦琐。之后优步和该市政府进行了秘密谈判，市政府认为双方即将达成协议，但优步还是于2015年4月退出了在圣安东尼奥市的运营。[19] 在一篇博文中，优步公司表示："市政府官员制造了一种监管环境，让我们无法在这里满足来自美国170多座城市的乘客所期望的那种高标准服务。"[20] 最终，圣安东尼奥市还是同意了优步的条款，决定让优步返回该市运营。现在，通过操作拼车应用程序，司机可以选择性地接受指纹采集与背景调查，但这些检查对出租车和三轮车司机而言则是必需的。美国网络杂志《Slate》上的一篇文章称优步是"一家习惯压制地方政府的公司"[21]。

纽约市是优步较大市场之一，优步在纽约也受到了高度监管。据估计，纽约市大约有12万辆获得许可运营的机动车，其中超8万辆隶属于优步。自20世纪70年代以来，TLC（出租车与豪华轿车委员会）一直负责监管纽约市的出租车行业。纽约市的拼车司机必须获得TLC颁发的商业执照，纽约市也是美国唯一一座需要执照才允许拼车司机运营的城市。优步司机必须拥有符合TLC标准的车辆，并且必须提供社保卡、州驾驶执照、机动车部门登记证、保险卡及证书等。[22] 根据纽约市的一份报告[23]：

在纽约市，这些公司面临TLC出租车辆法律和监管框架下的额外要求：司机作为专业人士，必须持有商业执照，并接受严格的背景调查和培训。虽然司机可以驾驶自己的私家车，但其车辆必须接受市政府的检查。

尽管优步遵守了纽约市的法规，但在 2018 年，该市还是暂时叫停了新的拼车服务——这在美国尚属首例，后来在 2019 年又延长了 12 个月，主要是为了提高出租车司机的工资水平。此外，出于拥堵和污染问题，纽约还压缩了优步司机（也包括其他提供拼车服务的司机）在曼哈顿 96 街以南区域空载的时间。优步的乘客在曼哈顿 96 街以南区域乘车时需支付 2.75 美元的附加费（除非是多人乘车），而黄色和绿色出租车乘客只需支付 2.5 美元。一份报告显示，曼哈顿交通速度的下降不能归咎于拼车，反而是拼车服务增加了低收入、外城区的纽约人的出行选择。阿斯托里亚、哈莱姆区、杰克逊高地和华盛顿高地等地区在 2014 年期间的月度优步 X 乘车量都增长了超过 120%。[24]

优步和其他拼车服务在其他地方也面临着巨大的监管压力。例如，伦敦市吊销了优步的运营牌照，原因是当地监管部门发现了其运行的漏洞。加利福尼亚州颁布的"零工工作法"也使优步很难将其司机归类为独立承包商。

其他问题

优步自成立以来一直没有产生利润，甚至在 2019 年时亏损了 81 亿美元。但是公司声称，如果不考虑利息、折旧和股权奖励等非运营成本，优步的叫车服务部分已经赢利。同时，优步的收入还必须用来填补它的姊妹应用"优步外卖"的亏损。虽然仍处于亏损状态（公司希望很快能够开始赢利），但情况比之前与类似公司进行激烈竞争需要大规模补贴司机时要好很多了。

例如，仅2016年上半年，优步就报告其亏损高达12.7亿美元。公司将这些亏损归咎于对司机的补贴，尤其是在中国市场。为了在进入新城市时建立起庞大的客户群，优步通常会通过向司机提供补贴，给乘客打折甚至推出一系列免费乘车促销活动。起初，为了建立客户群，优步每年在中国花费约10亿美元进行促销活动，这也阻碍了优步上市发行股票的计划，减缓了它向全球其他市场的扩张。当时，优步在美国和加拿大都实现了盈利，但2016年的巨额亏损也向我们证明了一家公司在尝试扩张和建立新市场时面临的巨大困难。虽然优步在2014进入中国市场时并未面临监管方面的挑战，但当时中国的拼车市场已经被两家中国公司，即滴滴打车和快的打车所主导。2014年，作为中国最大的叫车平台，滴滴平均每天有522万车次的服务请求。2015年2月，滴滴和快的合并成立了滴滴出行。优步进入中国市场的前两年与这些公司展开了激烈的竞争，并于2016年8月决定将子公司优步中国出售给滴滴出行。[25]

刚开始为了吸引顾客，优步也推出了一些服务项目，甚至一度打消了人们乘坐公共交通工具出行的念头。例如在纽约市，优步在早期曾提供过工作日7：00—10：00以及17：00—20：00曼哈顿125街以南区域5美元的拼车服务。此外，优步还与Gilt City（一家出售体验折扣优惠的生活方式网站）共同推出

"通勤卡"促销活动，用户可以以统一费率在高峰时段无限次乘车，售价是两周49美元，四周79美元，八周159美元。对于纽约市的通勤人员（工作日早晚使用两次地铁）来说，以上两种选择比购买不限次的地铁交通卡更便宜。当然，现在这些促销活动都已经被取消了。

优步仍在持续运营和扩张，但拼车业务也引发了许多仍存在争论的问题。比如，司机到底应该被视为独立的承包商还是叫车平台雇用的正式员工？这个问题对拼车平台的盈利空间有着很重要的意义。因为如果作为自己公司的员工，那么平台就需要承担很多法律规定的责任，比如保障薪资待遇、提供各类医疗保险和社保等，这将提高公司的经营成本。另外，是否应该允许司机组建工会？如果作为公共交通的一种，那么叫车平台缴纳的税费是否应该用于公共交通建设呢？

共享民宿：爱彼迎

爱彼迎作为全球最大、最知名的共享民宿平台，只需支付少许手续费，即可将闲置房间或房屋的主人与寻求住宿的租客联系起来。自2008年成立以来，这家总部位于旧金山的公司已为超过5亿人次提供服务，实际上，爱彼迎已成为共享经济的代名词。2007年底，创始人布莱恩·切斯基和乔·吉比亚因为没钱支付他们在旧金山的高额房租，决定创建一个网站，也就是后来的爱彼迎网站，用来宣传他们租赁的房子里的闲置空间，希望可以租给短期租客换取少量费用。在接待了一些客人后，切斯基和吉比亚意识到了这种模式的商业潜力，因此决定创建一个更大的、可以发布更多的租房信息的网站。2009年，该公司获得了60万美元的种子基金，用于扩大网站规模并在国际市场上扩张。如今，爱彼迎已在超过10万座城市和近200个国家开展业务。据报道，爱彼迎的公司市值可以达到350亿美元，超越了许多传统的连锁酒店。

爱彼迎将自己标榜为"世界领先的社区驱动型酒店公司"[26]。使用便捷、以客户为中心、经济实惠都是其受欢迎的原因。人性化的网站设计让世界各地的用户只需在智能手机应用程序里轻按几下即可互联互通。该平台的搜索功能和透明的可用房间日期都很易于用户访问，并为他们提供了更为广泛的住宿选择，且通常比同一地区的酒店更便宜。与传统商业不同，这两位创始人不需要建造任何硬件设施，因为爱彼迎的房间已经存在于每座城市当中。公司需要做的只是将它们放到互联网上，这使爱彼迎能够根据不同位置、价格和便利设施迅速生成更多的房间选择。由于在全球拥有数以百万计的房源，爱彼迎几乎能够提供所有住宿类型，包括公寓、别墅、小旅馆、豪宅，甚至是城堡、帐篷或者游艇。此外，客人还可以像当地人一样住在城市中心，体验当地的生活氛围。[27]

爱彼迎帮助开拓了一个从根本上改变消费者住宿偏好和行为的市场。[28]创始人切斯基和吉比亚想成为企业家，但他们并不想"制造更多的实体，最终产品还要被送到垃圾填埋场填埋掉"[29]。该公司秉持着共享理念,致力于提高已有产品的使用效率。切斯基说:"我们从未想过要开创一种新经济模式,我们只是想解决自己的问题。但问题解决之后,我们意识到其他人也需要类似的服务。"[30]

对一些人来说,爱彼迎的吸引力在于它包含了一种社区意识,提供了与他人互动的机会。该网站使得旅行者可以与当地的房东联系,并获得个性化的旅行贴士。一些人认为,爱彼迎正在解决酒店业的关键问题,即摩擦与信任问题。同时,人们也认为爱彼迎更具环境可持续性。清洁技术集团的一项研究(由爱彼迎资助)发现,使用爱彼迎可以显著减少能源和水资源的使用,也可以减少温室气体排放和资源浪费,同时还有利于房东和房客采取更可持续的行为方式。[31]一些环保倡导者对该研究结果提出过疑问,指责爱彼迎借此报告"漂绿"(公司为树立支持环保的虚假形象而做的公关活动、捐赠等)。如果爱彼迎带来的结果之一是修建更少的酒店房屋,那么也许它可以产生正面的环境影响。但是,爱彼迎的环境影响将部分取决于如何减少现有房屋的碳排放。

与优步类似,爱彼迎面临的一个主要问题是如何面对监管。最初爱彼迎的运营没有受到太多市场监管,房东也不受传统酒店监管的约束。但随着爱彼迎在世界各地迅速崛起,引发了各城市对这个线上市场的争论。支持者称,在许多城市,爱彼迎的普及能够将游客带到他们从前不会去到的社区,为居民和当地企业创造新的经济机会。他们还认为,爱彼迎促进了更好的资源分配,并为智慧、可持续城市做出了贡献。与此同时,批评者则称，共享民宿正在滋长一个利润丰厚的地下经济体，增加逃税漏税情况，同时导致经济适用房的严重短缺。还有的人认为，爱彼迎使当地社区的安全性、房屋价值和地区特性受到了严重威胁。[32] 爱彼迎在扩张过程中面临的一个大问题是一些房东向租户施压要求他们尽快搬走，这样房东就可以将自己的公寓变成"非法的酒店房间"。这些担忧促使很多地方政府对爱彼迎提供的服务进行更严格的监管。

各城市的应对措施

许多城市的主要担忧是爱彼迎可能将住宅楼变成非法的酒店并加剧城市里住房短缺的现象。为了解决这个问题，越来越多的城市开始采取行动来规范爱彼迎的运营。纽约市是爱彼迎在美国最大的市场，拥有超过 5 万个房源。2014 年，纽约市司法局局长埃里克·施奈德曼曾对爱彼迎提起诉讼，原因是爱彼迎拒绝提供其纽约房东的姓名。监管机构怀疑爱彼迎的一些房东可能没有缴纳个人所得税，并且可能违反了纽约的住房法案。比如，在纽约，房东不同住的情况下，公寓连续出租时长不得低于 30 天，否则属于违法行为。对此，爱彼迎声称不提供房东信息是为了保护客户隐私，但最终还是败诉了，并被迫提交了有关数据。司法部长办公室对 2010—2014 年爱彼迎的预订情况进行了分析，发现爱彼迎在纽约市有多达 72% 的房源（当时总计约为 3.6 万套）可能属于非法房屋。该报告还发现，使用该网站的业主每年都逃避数万美元的酒店税。2016 年 6 月，纽约州通过了立法，对爱彼迎和其他短期租赁网站的房东违反该州短期租赁法律处以高额罚款。[33]

后来，纽约市市长德布拉西奥和市议会议长克里·约翰逊采取了更强有力的举措。于2018年通过相关法规，要求爱彼迎提供其在纽约市的房源信息，包括房东的身份和地址等详细信息。这项立法将更容易识别违反纽约州短期租赁法案的潜在房源，并在市议会获得一致通过。纽约市希望新法律的通过能够帮助减少数千个爱彼迎房源，从而缓解该市房租上涨的压力。然而，一名联邦法官批准了爱彼迎的限制令请求，并裁定纽约市通过的法律违反了美国宪法第四修正案。

爱彼迎的总部所在地旧金山也一直在努力监管不断扩张的共享民宿平台。旧金山的政策与纽约相似：爱彼迎的房东必须是全日制住户，同时租期上限为90天。但是，据分析师估计，爱彼迎网站上挂出的超过1/4的旧金山房源可能都违反该市每年90天的租赁限制。2015年2月，旧金山颁布了一项新规，要求爱彼迎房东在该市进行注册，但绝大多数房东都没有遵守。旧金山就此要求爱彼迎为其房东担责，对于每一套被发现没有注册的房源，政府将对爱彼迎处以1 000美元/天的罚款。爱彼迎提起诉讼，虽然最终其与政府达成了和解，但结果导致爱彼迎旧金山市的房源减少了50%。[34]

美国和世界各地的城市都在试图弄清楚应该如何规范共享民宿服务。2016年，芝加哥颁布了一项房屋租赁法案，为短期租赁设定了各种限制。巴黎是极受爱彼迎用户欢迎的度假胜地之一，当地的住房部官员针对那些将第二套住房变成专门的短租房的做法进行了严厉打击，对违规者处以高达3万美元的罚款。[35] 冰岛与旧金山一样，曾试图要求爱彼迎的所有房东进行登记。2015年，巴塞罗那成为第一个因宣传非法"无证旅游住宿"对包括爱彼迎在内的网络平台进行惩罚的城市。[36] 柏林也于2016年开始禁止绝大多数房东向短期游客出租公寓房，如果违法，房东可能面临高达10万美元的罚款。[37]

然而，相比其他欧洲地区，阿姆斯特丹和伦敦则更欢迎爱彼迎的到来。2014年2月，阿姆斯特丹成为第一个通过号称"对爱彼迎友好的立法"的城市。经过协商，阿姆斯特丹只对租房征收旅游税，并要求爱彼迎确保潜在房东了解所有相关法规。[38] 有兴趣在爱彼迎上出租房屋的伦敦居民受益于2015年英国议会通过的一项住房立法修正案，该修正案允许房东每年出租自己的房屋、公寓或闲置房间不超过3个月。因此，伦敦也成了爱彼迎的最大市场，拥有超过8万个房源，但政府担心其中多达1/4的房源可能违反了3个月的限制规定。

爱彼迎还在持续与世界各地的监管机构斗争。爱彼迎坚持认为它对城市产生了积极影响，并继续将其业务展示为一种环境友好的尝试，其主要业务还是由普通居民偶尔出租自己的房屋所构成。公司还辩称，它不应为违规的房东负责。然而，随着越来越多的城市开始加大监管力度，爱彼迎也开始尝试与政府建立更密切的合作。2015年，爱彼迎推出了《社区契约》，该文件基于企业的核心原则，吸取了如何与城市进行合作的相关经验教训。爱彼迎还宣布调查并清除在纽约和旧金山经营非法酒店者。在占其收入70%的欧洲市场，该公司试图游说政府官员，提出可以支付更多的旅游税费，鼓励制定有利于爱彼迎的新法律法规，并资助能够帮助证明爱彼迎对当地经济有促进作用的研究。2016年，爱彼迎公布了新的措施，鼓励欧洲的房东缴纳相应的所得税。[39]

爱彼迎同时也意识到自己的创新速度可能比监管完善的速度快，因此它试图游说地方政府修改法律，对这种共享创新模式产生的收入进行适当征税。到目前为止，包括旧金山、波特兰、安大略省、亚拉巴马州和佛罗里达州在内的一些先行地区率先与爱彼迎达成共识，让爱彼迎代表其业主纳税。爱彼迎还与巴黎达成协议，代表房东缴纳旅游税。其他城市则没有表现得那么热情。在加利福尼亚州，圣巴巴拉市议会禁止爱彼迎式的短期度假租赁行为，而在弗吉尼亚州，由于酒店集团的强烈反对，推动房屋共享的提案被推迟审理。[40]

2016年，一个由全球10座城市组成的联盟合作制定了一个框架，为这些共享平台企业提供了一些基本规则。包括纽约、旧金山、巴黎、首尔、雅典、巴塞罗那、阿姆斯特丹和多伦多等在内的联盟联合编制了一份"规则手册"，利用这些城市的整体规模来推广更为明确的基本经营原则。此举旨在使那些经常面临各种现行法规大杂烩的用户和企业的体验正常化。[41] 2019年，另外10座欧洲城市联合向欧盟呼吁，希望可以在爱彼迎和类似的短租平台的监管问题上得到更多帮助。欧洲审判法庭曾表示爱彼迎应被视为一个数字信息提供者而非住宿服务提供者。如果此定性得到法院确认，将会进一步削弱政府向爱彼迎索要房源信息的能力，使得短期租赁法规的实施和执行更加困难。

第11章　可持续城市生活与共享经济　　305

其他问题

市政府和更高级别的监管机构还担心爱彼迎会导致过多的旅行者使部分原有的居民区变成酒店区,以及爱彼迎的扩张是否会遵循现有的相关土地使用权规定。经济适用房的倡导者也提出意见,称爱彼迎等网站正在助长住房危机。

爱彼迎表示,创新为当地的经济发展做出了积极贡献,包括吸引了更多不愿意入住酒店的旅行者来观光旅行。根据爱彼迎的一份报告显示:"超过75%的爱彼迎房源位于主要的酒店区域之外,爱彼迎租客的消费有一半产生于他们所居住的社区。"[42] 该公司还称其服务给城市带来了数十亿美元的收入,爱彼迎公司的数据显示,其对纽约市的经济影响约为5亿美元,伦敦的经济影响约为3亿美元,巴塞罗那的经济影响约为1.5亿美元。然而,这些城市中的一些社区也意识到了其所带来的一个副作用,即大量游客的涌入,包括他们带来的消费可能导致更高的房屋租金和零售价格,这样会使部分当地原有的居民因无法负担高额的房租和生活费用而被迫迁移。在温哥华、伦敦和纽约等城市,爱彼迎等网站提供的服务越来越多地将原本可以租给当地长期租户的房屋转变成短租房。[43]

爱彼迎对当地房价的影响是它给城市带来的一个主要问题。在纽约和旧金山等高房租地区,爱彼迎经常被描述成一种可以帮助资金紧张的租户通过获得额外收入来支付房租的渠道。然而,从长远来看,一些人认为,房屋共享的可能性会导致房东收取更高的租金,从而加剧城市的住房危机,因为房东知道潜在的租户有条件转向类似爱彼迎的二级市场进行短租来弥补租金上的不足。此外，将住宅转为短租房会进一步减少长期住房市场的存量，推高房价和租金。尽管爱彼迎提出了相反的说法，但两项研究发现，爱彼迎上的出租房源已经很少是那种传统意义上由房东或现有租户出租自己房屋中的一个闲置房间。一项针对18座城市的9万套房源的研究发现，40%的房源出租的都不只是一个房间。而另一项研究也发现，在某一座城市中有近5 000套爱彼迎房源是整租的公寓或住宅。因此，经济适用房的倡议者与酒店业和工会联手要求对爱彼迎等公司进行更为严格的监管。爱彼迎表示，自己意识到了居民对某些社区出现的大量房东存在担忧，会致力于与城市和社区合作，防止类似情况频繁发生。[44]

爱彼迎还不得不处理一些有关种族歧视的问题。比如来自哈佛大学的研究人员在2014年和2015年发布的研究表明，出租同样类型的房屋，黑人房东的收入会低于白人房东，另外黑人用户会因其种族被一些房东拒绝提供服务。[45]

由于爱彼迎的存在，共享民宿的概念现在已经在城市生活中扎了根。现在的挑战是城市如何才能有效实施监管、规范服务，使共享民宿能惠及更广泛的利益群体，包括爱彼迎的忠实客户群体、社区居民、经济适用房的倡导者以及酒店集团等。政策制定者应该与技术领导者共同努力，制定既可以保护公共利益又能促进创新的可执行的法规。借助现代互联网技术，城市的物理空间和网络虚拟空间交织在一起，为一个更具包容性和环境效率的共享经济提供了前所未有的平台。

共享经济带来的影响

共享经济有可能以前所未有的方式改变商业和城市，并在此过程中提高城市的修复力和可持续性。这是一种新的消费方式，即使用但不需要拥有。共享经济中所有的成员，包括参与者、企业家、政策制定者和其他领导者都在其中发挥着重要作用。[46] 根据雷切尔·博茨曼在《哈佛商业评论》发表的一篇文章的说法[47]：

共享经济的真正力量在于它可以作为一个变焦镜头，为一系列资产以前所未有的方式和规模创造出社会、环境和经济价值，并提供了一种变革性的视角。这种变革中蕴含着危机，同时也蕴含着巨大的机遇。

未来研究所是一家位于美国加利福尼亚州帕洛阿尔托的非营利性组织。该研究所的研究主任雷切尔·哈奇也是爱彼迎网站上的房东，她表示："如果让我预测未来 10 年的发展，我会认为能够使城市蓬勃发展的将是那些停下来思考如何利用共享经济，同时防止区域贵族化和过分改变城市特征的做法。"[48]

在全球经济中，很难保持独有的地方特色。如果你入住一家酒店是因为它在全球所有的分店看起来都一样，那么你可能很容易忘记自己身在何方。反之，如果你选择住在某人的家里，那么每个人的住所都可以为你带来不同的体验和当地的元素。与其逆势而为，不如与共享经济一道，充分享受为我们带来诸多便利的全球化与科技，更好地体验独特的地方元素。

对共享经济的分析

共享经济作为一个价值观议题

可持续生活是一种文化和社会现象，在很大程度上与政治无关。虽然传统的环保主义有时与自由主义政治联系在一起，尤其是与气候变化相关的政策，但共享经济、身体健康等概念似乎已经超越了意识形态上的分歧。就政治因素而言，可能共享经济只涉及与政府保持距离方面。对于优步和爱彼迎的监管有时遭到抵制不仅是出于很多人对监管的反感，还出自一个普遍的看法，即认为现有的利益集团和监管机构要么是被误导的，要么是为了保护旧经济体的既得利益才与科技创新作斗争。

共享经济作为一个科学技术议题

如果没有 GPS（全球定位系统）、廉价计算机、手机、条形码、信用卡上的加密芯片和许多其他技术创新，共享经济就不可能实现。在很大程度上，共享经济就是建立在科技之上的，并且旨在分享科技带来的好处。社交媒体和免费的录像与照片可以让任何人几乎不花费金钱就能广泛、即时地分享体验。

从更根本的意义上讲，我们能够不必将日常关注的焦点放在衣食住行上是因为一系列节省劳动力的科技发展，即从内燃机到拖拉机，再到电网、信息技术的发展。我们的生活方式需要能源和科技的支持，而这些能源与科技在生产中代替了很大一部分人力、畜力。医学知识和医疗技术的发展也使维持身体健康成了我们日常生活的一部分。

共享经济作为一个公共政策议题

共享经济需要一种新的监管形式，既能保护公众，又能不过分限制那些租赁自己的汽车、房屋、工具或技能给公众的行为。监管和授予许可的传统命令与严格控制的方式并不总是最有效的政策设计，因此必须开发一种新的治理形式。可持续生活的某些要素不需要新的组织和生活形式，但在涉及共享经济的情况下，一种创新的治理设计和结构就是必要的了。

在我们所说的"零工经济"中，零工似乎就是这种新生活方式的一部分。为了在工作日也可以自由支配时间，比如去健身、度假，很多人宁愿放弃传统工作带来的保障和福利。人们愿意为了行动上的自由牺牲工会和来自大型公司的保护。因此，社会安全保障网络需要被重新设计，才能在这种新情况下更好地保障员工权益。这不是建立一个新经济体的先决条件，但早些对可能发生的问题做出预判总是好的。我们很期待看到那些今天支持共享经济的年轻人是否会随着年龄的增长，因身处一个越发老龄化的社会而发生改变。随着更加接近死亡，疾病变得更加可怕,他们是否会变得更加关注安全保障呢?

共享经济作为一个管理议题

共享和零工经济所需的新组织程序和激励机制仍在发展中。我们还不知道如何建立和维护这些组织与机构,我们不太可能看到深度垂直整合的组织架构到底是什么样子,也没有足够的经验了解针对这些组织和实践的投资是否会带来回报。我们也不知道未来的优步和爱彼迎能否吸引和留住优秀的管理团队。但是,我们相信,随着一些商业和组织模式逐渐被淘汰,在未来几十年里我们将会学到很多新的东西。

共享经济作为一个多维度问题

虽然我们应该以广泛的视角审视和理解以共享经济为代表的可持续生活方式,但最根本的方式仍是通过价值观维度对其加以审视。纵观西方文化历史,财产的所有权一直是一种基本价值,几乎永远与财产的使用权画等号。将使用权与所有权分离开来是价值观上的一次根本转变,这对于一个希望在维持消费的同时减少自然资源消耗的经济体来说至关重要。共享经济的模式可以从财产的使用权中获取比所有权更多的价值,从而将更多的权力从资产的所有者转移到资产的管理者手中,这是否会影响围绕资本主义与社会主义长达一个世纪的争论?显然,实现这种变化也需要科学技术的进步与配合,但从价值观的角度来看，人们必须更加重视使用材料的体验，而不是局限于材料的所有权。这一概念是共享经济和可持续生活方式的核心。

第一部分

概念

第二部分

可持续城市案例研究

第三部分

结论

第 12 章
迈向可持续城市

人类的历史基本上是关于社会互动的演变和影响人们日常生活的科技发展的故事。我们怎样对待他人反映了我们的价值观和道德规范，而这些价值观和道德规范会随着我们满足基本和非基本生活需求的变化而不断演变。在过去的两个世纪中，技术变革的步伐急剧加快，影响着人们工作和家庭生活的方方面面。蒸汽机、空调、冰箱、电话、收音机、电灯、电视机、汽车、飞机、计算机、互联网、智能手机、搜索引擎以及工厂化农业都发挥了各自的作用。这个清单几乎是无穷无尽的，它们对我们的生活、工作以及时间管理方式的影响几乎是无法计算的。

在生活和时间管理方式的变革过程中，我们越来越能掌控自己对周围环境产生的影响。曾经，大多数人将大部分的时间都花在了获取食物、衣物、住所、水和保护自己上。现在的情况已经大不相同了，这些基本资源在世界的许多地方都可以随意获取。今天，大多数人只花费相对较少的时间和精力养活自己。在现代世界，那些仍在为获取生活必需品而奋斗的人被普遍认为是贫困人口或极度贫困人口。尽管很多美国人仍痴迷于拥有枪支，但他们中的大多数并不需要打猎，更不需要靠枪支抵御危险的敌人，保护自己。

今天的世界对于20世纪初或更早出生的人来说是无法想象的，但在创造这个奇迹的过程中，我们也破坏了自然环境和生态系统。我们将人造的化学物质引入了生态系统，生态系统无法在不受到破坏的情况下吸收这些化学物质。生态系统为人类提供了生存所需的空气、水和食物。与此同时，我们增加了与动物的接触，因此也增加了被动物所携带的病毒感染的可能性，尤其是在还没有形成抵抗病毒的免疫系统的时候。全球旅行使病毒能够传播到世界每一个角落。当今世界人口大约80亿，其中的大多数生活在人口密集的城市地区，因此我们需要弄清楚如何管理城市生活对地球的影响。而且需要在做到这一点的同时提高经济总量，确保贫困的消除并建立起全球性的社会安全网络。这个安全网络必须建立在理解市场经济、公共部门以及对个人行为进行奖罚的基础之上。监督和管理系统必须鼓励个人成就，同时防止破坏环境的组织和个人行为。

这项工作需要深入了解地球系统科学、人类生物学以及人造技术对生态系统、公共卫生和全球生物圈的影响。为了实现可持续发展，我们需要：

一是，为地球系统科学、疾病检测和预防以及预测和分析人类对环境影响的研究提供资金；

二是，建立成熟的公私合作伙伴关系，实现从一次性、基于不可再生能源的经济体向基于可再生能源的可持续经济体过渡；

三是，将尽可能多的人口集中到人口密集的地区，同时确保这些地方具备吸引力，可以提供健康的生活环境和良好的工作机会，可以让我们在这里更好地生活、学习、发展、工作和娱乐。

城市是可持续发展的核心，让城市发展为可以提供能源、水资源、废物处理、交通、娱乐、教育、公共卫生、公共空间、社交、食物、衣物和住所的空间，同时尽可能地减少对地球生态系统的影响。我们集中生活在美丽且富有活力的城市中，尽可能不要去打扰大自然。这就需要人口密度来支撑规模经济，以及分布式的能源、食品、运输、供水和废物处理系统来实现韧性与安全性。

这并非要阻止人们生活在农村地区，也不是要阻止富人同时拥有城市内外的住宅。人们应该住在他们想居住的地方，我们的目标只是让城市具有吸引力。事实上，为了彰显环保的价值，我们反而应该鼓励城市居民经常体验自然。生态旅游、学校组织的郊游、乡村度假以及登山、滑雪、钓鱼和狩猎等体育运动在彰显环保价值方面都占有一席之地。我们希望避免所有人都分散地住在数百万个低密度的社区中。由于城市化水平不断提高，保护自然环境免受世界各地城市的影响目前还很难实现，但希望有朝一日可以实现。

本书说明了可持续进程与地方可持续发展之间的联系。可持续进程需要依靠可持续的地方政府来推进。为此，我们必须更深入地了解人类社会的科学技术，以及这些技术对生活场所造成的影响。可持续城市不会一蹴而就，建设的过程也不会一帆风顺。我们需要学习如何创造和维护可持续城市。这些城市必须对居民和游客有吸引力，必须为其居民提供高品质的生活环境以及空间上的独特体验。每座城市都必须做出某种权衡，并在其中展示自己城市的特色。有些城市拥有令人感觉舒适的气候，另外一些城市则有更好的博物馆，还有一些会有热闹的酒吧，或是优良的医疗保健系统。所有城市都应尽其所能，减少居民对生态系统以及空气、水和食物链的影响。希望本书中的案例能够阐明建设可持续城市的难度和可行性。从这些案例中我们也可以看出，城市与时俱进的变化肯定会发生，但过程也许会曲折反复。

由于我们越发认识到社会变革与经济变革和政治变革之间的联系，我们在本书中专门用了一个章节讨论可持续的生活方式。向新型消费模式的转变不仅使向可持续城市转型成为可能，而且成为一种必要。年轻人想要父母曾经拥有的东西，但也想拥有新的东西。他们对体验感的追求至少与对物质的追求一样多。他们希望与他人分享和交流自己的经历。互联网的发展以及通信成本的下降已经改变了信息共享和社交互动的本质。因此，一个人的朋友圈已不再局限于住在周围的人。线上的社交互动也促进了人们对面对面互动的需求。我们不知道在未来，人际互动会采取何种形式，但我们知道几乎所有面对面的人际互动都发生在城市中。在新冠肺炎疫情暴发后，许多人感受到了面对面互动的重要性，线上通信并没有取代面对面交流，反而增加了我们对线下互动的渴望。

过去半个世纪以来,我们在世界大部分地区所经历的社会、经济和技术变革为目前正在进行的变革奠定了基础。女权主义、消除种族主义的行动、育儿行为的改变(做父母曾经是一种身份,现在更像一个动词)、婚姻平等、身体健康、心理健康的重要性都变得更加突出。这样的例子还有很多,我们现在生活在一个与上一代人成长的时代相比很不一样的世界。这使我们可以以不同的方式思考生活质量。现在的人们更加关心自己摄入的食物、呼吸的空气和喝的水。对于这些问题的担忧往往会导致人们更加提倡环境保护,以及一种更可持续、消耗资源更少的方式生活。

交流、教育、社会互动、文化、艺术、音乐、戏剧和媒体使我们能够观察、互动和反思。城市提供了大量这样的机会。这些活动不需要拥有,只需要参与体验,这也使我们在城市里的经济活动对环境的影响慢慢降低。人们喜欢公园而非私人花园;喜欢在电影院而非私人放映室看电影;喜欢乘坐公共交通、步行或骑自行车胜过开私家车堵在拥堵的城市道路上。大多数人更多是去欣赏而不是拥有艺术作品,人们愿意住在较小的私人空间,因为可以与大型的公共空间紧密相连。思想和物质实体之间的联系正在减少,就像生活质量和物质财富之间的关系正在减弱一样。人们需要食物、水、衣物、住房和其他物质享受,但这些物品越来越多地被认为是日用品,而不再是大多数人毕生追求的目标。尽管我们可能自欺欺人地认为这样做会使我们的经济崩溃,但许多人花在购买这些物品上的时间越来越少，而花在获取和吸收信息与思想上的时间却越来越多。

我们现在生活在一个全球互联的经济和通信系统中。我们比以往任何时候都更加相互依赖。随着全球化程度的提高，在许多国家，收入不平等现象也在加剧，尤其是在城市地区。食物、衣物和住房是显而易见的基本需求，但在新兴的人才经济体中，获得教育、信息和通信技术几乎处于同等重要的位置。"授人以鱼，不如授人以渔"的现代版本是为年轻人提供参与全球对话的机会。尽管我们更关心穷人缺少什么，而不是富人拥有什么，但长期的政治稳定要求富有的人放弃更多的收入，以确保较少收入的群体可以获得应有的健康、教育和社会福利。我们不提倡收入上的完全平等，而是提倡获得机会的权利均等。如果不这样做，我们就将面临更多的恐怖主义、牢狱之灾以及社会动荡。

城市具有人口密集的优势，即使收入上的物理隔离在近些年有所加剧，但城市中的富人很难完全避开穷人。人口密度也降低了获取城市资源的成本。比如纽约市在许多街道上设立了无线信息亭，让人们可以免费连接互联网并为他们的电子设备充电。图书馆也已恢复它们作为给有需要的人提供信息的窗口功能。相比于在成堆的报刊中找到自己所需的信息，现在更多的人是坐在书桌前，使用互联网和电子邮件发送求职信和简历，在线申请工作。

许多旧的商业利益集团仍在努力维持现状，即使它们的业务造成了环境污染，随时都应该被取代。尽管这些行业不会立刻消失，但时间不会站在它们那一边。如果说过去两个世纪告诉了我们什么道理，那就是：技术变革的浪潮永远无法阻挡。也许我们可以在一定程度上塑造和引领科技创新，却无法阻止它的进程，因为人类具有强大的创造力，而且科技的进步令人向往。为了拥有舒适的生活方式，我们也牺牲了许多其他利益。比如社交平台和信息技术的进步让我们牺牲了很多隐私，全球化的供应链让我们失去了自给自足的能力。这些变化是渐进的，以至于许多人几乎没有意识到变化的发生。很多人还在坚持一种与他们的生活方式或他们需要捍卫的东西几乎没有相似之处的政治观念和价值体系。

我们一直对普通人如何对他们不了解的复杂技术做出有意义的选择抱有兴趣。人们知道化学涂层会使锅碗瓢盆更容易清洁，但他们没有意识到如果管理不善，生产这种涂层的过程可能会非常危险。科技迅速迭代，诸多不同的成本与收益种类快速涌现，人们如何知道应该关注什么，而什么又是可以被忽略的？我们怎样将人们与决定他们如何居住、在哪里居住以及是否居住的关键决策联系起来？我们将答案归结为，提高接收信息的人的理解能力，并提高发送信息的人的沟通能力。

这个答案并没有提供一种管理日益复杂和危险的世界的方法。值得注意的是，虽然危险系数越来越高，人们的寿命却越来越长、身体越来越健康。我们文化中的大部分技术力量和人类智慧都集中在医学上，试图治疗不论由自然原因还是人为原因引发的疾病。医疗技术必须做到及时就位，而城市正是它实现这一点的地方。如果一个人突发疾病，现代通信技术可以迅速将他所需要的帮助带到他身边，一辆装备精良的现代救护车具有与医院急诊病房相似的功能和设施。这也是那么多人可以在枪击、心脏病发作或其他突发的创伤中幸存下来的原因。

  在可持续城市中，交流和学习过程可以是一个群体过程。物理上的接近可以使群体更容易聚集在一起学习和行动。我们在第 6 章的讨论说明，需要与多个利益相关者接触，并使其参与到可以产生可持续性和包容性结果的政策制定当中。在一所医院里，一个专家团队可以通过交流，在急诊室稳定患者病情。专家也可以与利益相关团体互动，帮助各方更好地了解所讨论话题的各个方面。事实证明，城市是处理复杂问题的一个非常重要的平台。除了可以召集很多不同的人，公众还可以接触到值得信赖的专家，例如当地的药剂师，可以解释新处方引发的问题，或者一个水管工可以帮忙来测试管道是否被污染。同时随着新建筑和公园的兴建，新的游乐场挤满了人，人们也可以看到城市空间的变迁。

  在新冠肺炎疫情暴发后，一些城市居民想知道在郊区生活是否会更好，有些人也搬到了他们在城外的房子或者农村的父母家中。但这会是永久性的变化吗？如果是，将会对城市产生什么影响？类似的问题在全球的旅游业中也被提起过，包括：召开会议及举办活动的业务该怎么办？体育赛事呢？我们认为，城市、旅行和全球经济之所以能发展起来是因为它们给我们带来的好处，新冠肺炎疫情并不会终结这些好处，反而会让我们更加意识到这些好处的重要性，尤其是在无法享受这些好处的时候。这场危机让许多人意识到我们不够珍惜现在拥有的生活。在疫情暴发时，人们是多么渴望可以坐在户外喝杯咖啡，看看过往的人群。我们怀念那些计划旅行的日子，也怀念那些只有到山顶才能看到的壮美风景。

未被破坏的自然已经所剩无几，我们已经无法让现在的孩子每天在溪流旁嬉戏玩耍。但是，我们还是可以有意识地让我们的孩子在大自然中进行更多的日常体验，并让他们学会欣赏我们赖以生存的自然环境。人与大自然之间的天平已然开始向人类的方向倾斜。如果想要避免一个完全人造的世界，我们就需要发展可持续城市。我们也许可以在一个非自然的世界中生活，但我们的价值观更倾向于阻止对自然的破坏。如果我们学会保护自然，学会接受一个多元化的经济发展模式，那么我们就可以继续享受由我们热爱的城市带来的精彩与舒适，同时不失去我们赖以生存的大自然。

注　释

第 1 章　可持续城市的定义

1. "Sustainable City," ICLEI Local Governments for Sustainability, accessed September 3, 2020, http://old.iclei.org/index.php?id=35.
2. Lisa Benton-Short and John R. Short, *Cities and Nature*, 2nd ed. (New York: Routledge, 2013), 22.
3. Carole Rakodi, Fiona Nunan, and Douglas McCallum, *Sustainable Urbanisation: Achieving Agenda 21* (London: United Nations Human Settlements Programme, Department for International Development, 2002), 6.
4. United Nations, "Sustainable Development Challenges: Towards Sustainable Cities," chap. 3 in *World Economic and Social Survey 2013* (New York: United Nations, 2013), 54.
5. "Sustainable Cities Initiative," Where We Work, World Bank, accessed July 13, 2020, https://www.worldbank.org/en/region/eca/brief/sustainable-cities-initiative.
6. United Nations Environment Programme, *Cities and Buildings* (Paris: UNEP-DTIE, Sustainable Consumption and Production Branch, n.d.), 5, http://energies2050.org/wp-content/uploads/2013/09/2013-06-UNEP-Cities-and-buildings-activities_16-pages-GB.pdf.
7. Kent E. Portney, *Taking Sustainable Cities Seriously: Economic Development, the Environment, and Quality of Life in American Cities*, 2nd ed. (Cambridge, MA: MIT Press, 2013), 122.
8. M. Swilling, B. Robinson, S. Marvin, and M. Hodson, *City-Level Decoupling: Urban Resource Flows and the Governance of Infrastructure Transitions* (Paris: United Nations Environment Programme and International Resource Panel, 2013), 7, https://wedocs.unep.org/bitstream/handle/20.500.11822/8488/City-Level_FReport_EN.pdf?sequence=1&isAllowed=y.
9. "World City Populations 2020," World Cities, World Population Review, accessed July 13, 2020, https://worldpopulationreview.com/world-cities.

10. Joe Cortright, "City Report: The Young and the Restless and the Nation's Cities," City Observatory, October 2014, 1, http://cityobservatory.org/wp-content/uploads/2014/10/YNR-Report-Final.pdf.
11. Tanja Buch, Silke Hamann, Annekatrin Niebuhr, and Anja Rossen, "What Makes Cities Attractive? The Determinants of Urban Labour Migration in Germany," *Urban Studies* 51, no. 9 (July 2014): 1960–78; Tony Champion, "Urbanization, Suburbanization, Counterurbanization and Reurbanization," in *Handbook of Urban Studies*, ed. Ronan Paddison (London: SAGE, 2001), 143–62; Andrea Dittrich-Wesbuer, Stefanie Föbker, and Frank Osterhage, "Demographic Change and Migration in City Regions: Results from Two German Case Studies," *Zeitschrift Für Bevölkerungswissenschaft* 33, no. 3–4 (October 2008): 315–50.
12. Paul C. Cheshire, "Resurgent Cities, Urban Myths and Policy Hubris: What We Need to Know," *Urban Studies* 43, no. 8 (July 2006): 1231–46; Michael Storper and Michael Manville, "Behaviour, Preferences and Cities: Urban Theory and Urban Resurgence," *Urban Studies* 43, no. 8 (July 2006): 1247–74.
13. Ester R. Fuchs, "Governing the Twenty-First-Century City," *Journal of International Affairs* 65, no. 2 (2012), 53.
14. Peter Clark, ed., *The Oxford Handbook of Cities in World History* (Oxford: Oxford University Press, 2013).
15. XiaoHu Wang, Christopher Hawkins, and Evan Berman, "Financing Sustainability and Stakeholder Engagement: Evidence from U.S. Cities," *Urban Affairs Review* 50, no. 6 (November 2014): 806–34.
16. Matt Flegenheimer, "After Decades, a Water Tunnel Can Now Serve All of Manhattan," *New York Times*, October 16, 2013, https://www.nytimes.com/2013/10/17/nyregion/new-water-tunnel-can-provide-water-for-all-of-manhattan.html.
17. New York State, "2015 New York State Energy Plan," accessed December 20, 2020. https://energyplan.ny.gov. https://energyplan.ny.gov.
18. Governor Andrew M. Cuomo, "Governor Cuomo Announces Green New Deal Included in 2019 Executive Budget," New York State, January 17, 2019, https://www.governor.ny.gov/news/governor-cuomo-announces-green-new-deal-included-2019-executive-budget.

第 2 章　可持续的城市系统

1. United Nations Environment Programme (UNEP), *Cities and Buildings* (Paris: UNEP-DTIE, Sustainable Consumption and Production Branch, n.d.), http://energies2050.org/wp-content/uploads/2013/09/2013-06-UNEP-Cities-and-buildings-activities_16-pages-GB.pdf.
2. Kent E. Portney, *Taking Sustainable Cities Seriously: Economic Development, the Environment, and Quality of Life in American Cities*, 2nd ed. (Cambridge, MA: MIT Press, 2013), 89.

3. Ban Ki-moon, *Sustainable Energy for All: A Vision Statement by Ban Ki-Moon Secretary-General of the United Nations* (New York: United Nations, November 2011), 2, https://www.seforall.org/sites/default/files/l/2014/02/SG_Sustainable_Energy_for_All_vision.pdf.
4. National Science Foundation, "Building a Sustainable Energy Future" (NSB-09-35 National Science Board, Alexandria, VA, April 10, 2009), http://www.nsf.gov/nsb/publications/2009/comments_se_report.pdf.
5. "How Much of U.S. Energy Consumption and Electricity Generation Comes from Renewable Energy Sources?," Frequently Asked Questions (FAQs), U.S. Energy Information Administration (EIA), accessed July 14, 2020, https://www.eia.gov/tools/faqs/faq.php?id=92&t=4.
6. International Renewable Energy Agency (IRENA), *Renewable Capacity Statistics 2019* (Abu Dhabi, United Arab Emirates: IRENA, 2019), https://www.irena.org/publications/2019/Mar/Renewable-Capacity-Statistics-2019.
7. "How Much Electricity Is Lost in Electricity Transmission and Distribution in the United States?," Frequently Asked Questions (FAQs), U.S. Energy Information Administration (EIA), updated December 31, 2019, https://www.eia.gov/tools/faqs/faq.php?id=105&t=3.
8. Jin Ho Jo and Robert Laurence Martin, "Addressing Sustainability Issues in Complex Urban Systems Using a Sustainable Energy Plan," *International Journal of Sustainable Building Technology and Urban Development* 3, no. 4 (December 2012): 234–41.
9. "Microgrids 101," New York State Energy Research and Development Authority, accessed July 14, 2020, https://www.nyserda.ny.gov/All-Programs/Programs/NY-Prize/Resources-for-applicants/Microgrids-101.
10. International Renewable Energy Agency (IRENA), *Battery Storage for Renewables: Market Status and Technology Outlook* (Abu Dhabi, United Arab Emirates: IRENA, January 2015): 1, https://www.irena.org/-/media/Files/IRENA/Agency/Publication/2015/IRENA_Battery_Storage_report_2015.pdf.
11. Daniel P. Loucks, Eelco van Beek, and Jery R. Stedinger, "Urban Water Systems," in *Water Resources Systems Planning and Management: An Introduction to Methods, Models and Applications*, Studies and Reports in Hydrology (Paris: UNESCO, 2005), 427.
12. "Drinking-Water," Fact Sheets, World Health Organization, June 14, 2019, https://www.who.int/news-room/fact-sheets/detail/drinking-water.
13. Oliver Milman and Jessica Glenza, "At Least 33 US Cities Used Water Testing 'Cheats' Over Lead Concerns," *The Guardian*, June 2, 2016, https://www.theguardian.com/environment/2016/jun/02/lead-water-testing-cheats-chicago-boston-philadelphia; Tessa Stuart, "It's Not Just Flint: America Has a Major Lead-in-Water Problem," *Rolling Stone*, January 28, 2016, https://www.rollingstone.com/politics/politics-news/its-not-just-flint-america-has-a-major-lead-in-water-problem-185742.
14. Laura Ungar, "Lead Taints Drinking Water in Hundreds of Schools, Day Cares Across USA," *USA TODAY*, March 19, 2016, https://www.usatoday.com/story/news/nation/2016/03/17/drinking-water-lead-schools-day-cares/81220916.

15. "Sustainable Water Use" (policy position statement, Planning Institute of Australia, Adelaide, December 5, 2006), https://www.planning.org.au/documents/item/225.
16. Jim Dwyer, "De Blasio Postpones Work on Crucial Water Tunnel," *New York Times*, April 5, 2016, https://www.nytimes.com/2016/04/06/nyregion/de-blasio-postpones-work-on-crucial-water-tunnel.html.
17. Jim Dwyer, "De Blasio Adding Money for Water Tunnel in Brooklyn and Queens," *New York Times*, April 6, 2016, https://www.nytimes.com/2016/04/07/nyregion/mayor-de-blasio-adding-money-for-water-tunnel-in-brooklyn-and-queens.html.
18. Abrahm Lustgarten, "Unplugging the Colorado River," *New York Times*, May 20, 2016, https://www.nytimes.com/2016/05/22/opinion/unplugging-the-colorado-river.html.
19. Daniel P. Loucks, "Water Resource Management Models," *The Bridge* 38, no. 3 (Fall 2008): 24.
20. "National Overview: Facts and Figures on Materials, Wastes and Recycling," Overviews and Factsheets, U.S. Environmental Protection Agency, October 2, 2017, https://www.epa.gov/facts-and-figures-about-materials-waste-and-recycling/national-overview-facts-and-figures-materials.
21. "Global Waste on Pace to Triple by 2100," World Bank, October 30, 2013, https://www.worldbank.org/en/news/feature/2013/10/30/global-waste-on-pace-to-triple.
22. "National Overview: Facts and Figures on Materials, Wastes and Recycling."
23. "National Overview: Facts and Figures on Materials, Wastes and Recycling."
24. "National Overview: Facts and Figures on Materials, Wastes and Recycling," 13.
25. "Mayor Lee Announces San Francisco Reaches 80 Percent Landfill Waste Diversion, Leads All Cities in North America" (press release, SF Environment, October 5, 2012), https://sfenvironment.org/news/press-release/mayor-lee-announces-san-francisco-reaches-80-percent-landfill-waste-diversion-leads-all-cities-in-north-america.
26. Matt Richtel, "San Francisco, 'The Silicon Valley of Recycling,'" *New York Times*, March 25, 2016, https://www.nytimes.com/2016/03/29/science/san-francisco-the-silicon-valley-of-recycling.html.
27. Samatha MacBride, "San Francisco's Famous 80 percent Waste Diversion Rate: Anatomy of an Exemplar," *Discard Studies* (blog), December 6, 2013, https://discardstudies.com/2013/12/06/san-franciscos-famous-80-waste-diversion-rate-anatomy-of-an-exemplar.
28. City of New York, "OneNYC 2016 Progress Report" (City of New York, Mayor's Office of Long-Term Planning and Sustainability, 2016), 119, https://www1.nyc.gov/html/onenyc/downloads/pdf/publications/OneNYC-2016-Progress-Report.pdf.
29. World Bank, "Introduction to Wastewater Treatment Processes," accessed 2016, http://water.worldbank.org/shw-resource-guide/infrastructure/menu-technical-options/wastewater-treatment.
30. Office of Sustainable Communities, "Enhancing Sustainable Communities with Green Infrastructure," Smart Growth Program (EPA-100-R-14-006, U.S. Environmental Protection Agency, Washington, DC, October 2014), https://www.epa.gov/sites/production/files/2016-08/documents/green-infrastructure.pdf; World Bank, "Introduction to Wastewater Treatment Processes."

31. Office of Water and Office of Wastewater Management, "Primer for Municipal Wastewater Treatment Systems" (Washington, D.C.: U.S. Environmental Protection Agency, September 2004), 27, https://www.epa.gov/sites/production/files/2015-09/documents/primer.pdf.
32. Joel A. Tarr, James McCurley, Francis C. McMichael, and Terry Yosie, "Water and Wastes: A Retrospective Assessment of Wastewater Technology in the United States, 1800–1932," *Technology and Culture* 25, no. 2 (1984): 237.
33. Melissa G. Kramer, "Enhancing Sustainable Communities with Green Infrastructure," Office of Sustainable Communities Smart Growth Program (Washington, D.C.: U.S. Environmental Protection Agency, October 2014), 1, https://www.epa.gov/sites/production/files/2016-08/documents/green-infrastructure.pdf.
34. Philly Watershed, "Green City, Clean Waters," accessed 2016. http://www.phillywatersheds.org/what_were_doing/documents_and_data/cso_long_term_control_plan.
35. "Table 2. Employment by Major Industry Sector," U.S. Bureau of Labor Statistics, accessed September 3, 2020, https://www.bls.gov/news.release/ecopro.t02.htm; Carolyn Dimitri, *The 20th Century Transformation of U.S. Agriculture and Farm Policy* (Washington, D.C.: U.S. Department of Agriculture, Economic Research Service, 2005), 2.
36. Food and Agriculture Organization, "An Introduction to the Basic Concepts of Food Security," in *Food Security Information for Action: Practical Guides* (Geneva, Switzerland: Food and Agriculture Organization of the United Nations, Food Security Program, 2008), 1, http://www.fao.org/3/al936e/al936e00.pdf.
37. Bryan Walsh, "The Triple Whopper Environmental Impact of Global Meat Production," *Time*, December 16, 2013, https://science.time.com/2013/12/16/the-triple-whopper-environmental-impact-of-global-meat-production.
38. Sarah A. Low et al., "Trends in U.S. Local and Regional Food Systems: Report to Congress" (Administrative Publication No. 068, U.S. Department of Agriculture, Economic Research Service, Washington, DC, January 2015), 3, https://permanent.fdlp.gov/gpo56079/ap068.pdf.
39. Corinne Kisner, "Developing a Sustainable Food Systems," City Practice Brief, National League of Cities, Sustainable Cities Institute, accessed December 2020, https://static1.squarespace.com/static/590801a4e4fcb5d6e266e5e9/t/5a0be9659140b7e76cd68045/1510730086313/Developing_A_Sustainable_Food_System_2011.pdf.
40. M. A. Beketov et al., "Pesticides Reduce Regional Biodiversity of Stream Invertebrates," *Proceedings of the National Academy of Sciences* 110, no. 27 (July 2013): 11039–43; L. Bouwman et al., "Exploring Global Changes in Nitrogen and Phosphorus Cycles in Agriculture Induced by Livestock Production Over the 1900–2050 Period," *Proceedings of the National Academy of Sciences* 110, no. 52 (December 2013): 20882–87; Lauren C. Ponisio and Claire Kremen, "System-Level Approach Needed to Evaluate the Transition to More Sustainable Agriculture," *Proceedings of the Royal Society B: Biological Sciences* 283, no. 1824 (February 2016): 20152913–15.
41. M. Herrero et al., "Biomass Use, Production, Feed Efficiencies, and Greenhouse Gas Emissions from Global Livestock Systems," *Proceedings of the National Academy of Sciences* 110, no. 52 (December 2013): 20888–93.

42. Bryan Walsh, "The Triple Whopper Environmental Impact of Global Meat Production," *Time*, December 16, 2013, https://science.time.com/2013/12/16/the-triple-whopper-environmental-impact-of-global-meat-production.
43. Francis Vergunst and Julian Savulescu, "Five Ways the Meat on Your Plate Is Killing the Planet," *The Conversation*, April 26, 2017, http://theconversation.com/five-ways-the-meat-on-your-plate-is-killing-the-planet-76128.
44. J. Poore and T. Nemecek, "Reducing Food's Environmental Impacts through Producers and Consumers," *Science* 360, no. 6392 (June 2018): 987–92, https://doi.org/10.1126/science.aaq0216.
45. Damian Carrington, "Avoiding Meat and Dairy Is 'Single Biggest Way' to Reduce Your Impact on Earth," *The Guardian*, May 31, 2018, https://www.theguardian.com/environment/2018/may/31/avoiding-meat-and-dairy-is-single-biggest-way-to-reduce-your-impact-on-earth.
46. Poore and Nemecek, "Reducing Food's Environmental Impacts," 990.
47. T. Garnett et al., "Sustainable Intensification in Agriculture: Premises and Policies," *Science* 341, no. 6141 (July 2013): 33.
48. Vergunst and Savulescu, "Five Ways the Meat on Your Plate Is Killing the Planet."
49. "Definition of a Food Desert," U.S. Department of Agriculture, accessed July 15, 2020, https://www.ers.usda.gov/webdocs/DataFiles/80591/archived_documentation.pdf?v=41332.
50. "A Look Inside Food Deserts," Centers for Disease Control and Prevention, accessed 2016, http://www.cdc.gov/features/FoodDeserts.
51. Karen R. Siegel et al., "Association of Higher Consumption of Foods Derived from Subsidized Commodities with Adverse Cardiometabolic Risk Among U.S. Adults," *JAMA Internal Medicine* 176, no. 8 (August 2016): 1129.
52. Kevin Morgan, "Nourishing the City: The Rise of the Urban Food Question in the Global North," *Urban Studies* 52, no. 8 (2015): 1383.
53. Julie Bosman and Richard Fausset, "The Coronavirus Swamps Local Health Departments, Already Crippled by Cuts," *New York Times*, March 14, 2020, https://www.nytimes.com/2020/03/14/us/coronavirus-health-departments.html.
54. Stella M. Čapek, "Foregrounding Nature: An Invitation to Think About Shifting Nature-City Boundaries," *City and Community* 9, no. 2 (April 2010): 220.
55. City of New York, "PlaNYC: A Greener, Greater New York" (City of New York, 2007), 12, http://www.nyc.gov/html/planyc/downloads/pdf/publications/full_report_2007.pdf.
56. Anna Chiesura, "The Role of Urban Parks for the Sustainable City," *Landscape and Urban Planning* 68, no. 1 (May 2004): 136.
57. Chiesura, "The Role of Urban Parks," 130; Cornell Waste Management Institute, *Pay As You Throw for Large Municipalities* (Ithaca, NY: The Cornell Waste Management Institute, April 2001), http://cwmi.css.cornell.edu/PAYTreport.pdf; Nicholas Dahmann et al., "The Active City? Disparities in Provision of Urban Public Recreation Resources," *Health and Place* 16, no. 3 (May 2010): 431–45; A. C. K. Lee and R. Maheswaran, "The Health Benefits of Urban Green Spaces: A Review of the Evidence," *Journal of Public Health* 33,

no. 2 (June 2011): 212–22; Roger S. Ulrich, "Natural Versus Urban Scenes: Some Psychophysiological Effects," *Environment and Behavior* 13, no. 5 (September 1981): 523–56.
58. "Guidelines for Participation in the Biophilic Cities Network," Biophilic Cities, June 2015, https://issuu.com/biophiliccities/docs/biophiliccitiesnetworkguidelines.
59. Hamil Pearsall, "From Brown to Green? Assessing Social Vulnerability to Environmental Gentrification in New York City," *Environment and Planning C: Government and Policy* 28, no. 5 (October 2010): 877.
60. "Brownfields," Collections and Lists, U.S. Environmental Protection Agency, accessed July 15, 2020, https://www.epa.gov/brownfields.
61. Christopher A. De Sousa, "Turning Brownfields into Green Space in the City of Toronto," *Landscape and Urban Planning* 62, no. 4 (February 2003): 195.
62. Portney, *Taking Sustainable Cities Seriously*, 117.
63. Glen Weisbrod, Derek Cutler, and Chandler Duncan, *Economic Impact of Public Transportation Investment* (Washington, DC: American Public Transportation Association, 2014): iii, https://www.apta.com/wp-content/uploads/Resources/resources/reportsandpublications/Documents/Economic-Impact-Public-Transportation-Investment-APTA.pdf.
64. National Renewable Energy Laboratory and Sandia National Laboratories, "Co-Optimization of Fuels and Engines," DOE/GO-102016-4860 (Energy Efficiency and Renewable Energy, U.S. Department of Energy Washington, DC, March 2016), https://www.nrel.gov/docs/fy16osti/66146.pdf.
65. Juelin Yin, Lixian Qian, and Anusorn Singhapakdi, "Sharing Sustainability: How Values and Ethics Matter in Consumers' Adoption of Public Bicycle-Sharing Scheme," *Journal of Business Ethics* 149, no. 2 (May 2018): 314.
66. Theresa Firestine, "Bike-Share Stations in the United States" (technical brief, U.S. Department of Transportation, Washington, DC, April 2016): 1, https://www.bts.gov/sites/bts.dot.gov/files/legacy/Bike-Share%20Data_1.PDF.

第3章 可持续的生活方式

1. "Sustainable Living Manual," *Regenerative* (blog), accessed July 17, 2020, https://regenerative.com/go/sustainable-living-manual; Mick Winter, *Sustainable Living: For Home, Neighborhood, and Community: Save Energy, Save Resources, Save Money, Live Better* (Napa, CA: Westsong, 2007).
2. United Nations Environment Programme, *Visions for Change: Recommendations for Effective Policies on Sustainable Lifestyles* (Paris: UNEP, 2011), 6, https://wedocs.unep.org/handle/20.500.11822/8009.
3. Harlan Lebo, *The 2017 Digital Future Report: Surveying the Digital Future* (Los Angeles: Center for the Digital Future at USC Annenberg, 2017), 5, http://www.digitalcenter.org/wp-content/uploads/2013/10/2017-Digital-Future-Report.pdf.

4. Arman Shehabi, Ben Walker, and Eric Masanet, "The Energy and Greenhouse-Gas Implications of Internet Video Streaming in the United States," *Environmental Research Letters* 9, no. 5 (May 2014): 6.
5. Joe Cortright, "Lessons in Common," City Observatory, June 9, 2015. http://cityobservatory.org.
6. Richard Stengel, "For American Consumers, a Responsibility Revolution," *Time*, September 10, 2009, http://content.time.com/time/magazine/article/0,9171,1921618,00.html.
7. "Digital Activities Conducted by U.S. Female Internet Users," eMarketer, March 9, 2018, https://www.emarketer.com/chart/217170/digital-activities-conducted-by-us-female-internet-users-by-age-march-2018-of-respondents-each-group.
8. "State of Retail," Comscore, July 22, 2019. https://www.comscore.com/Insights/Presentations-and-Whitepapers/2019/State-of-Retail.
9. Airbnb, "About Us," Airbnb Newsroom, accessed August 25, 2020, https://news.airbnb.com/about-us.
10. Mansoor Iqbal, "Uber Revenue and Usage Statistics (2020)," Business of Apps, updated October 30, 2020, https://www.businessofapps.com/data/uber-statistics.
11. "Meet the 2018 CNBC Disruptor 50 Companies," CNBC, May 22, 2018, https://www.cnbc.com/2018/05/22/meet-the-2018-cnbc-disruptor-50-companies.html; "Meet the 2019 CNBC Disruptor 50 Companies," CNBC, May 15, 2019, https://www.cnbc.com/2019/05/15/meet-the-2019-cnbc-disruptor-50-companies.html.
12. Linda Steg, Paul Lindenberg, and Kees Keizer, "Intrinsic Motivation, Norms and Environmental Behaviour: The Dynamics of Overarching Goals," *International Review of Environmental and Resource Economics* 9, no. 1–2 (July 2016): 181.
13. Dale T. Miller and Deborah A. Prentice, "Changing Norms to Change Behavior," *Annual Review of Psychology* 67, no. 1 (January 2016): 355.
14. United Nations, Department of Economic and Social Affairs, Population Division, *World Population Prospects 2019 Highlights* (New York: United Nations, Department of Economic and Social Affairs, Population Division, 2019), https://population.un.org/wpp/Publications/Files/WPP2019_Highlights.pdf.
15. "Employment Projections: 2014–24 Summary," U.S. Department of Labor, accessed July 14, 2020, https://www.bls.gov/news.release/ecopro.nr0.htm.
16. "Employment Projections."
17. Lawrence F. Katz, and Alan B. Krueger, "The Rise and Nature of Alternative Work Arrangements in the United States, 1995–2015" (NBER Working Paper, National Bureau of Economic Research, Cambridge, MA, June 18, 2017), 3, https://scholar.harvard.edu/files/lkatz/files/katz_krueger_cws_resubmit_clean.pdf.
18. U.S. Board of Governors of the Federal Reserve System, *Report on the Economic Well-Being of U.S. Households in 2017* (Washington, DC: U.S. Board of Governors of the Federal Reserve System, May 2018), 66, https://www.federalreserve.gov/publications/files/2017-report-economic-well-being-us-households-201805.pdf.

19. Kristen Bialik and Richard Fry, "How Millennials Compare with Prior Generations," Pew Research Center's Social and Demographic Trends Project, February 14, 2019, https://www.pewsocialtrends.org/essay/millennial-life-how-young-adulthood-today-compares-with-prior-generations.
20. Kristofer Hamel, Katharina Fenz, and Martin Hofer, "How to Harness the Spending Power of Millennials: Move Beyond the U.S.," *Brookings* (blog), April 30, 2018, https://www.brookings.edu/blog/future-development/2018/04/30/how-to-harness-the-spending-power-of-millennials-move-beyond-the-us.
21. Elisabetta Corvi, Alessandro Bigi, and Gabrielle Ng, "The European Millennials Versus the U.S. Millennials: Similarities and Differences" (paper no. 68, Università degli Studi di Brescia, Rome, Italy, December 2007), 1, https://www.unibs.it/sites/default/files/ricerca/allegati/Paper68.pdf.
22. Global Strategy Group, "Rockefeller Millennials Survey" (Global Strategy Group, New York, 2014), 3, http://t4america.org/wp-content/uploads/2014/04/RF-Millennials-Survey-Topline.pdf.
23. Lisa Rayle et al., "App-Based, On-Demand Ride Services: Comparing Taxi and Ride Sourcing Trips and User Characteristics in San Francisco" (working paper, University of California Transportation Center (UCTC), Berkeley, November 2014), 8, https://www.its.dot.gov/itspac/dec2014/ridesourcingwhitepaper_nov2014.pdf.
24. Global Strategy Group, "Rockefeller Millennials Survey," 3.
25. Tony Dutzik, Jeff Inglis, and Phineas Baxandall, *Millennials in Motion: Changing Travel Habits of Young Americans and the Implications for Public Policy* (Denver, CO: U.S. Public Interest Research Group Education Fund, Frontier Group, October 2014), 2, https://uspirg.org/sites/pirg/files/reports/Millennials%20in%20Motion%20USPIRG.pdf.
26. Michael Sivak and Brandon Schoettle, "Update: Percentage of Young Persons with a Driver's License Continues to Drop," *Traffic Injury Prevention* 13, no. 4 (July 2012): 341; Benjamin Davis and Phineas Baxandall, *Transportation in Transition* (Denver, CO: U.S. Public Interest Research Group Education Fund, Frontier Group, December 2013), https://uspirg.org/sites/pirg/files/reports/US_Transp_trans_scrn.pdf.
27. Dan Schawbel, "The Millennial Consumer Study," *Workplace Intelligence* (blog), January 20, 2015, http://workplaceintelligence.com/millennial-consumer-study.
28. Schawbel, "The Millennial Consumer Study."
29. "The Millennial Shift," 2015 Workplace Trend Report, Bolster, accessed 2020, http://keeganelizabeth.weebly.com/uploads/2/4/0/4/24043559/the_millennial_shift_-_final.pdf
30. Institute for Sustainable Investing, *Sustainable Signals: Individual Investor Interest Driven by Impact, Conviction and Choice* (New York: Morgan Stanley, Institute for Sustainable Investing, 2019), 6, https://www.morganstanley.com/pub/content/dam/msdotcom/infographics/sustainable-investing/Sustainable_Signals_Individual_Investor_White_Paper_Final.pdf.
31. "2018 Revision of World Urbanization Prospects," World Urbanization Prospects, UN Department of Economic and Social Affairs, accessed July 15, 2020, https://population.un.org/wup.

32. Yuan Wang et al., "Does Urbanization Lead to More Carbon Emission? Evidence from a Panel of BRICS Countries," *Applied Energy* 168 (April 15, 2016), 380.
33. Muhammad Shahbaz et al., "How Urbanization Affects CO2 Emissions in Malaysia? The Application of STIRPAT Model," *Renewable and Sustainable Energy Reviews* 57 (May 2016): 83–93.
34. Ning Zhang, Keren Yu, and Zhongfei Chen, "How Does Urbanization Affect Carbon Dioxide Emissions? A Cross-Country Panel Data Analysis," *Energy Policy* 107 (August 2017): 678–87; Ke Li and Boqiang Lin, "Impacts of Urbanization and Industrialization on Energy Consumption/CO2 Emissions: Does the Level of Development Matter?," *Renewable and Sustainable Energy Reviews* 52 (December 1, 2015): 1107–22.
35. Dong Guo et al., "Awareness, Perceptions and Determinants of Urban Sustainable Development Concerns—Evidence from a Central Province in China," *Sustainable Development* 26, no. 6 (November 2018): 653.
36. AirVisual, "World's Most Polluted Cities 2019 (PM2.5)," IQAir, accessed August 19, 2020, https://www.airvisual.com/world-most-polluted-cities.
37. Guo et al., "Awareness, Perceptions and Determinants," 657.
38. Bruce Katz, *The Metropolitan Revolution: How Cities and Metros Are Fixing Our Broken Politics and Fragile Economy* (Washington, DC: Brookings Institution, 2013).
39. Joe Cortright, "Less in Common," City Observatory, September 6, 2015, https://cityobservatory.org/less-in-common.
40. Joe Cortright, "City Report: Young and Restless," City Observatory, October 19, 2014, https://cityobservatory.org/ynr.
41. Patricia Cohen, "The Cities on the Sunny Side of the American Economy," *New York Times*, March 31, 2016, http://www.nytimes.com/2016/04/01/business/economy/cities-where-us-economy-is-thriving.html.
42. XiaoHu Wang, Christopher Hawkins, and Evan Berman, "Financing Sustainability and Stakeholder Engagement: Evidence from U.S. Cities," *Urban Affairs Review* 50, no. 6 (November 2014): 826.
43. Dhawal Shah, "By the Numbers: MOOCs in 2018," *Class Central's MOOCReport*, December 11, 2018, https://www.classcentral.com/report/mooc-stats-2018.
44. Matthew LeBar, "MOOCs—Completion Is Not Important," *Forbes*, September 16, 2014, https://www.forbes.com/sites/ccap/2014/09/16/moocs-finishing-is-not-the-important-part/#6a6cfce478f6.
45. Jaimie Cloud and Carmela Federico, "Kindergarten Through Twelfth Grade Education: Fragmentary Progress in Equipping Students to Think and Act in a Challenging World," in *Agenda for a Sustainable America*, ed. John C. Dernbach (Washington, DC: Environmental Law Institute, 2009), 115.
46. Julie (Athman) Ernst and Martha Monroe, "The Effects of Environment-based Education on Students' Critical Thinking Skills and Disposition Toward Critical Thinking," *Environmental Education Research* 10, no. 4 (November 2004): 507–22; Wendy Church and Laura Skelton, "Sustainability Education in K-12 Classrooms,"

Journal of Sustainability Education 1 (May 2010); Julie Ernst, "Factors Associated with K-12 Teachers' Use of Environment-Based Education," *Journal of Environmental Education* 38, no. 3 (April 2007): 15–32.

47. Church and Skelton, "Sustainability Education in K-12 Classrooms," 169.
48. Keith A. Wheeler and John M. Byrne, "K-12 Sustainability Education: Its Status and Where Higher Education Should Intervene," *Planning for Higher Education* 31, no. 3 (May 2003): 25.

第 4 章　向可持续组织过渡

1. Leslie J. Porter and Adrian J. Parker, "Total Quality Management—the Critical Success Factors," *Total Quality Management* 4, no. 1 (January 1993): 13, https://doi.org/10.1080/09544129300000003.
2. World Health Organization, "Air Pollution Levels Rising in Many of the World's Poorest Cities," (press release, World Health Organization, Geneva, Switzerland, May 12, 2016), https://www.who.int/news-room/detail/12-05-2016-air-pollution-levels-rising-in-many-of-the-world-s-poorest-cities.
3. United Nations Global Compact, "The Decade to Deliver: A Call to Business Action" (United Nations Global Compact–Accenture Strategy CEO Study on Sustainability, 2019), 39, https://www.accenture.com/_acnmedia/PDF-109/Accenture-UNGC-CEO-Study.pdf#zoom=50.
4. Knut Haanaes et al., "First Look: The Second Annual Sustainability and Innovation Survey," *MIT Sloan Management Review* 52, no. 2 (Winter 2011): 82.
5. United Nations Global Compact, "The Decade to Deliver," 49.
6. Sarah Stanley, "U.S. Green Building Council Announces Top 10 Countries and Regions for LEED Green Building," *U.S. Green Building Council* (blog), February 13, 2019, https://www.usgbc.org/articles/us-green-building-council-announces-top-10-countries-and-regions-leed-green-building.
7. Carbon Disclosure Project, "CDP Climate Change Report 2015: The Mainstreaming of Low-Carbon on Wall Street" (CDP Report, Carbon Trust, London, November 2015), https://www.cdp.net/en/reports/downloads/783.
8. Mary Adams, "Intangibles and Sustainability: Holistic Approaches to Measuring and Managing Value Creation," *Journal of Applied Corporate Finance* 27, no. 2 (2015): 88.
9. Maxine Perella, "Can You Put a Price Tag on Purpose? How Patagonia Highlights Value Over Cost," Sustainable Brands, June 21, 2016, https://sustainablebrands.com/read/product-service-design-innovation/can-you-put-a-price-tag-on-purpose-how-patagonia-highlights-value-over-cost.
10. Berkeley Lovelace Jr., "Fiat Chrysler Shares Plunge 13 Percent After EPA Accuses Automaker of Using Deceptive Software," CNBC, January 12, 2017, https://www.cnbc

.com/2017/01/12/epa-to-accuse-fiat-chrysler-of-using-software-that-allowed-excess-diesel-emissions-in-about-100k-vehicles.html.
11. Richardson Dilworth, Robert Stokes, Rachel Weinberger, and Sabrina Spartari, "The Place of Planning in Sustainability Metrics for Public Works: Lessons from the Philadelphia Region," *Public Works Management and Policy* 16, no. 1 (January 2011): 23.
12. Virginia W. Maclaren, "Urban Sustainability Reporting," *Journal of the American Planning Association* 62, no. 2 (June 1996): 200.
13. Satyajit Bose, Guo Dong, and Anne Simpson, *The Financial Ecosystem: The Role of Finance in Achieving Sustainability* (Cham, Switzerland: Springer, 2019), 87, https://doi.org/10.1007/978-3-030-05624-7.
14. Brian A. Jacob and Steven D. Levitt, "Rotten Apples: An Investigation of the Prevalence and Predictors of Teacher Cheating" (working paper, Working Paper Series, National Bureau of Economic Research, Cambridge, MA, January 2003), 2, https://doi.org/10.3386/w9413.
15. Bose, Dong, and Simpson, *The Financial Ecosystem*, 92.
16. "State of the Profession 2016," GreenBiz, accessed September 4, 2020, https://www.greenbiz.com/report/state-profession-2016.
17. Global Reporting Initiative, *G4 Sustainability Reporting Guidelines* (Netherlands: Global Reporting Initiative, 2013), https://respect.international/wp-content/uploads/2017/10/G4-Sustainability-Reporting-Guidelines-Reporting-Principles-and-Standard-Disclosures-GRI-2013.pdf.
18. International Integrated Reporting Council, *The International <IR> Framework* (London: IIRC, December 2013), 2, https://integratedreporting.org/wp-content/uploads/2015/03/13-12-08-THE-INTERNATIONAL-IR-FRAMEWORK-2-1.pdf.
19. Sustainability Accounting Standards Board (SASB), *Conceptual Framework of the Sustainability Accounting Standards Board* (San Francisco, CA: Sustainability Accounting Standards Board, October 2013), 3, https://www.sasb.org/wp-content/uploads/2013/10/SASB-Conceptual-Framework-Final-Formatted-10-22-13.pdf.
20. "CSR Profile of B Lab," CSRwire, accessed 2016, http://www.csrwire.com/members/9730-B-Lab.
21. RobecoSAM, *Measuring Intangibles: RobecoSAM's Corporate Sustainability Assessment Methodology* (Rotterdam, The Netherlands: RobecoSAM, 2018), https://www.spglobal.com/spdji/en/documents/additional-material/robeco-sam-measuring-intangibles.pdf.
22. Haanaes et al., "First Look," 79.
23. Ernest A. Lowe and Laurence K. Evans, "Industrial Ecology and Industrial Ecosystems," *Journal of Cleaner Production*, European Roundtable on Cleaner Production Programs, 3, no. 1 (January 1995): 47.
24. Joseph Huber, "Towards Industrial Ecology: Sustainable Development as a Concept of Ecological Modernization," *Journal of Environmental Policy and Planning* 2, no. 4 (December 2000): 269.

25. Louise Story, "Lead Paint Prompts Mattel to Recall 967,000 Toys," *New York Times*, August 2, 2007, https://www.nytimes.com/2007/08/02/business/02toy.html.
26. John D. Sutter, "Tech Companies Make Progress on 'Blood Phones' and 'Conflict Minerals,'" CNNBusiness, August 16, 2012, https://www.cnn.com/2012/08/16/tech/gaming-gadgets/congo-blood-phones-report/index.html.
27. Susan Berfield, "Inside Chipotle's Contamination Crisis," *Bloomberg Businessweek*, December 22, 2015, http://www.bloomberg.com/features/2015-chipotle-food-safety-crisis/.
28. Gary L. Hanifan, Aditya E. Sharma, and Paras Mehta, "Why a Sustainable Supply Chain Is Good Business," *Outlook*, no. 3 (2012): 2, https://www.accenture.com/t20150522t061611__w__/ph-en/_acnmedia/accenture/conversion-assets/outlook/documents/1/accenture-outlook-why-sustainable-supply-chain-is-good-business.pdf; Carbon Disclosure Project, "Cascading Commitments: Driving Ambitious Action Through Supply Chain Engagement" (CDP Supply Chain Report 2018/19, Carbon Trust, London, 2019), https://www.cdp.net/en/research/global-reports/global-supply-chain-report-2019#671b3beee69d9180412202b6528ec8f7; "Walmart Marks Fulfillment of Key Global Responsibility Commitments" (press release, Walmart, Springdale, AR, November 17, 2015), https://corporate.walmart.com/newsroom/2015/11/17/walmart-marks-fulfillment-of-key-global-responsibility-commitments.
29. Paul Kiernan, "Mining Dams Grow to Colossal Heights, and So Do the Risks," *Wall Street Journal*, April 5, 2016, https://www.wsj.com/articles/brazils-samarco-disaster-mining-dams-grow-to-colossal-heights-and-so-do-the-risks-1459782411.
30. "Hard Rock Mining Pollution," National Wildlife Federation (NWF), accessed August 18, 2020, https://web.archive.org/web/20170926185551/http://www.nwf.org/What-We-Do/Energy-and-Climate/Climate-and-Energy/Reduce-Fossil-Fuel-Reliance/Mining-Loopholes.aspx.
31. "2016 Vault Consulting 50," Vault, accessed July 16, 2020, http://www.vault.com/company-rankings/consulting/vault-consulting-50/.
32. Joseph Bebon, "U.S. Solar Job Creation Is 'Booming,' California Ranks No. 1," *Solar Industry*, February 10, 2016, http://solarindustrymag.com/u-s-solar-job-creation-is-booming-california-ranks-no-1.
33. International Energy Agency *Tracking Fossil Fuel Subsidies in APEC Economies* (Paris: IEA, April 2017), https://www.iea.org/reports/insights-series-2017-tracking-fossil-fuel-subsidies-in-apec-economies.
34. Coral Davenport, "As Wind Power Lifts Wyoming's Fortunes, Coal Miners Are Left in the Dust," *New York Times*, June 19, 2016, https://www.nytimes.com/2016/06/20/us/as-wind-power-lifts-wyomings-fortunes-coal-miners-are-left-in-the-dust.html.
35. "Operations and Performance," Kearney, accessed July 16, 2020, http://www.kearney.com/operations-performance-transformation.
36. Jessica Lyons Hardcastle, "Dow, 3M, Target Among Major Companies Advancing Circular Economy Principles," *Environmental Leader*, June 16, 2020, http://www

.environmentalleader.com/2016/06/16/dow-3m-target-among-major-companies-advancing-circular-economy-principles/.
37. "Power Forward 3.0: How the Largest US Companies Are Capturing Business Value While Addressing Climate Change," World Wildlife Fund, April 25, 2017, https://www.worldwildlife.org/publications/power-forward-3-0-how-the-largest-us-companies-are-capturing-business-value-while-addressing-climate-change.

第5章 可持续城市中的政治与公共政策

1. Dong Guo et al., "Awareness, Perceptions and Determinants of Urban Sustainable Development Concerns—Evidence from a Central Province in China," *Sustainable Development* 26, no. 6 (November 2018): 654.
2. Dorothy M. Daley, Elaine B. Sharp, and Jungah Bae, "Understanding City Engagement in Community-Focused Sustainability Initiatives," *Cityscape* 15, no. 1 (2013): 146.
3. United Nations Department of Economic and Social Affairs, "Section III: Strengthening the Role of Major Groups," chap. 21 in *Agenda 21: The United Nations Programme of Action from Rio* (New York: United Nations, Division for Sustainable Development, 1994), 233–34, https://www.un.org/esa/dsd/agenda21/res_agenda21_28.shtml.
4. Jeffrey M. Jones, "In U.S., Concern About Environmental Threats Eases," *Gallup*, March 25, 2015, https://news.gallup.com/poll/182105/concern-environmental-threats-eases.aspx.
5. "Low-Carbon Cities Are a US$17 Trillion Opportunity Worldwide" (press release, The New Climate Economy, September 8, 2015), http://newclimateeconomy.net/content/press-release-low-carbon-cities-are-us17-trillion-opportunity-worldwide.
6. XiaoHu Wang et al., "Capacity to Sustain Sustainability: A Study of U.S. Cities," *Public Administration Review* 72, no. 6 (November/December 2012): 846.
7. Lawrence H. Goulder and Robert N. Stavins, "Challenges from State-Federal Interactions in US Climate Change Policy," *American Economic Review* 101, no. 3 (May 2011): 255.
8. "Smart City Challenge," U.S. Department of Transportation, accessed July 15, 2020, https://www.transportation.gov/smartcity.
9. "Clean Energy Fund," New York State Energy Research and Development Authority, accessed July 15, 2020, https://www.nyserda.ny.gov/About/Funding/Clean-Energy-Fund.
10. Jackie Wattles, "Bill Gates Launches Multi-Billion Dollar Clean Energy Fund," CNNMoney, November 29, 2015, https://money.cnn.com/2015/11/29/news/economy/bill-gates-breakthrough-energy-coalition/index.html.
11. Monica Anderson, "For Earth Day, Here's How Americans View Environmental Issues," Pew Research Center, April 20, 2017, https://www.pewresearch.org/fact-tank/2017/04/20/for-earth-day-heres-how-americans-view-environmental-issues.
12. Anthony Heyes, Thomas P. Lyon, and Steve Martin, "Salience Games: Keeping Environmental Issues in (and out) of the Public Eye," *SSRN Electronic Journal* (2016), https://doi.org/10.2139/ssrn.2796047.

13. Sammy Zahran et al., "Vulnerability and Capacity: Explaining Local Commitment to Climate-Change Policy," *Environment and Planning C: Government and Policy* 26, no. 3 (June 2008), https://doi.org/10.1068/c2g.
14. Noah Remnick and Rick Rojas, "Toxic Passaic River to Get $1.38 Billion Cleanup Over 10 Years," *New York Times*, March 4, 2016, https://www.nytimes.com/2016/03/05/nyregion/toxic-passaic-river-to-get-1-38-billion-cleanup-over-10-years.html.
15. "Democrats Hold Advantages on Environment, Abortion, Education; Neither Party Has Edge on the Economy," Pew Research Center, July 23, 2015, https://www.pewresearch.org/politics/2015/07/23/gops-favorability-rating-takes-a-negative-turn/7-23-2015-1-55-46-pm.
16. Anderson, "For Earth Day, How Americans View Environmental Issues."
17. Frank Newport and Andrew Dugan, "College-Educated Republicans Most Skeptical of Global Warming," *Gallup*, March 26, 2015, https://news.gallup.com/poll/182159/college-educated-republicans-skeptical-global-warming.aspx.
18. "2015's Top 10 Legislative Issues to Watch," *Governing Magazine*, January 2015, https://www.governing.com/topics/politics/gov-issues-to-watch-2015.html.
19. Justin Gillis, "Restored Forests Breathe Life Into Efforts Against Climate Change," *New York Times*, December 23, 2014, https://www.nytimes.com/2014/12/24/science/earth/restored-forests-are-making-inroads-against-climate-change-.html.
20. Riley E. Dunlap, "Americans Believe 2015 Was Record-Warm, But Split on Why," *Gallup*, March 28, 2016, https://news.gallup.com/poll/190319/americans-believe-2015-record-warm-split-why.aspx.
21. Guo et al., "Awareness, Perceptions and Determinants," 660.
22. Dong Guo, Guizhen He, and Zi Lian, "Environmental Risk Perception and Public Trust—from Planning to Operation for China's High-Speed Railway," *International Journal of Sustainable Transportation* 11, no. 9 (October 21, 2017): 702.
23. Rob Hoogmartens, Maarten Dubois, and Steven Van Passel, "Identifying the Interaction Between Landfill Taxes and NIMBY. A Simulation for Flanders (Belgium) Using a Dynamic Optimization Model," in *Legal Aspects of Sustainable Development*, ed. Volker Mauerhofer (Cham, Switzerland: Springer, 2016), 498, https://doi.org/10.1007/978-3-319-26021-1_24.
24. Aaron Fisher, Sasha Zients, and Garrett Donnelly, "Checking on the Manhattanville Community Benefits Agreement, Six Years Later," *Columbia Spectator*, March 25, 2015, http://features.columbiaspectator.com/eye/2015/03/25/ties-that-bind.

第6章 可持续城市与经济社会发展

1. See, for example, the *Garden Cities of Tomorrow*, probably the single most influential book in the history of urban planning by British stenographer Ebenezer Howard, published in the late nineteenth century, as well as the work of Lewis Mumford, the most influential writer in American urban planning.

2. Stephen M. Wheeler and Timothy Beatley, eds., *Sustainable Urban Development Reader*, 3rd ed. (London: Routledge, 2014), https://doi.org/10.4324/9781315770369.
3. Wheeler and Beatley, *Sustainable Urban Development*.
4. Dong Guo, Zi Cao, Kelsie DeFrancia, Jiat Waye Genevie Yeo, Gilang Hardadi, and Sen Chai, "Awareness, Perceptions and Determinants of Urban Sustainable Development Concerns—Evidence from a Central Province in China," *Sustainable Development* 26, no. 6 (November 2018): 652–62.
5. Xu Zhicheng and Sun Tianshi, "Railway Line, Splitting Effect and Unbalanced Evolution of Urban Area: An Empirical Study Using Satellite Night Light Data" (Henan Hinterland Academy Working Paper, Zhengzhou, China, 2019).
6. Enrico Berkes and Ruben Gaetani, "Income Segregation and Rise of the Knowledge Economy," *SSRN Electronic Journal*, July 22, 2019, 24, https://doi.org/10.2139/ssrn.3423136.
7. Kai-Fu Lee, *AI Superpowers: China, Silicon Valley, and the New World Order* (Boston: Houghton Mifflin Harcourt, 2018).
8. Dong Guo, Satyajit Bose, and Kristina Alnes, "Employment Implications of Stricter Pollution Regulation in China: Theories and Lessons from the USA," *Environment, Development and Sustainability* 19, no. 2 (2017): 549–69.
9. Dong Guo, Guizhen He, and Zi Lian, "Environmental Risk Perception and Public Trust—from Planning to Operation for China's High-Speed Railway," *International Journal of Sustainable Transportation* 11, no. 9 (October 2017): 698, https://doi.org/10.1080/15568318.2017.1306761.
10. Guo Dong and Satyajit Bose, "Diversity Is Key to Sustainable Development," Research Institute, *The Paper* (2019), accessed on January 4, 2020 at https://www.thepaper.cn/newsDetail_forward_4803957. (In Chinese)
11. See urbansustainability.org for more information.
12. Dong and Bose, "Diversity Is Key to Sustainable Development."
13. Dong and Bose, "Diversity Is Key to Sustainable Development."
14. Satyajit Bose and Guo Dong, "Sustainable Finance for a Shared Future," *China Daily Global*, updated October 16, 2020, http://www.chinadaily.com.cn/a/202010/16/WS5f88df36a31024ad0ba7ef51.html.
15. Bose and Dong, "Sustainable Finance for a Shared Future."
16. Bose and Dong, "Sustainable Finance for a Shared Future."
17. Bose and Dong, "Sustainable Finance for a Shared Future."
18. Bose and Dong, "Sustainable Finance for a Shared Future."
19. Deutsche Asset Management Center for Sustainable Finance, "Sustainable Finance Report," Deutsche Bank AG, accessed 2016, 9, https://institutional.deutscheam.com/content/_media/K15086_Sustainable_Finance_Report_RZ_160219.pdf.
20. Thomas Singer, *Driving Revenue Growth through Sustainable Products and Services* (Ottawa, ON: Conference Board of Canada, July 30, 2015), https://www.conferenceboard.ca/e-library/abstract.aspx?did=7320&AspxAutoDetectCookieSupport=1.

21. Satyajit Bose, Guo Dong, and Anne Simpson, *The Financial Ecosystem: The Role of Finance in Achieving Sustainability*, Palgrave Studies in Impact Finance (Cham, Switzerland: Springer, 2019), 355.
22. Satyajit Bose, Guo Dong, and Anne Simpson, *The Financial Ecosystem: The Role of Finance in Achieving Sustainability* (Cham, Switzerland: Palgrave Macmillan, 2019).
23. Bose and Dong, "Sustainable Finance for a Shared Future."

第 7 章 可持续城市中的废物管理

1. "Global Waste on Pace to Triple by 2100," The World Bank, October 30, 2013, https://www.worldbank.org/en/news/feature/2013/10/30/global-waste-on-pace-to-triple.
2. World Bank, "International Bank for Reconstruction and Development Project Appraisal Document on a Proposed Grant from the Global Environment Facility Trust" (report no. PAD388, World Bank, Washington, DC, October 21, 2014), 1, http://documents1.worldbank.org/curated/en/748681468029344265/pdf/PAD3880PAD0P12010Box385354B00OUO090.pdf.
3. City of New York, "PlaNYC 2014 Progress Report" (City of New York, Mayor's Office of Long-Term Planning and Sustainability, 2014), 26, http://www.nyc.gov/html/planyc2030/downloads/pdf/140422_PlaNYCP-Report_FINAL_Web.pdf.
4. "12 Things New Yorkers Should Know About Their Garbage," *Citizens Budget Commission* (blog), May 21, 2014, https://cbcny.org/research/12-things-new-yorkers-should-know-about-their-garbage.
5. Earth Institute, *Life After Fresh Kills: Moving Beyond New York City's Current Waste Management Plan* (New York: Columbia University's Earth Institute, 2001).
6. City of New York Department of Sanitation (DSNY), "Final Comprehensive Solid Waste Management Plan," City of New York, September 2006, https://www1.nyc.gov/assets/dsny/docs/about_swmp_exec_summary_0815.pdf.
7. "12 Things New Yorkers Should Know."
8. City of New York, "PlaNYC 2014 Progress Report," 26.
9. DSNY, "Commercial Organics Requirements," DSNY, Commercial Requirements, accessed July 15, 2020, https://www1.nyc.gov/assets/dsny/site/services/food-scraps-and-yard-waste-page/commercial-requirements.
10. City of New York, "OneNYC 2016 Progress Report" (New York: City of New York, Mayor's Office of Long-Term Planning and Sustainability, 2016), 28.
11. J. David Goodman, "5¢ Fee on Plastic Bags Is Approved by New York City Council," *New York Times*, May 5, 2016, https://www.nytimes.com/2016/05/06/nyregion/new-york-city-council-backs-5-cent-fee-on-plastic-bags.html.
12. Sally Goldenberg and Danielle Muoio, "How de Blasio Bombed in His Attempt to Fix New York's Garbage Crisis," *Politico*, January 6, 2020, https://www.politico.com/news/2020/01/06/bloomberg-de-blasio-new-york-garbage-088805.

13. Environment Bureau, *Hong Kong: Blueprint for Sustainable Use of Resources (2013–2022)* (Hong Kong: Environment Bureau, May 2013): 4, https://www.enb.gov.hk/en/files/WastePlan-E.pdf.
14. "Waste Reduction and Separation," GovHK, accessed in 2016, http://www.gov.hk/en/residents/environ-ment/public/green/wasteeduction.htm.
15. Yung Yau, "Domestic Waste Recycling, Collective Action and Economic Incentive: The Case in Hong Kong," *Waste Management* 30, no. 12 (December 2010): 2440–47.
16. Environment Bureau, *Hong Kong: Blueprint for Sustainable Use*, 23.
17. Statistics Unit, "*Monitoring of Solid Waste in Hong Kong: Waste Statistics for 2013* (Hong Kong: Statistics Unit, Environmental Protection Department, February 2015), 5, https://www.wastereduction.gov.hk/sites/default/files/msw2013.pdf.
18. Yau, "Domestic Waste Recycling, Collective Action and Economic Incentive."
19. "Problems & Solutions," Fact Sheets, Problems & Solutions, Hong Kong Environmental Protection Department, December 13, 2017, https://www.epd.gov.hk/epd/english/environmentinhk/waste/prob_solutions/iwdp.html.
20. "Sustainable Use of Resources: Five-Pronged Approach," Hong Kong Environmental Protection Department, January 3, 2020, 3, https://www.epd.gov.hk/epd/english/environmentinhk/waste/waste_maincontent.html.
21. Environment Bureau, *Hong Kong: Blueprint for Sustainable Use*, 7.
22. "Waste Reduction Framework Plan: Executive Summary," Hong Kong Environmental Protection Department, accessed 2016, http://www.epd.gov.hk/epd/english/environmentinhk/waste/prob_solutions/wrfp_doc.html.
23. Yau, "Domestic Waste Recycling, Collective Action and Economic Incentive," 2243.
24. Julia Ross, "A China Environmental Health Project Research Brief: Management of Municipal Solid Waste in Hong Kong and Taipei" (Wilson Center, Washington, DC, March 13, 2008), 3, https://www.wilsoncenter.org/sites/default/files/media/documents/publication/taiwan_hk_trash_mar08.pdf.
25. "Source Separation of Domestic Waste: Progress," Waste Reduction Website, Hong Kong Environmental Protection Department, February 7, 2020, https://www.wastereduction.gov.hk/en/household/source_achievements.htm.
26. Environment Bureau, *Hong Kong: Blueprint for Sustainable Use*, 2.
27. "Background," The Recycling Fund Secretariat, June 9, 2020, https://www.recyclingfund.hk/en/overview.php.
28. Environment Bureau, *Hong Kong: Blueprint for Sustainable Use*, 16.
29. Environment Bureau, *Hong Kong: Blueprint for Sustainable Use*, 22.
30. Hong Kong Environmental Protection Department, "Hong Kong 2018 Waste Statistics—At a Glance," accessed July 16, 2020, https://www.wastereduction.gov.hk/sites/default/files/msw2018_ataglance.pdf.
31. Tammy Allman, "Why Hong Kong Is Drowning in Its Own Waste with No Buoy in Sight," *The Culture-Ist*, July 9, 2013, https://www.thecultureist.com/2013/07/09/hong-kong-waste-problems/.

32. "Beijing Population Reaches 21 Million," *Global Times*, January 23, 2014, http://www.globaltimes.cn/content/839072.shtml.
33. Hao Wang and Chunmei Wang, "Municipal Solid Waste Management in Beijing: Characteristics and Challenges," *Waste Management and Research* 31, no. 1 (January 2013): 70, https://doi.org/10.1177/0734242X12468199.
34. Dong Qing Zhang, Soon Keat Tan, and Richard M. Gersberg, "Municipal Solid Waste Management in China: Status, Problems and Challenges," *Journal of Environmental Management* 91, no. 8 (August 2010): 1624; Li Zhen-shan, Yang Lei, Qu Xiao-Yan, Sui Yu-mei, "Municipal Solid Waste Management in Beijing City," *Waste Management* 29, no. 9 (September 1, 2009): 2598, https://doi.org/10.1016/j.wasman.2009.03.018.
35. "Beijing Grapples with Overflowing Garbage Problems," *Global Times*, December 16, 2014, http://www.globaltimes.cn/content/897061.shtml.
36. Wang and Wang, "Municipal Solid Waste Management in Beijing," 67.
37. Zheng Jinran, "Three More Incinerators to Burn Mounting Waste," *China Daily*, January 29, 2015, http://www.chinadaily.com.cn/china/2015-01/29/content_19435675.htm.
38. Jonathan Watts, "Beijing Introduces Recycling Banks That Pay Subway Credits for Bottles," *The Guardian*, July 4, 2012, http://www.theguardian.com/environment/2012/jul/04/beijing-recycling-banks-subway-bottles.
39. Ross, "A China Environmental Health Project Research Brief," 4.
40. World Bank, "International Bank for Reconstruction and Development Project Appraisal Document."
41. "Pay as You Throw for Large Municipalities" (final report, Cornell Waste Management Institute, Ithaca, NY, 2001), 3, https://ecommons.cornell.edu/handle/1813/47563.
42. Dong Qing Zhang, Soon Keat Tan, and Richard M. Gersberg, "Municipal Solid Waste Management in China: Status, Problems and Challenges," *Journal of Environmental Management* 91, no. 8 (August 2010): 1625, https://doi.org/10.1016/j.jenvman.2010.03.012.

第 8 章　可持续城市中的公共交通与私人出行

1. "World Metro Figures 2015" (statistics brief, International Association of Public Transport, October 2015), https://www.uitp.org/sites/default/files/cck-focus-papers-files/UITP-Statistic%20Brief-Metro-A4-WEB_0.pdf.
2. "The National Transit Database," Federal Transit Administration, accessed March 9, 2020, https://www.transit.dot.gov/ntd; Governing Staff, "2015's Top 10 Legislative Issues to Watch," *Governing Magazine*, January 2015, https://www.governing.com/topics/politics/gov-issues-to-watch-2015.html; "World Metro Figures 2018" (statistics brief, International Association of Public Transport, September 2018), 1, 7, https://cms.uitp.org/wp/wp-content/uploads/2020/06/Statistics-Brief-World-metro-figures-2018V3_WEB.pdf.

3. David Jolly, "Despite Push for Cleaner Cars, Sheer Numbers Could Work Against Climate Benefits," *New York Times*, December 7, 2015, https://www.nytimes.com/2015/12/08/business/energy-environment/despite-push-for-cleaner-cars-sheer-numbers-could-work-against-climate-benefits.html.
4. "Worldwide Number of Battery Electric Vehicles in Use from 2012 to 2019," Facts & Figures, Statista, accessed March 9, 2020, https://www.statista.com/statistics/270603/worldwide-number-of-hybrid-and-electric-vehicles-since-2009.
5. Alasdair Cain et al., "Applicability of Bogotá's TransMilenio BRT System to the United States" (final report no. FL-26-7104-01, Federal Transit Administration, Washington, DC, May 2006), 20, https://www.transit.dot.gov/sites/fta.dot.gov/files/Bogota_Report_Final_Report_May_2006.pdf.
6. Michael Turner, Chuck Kooshian, and Steve Winkelman, "Colombia's Bus Rapid Transit (BRT) Development and Expansion: An Analysis of Barriers and Critical Enablers of Colombia's BRT Systems" (case study, Center for Clean Air Policy, Washington, DC, January 2012), 7, http://ccap.org/assets/Case-Study-Colombias-Bus-Rapid-Transit-BRT-Development-and-Expansion.pdf.
7. María Eugenia Bonilla-Chacín, ed., *Promoting Healthy Living in Latin America and the Caribbean: Governance of Multisectoral Activities to Prevent Risk Factors for Noncommunicable Diseases* (Washington, DC: World Bank, 2013), https://doi.org/10.1596/978-1-4648-0016-0.
8. Bonilla-Chacín, *Promoting Healthy Living in Latin America and the Caribbean*, 162.
9. Bonilla-Chacín, *Promoting Healthy Living in Latin America and the Caribbean*, 161; Lloyd Wright, *Module 3b: Bus Rapid Transit, Sustainable Transport: A Sourcebook for Policy-Makers in Developing Cities* (Eschborn, Germany: German Overseas Technical Assistance Agency, July 2017), 142, 179, https://itdpdotorg.wpengine.com/wp-content/uploads/2014/07/Module-3b-Bus-Rapid-Transit.pdf; Cain et al., "Applicability of Bogotá's TransMilenio BRT System," 12.
10. Cain et al., "Applicability of Bogotá's TransMilenio BRT System," 25; Ricardo Montezuma, "The Transformation of Bogota, Colombia, 1995–2000: Investing in Citizenship and Urban Mobility," *Global Urban Development Magazine*, May 2005, https://www.globalurban.org/Issue1PIMag05/Montezuma%20article.htm; Bonilla-Chacín, *Promoting Healthy Living in Latin America and the Caribbean*, 161; John Cracknell, *TransMilenio Busway-Based Mass Transit, Bogotá, Colombia* (Washington, DC: World Bank), 5, accessed September 4, 2020, https://web.archive.org/web/20170224040859/http://siteresources.worldbank.org/INTURBANTRANSPORT/Resources/Factsheet-TransMilenio.pdf; Institute for Transportation and Development Policy, "Part III: Physical Design," in *Bus Rapid Transit—Planning Guide 2007* (New York: Institute for Transportation and Development Policy, June 2007), https://itdpdotorg.wpengine.com/wp-content/uploads/2014/07/54.-Bus-Rapid-Transit-Guide-PartIII-2007-09.pdf; Bonilla-Chacín, *Promoting Healthy Living in Latin America and the Caribbean*, 161, 162.

11. Bonilla-Chacín, *Promoting Healthy Living in Latin America and the Caribbean*, 161; ITDP, "Part III: Physical Design"; Cain et al., "Applicability of Bogotá's TransMilenio BRT System," vii.
12. "History," Transmilenio, accessed September 4, 2020, https://web.archive.org/web/20150906191900/https://www.transmilenio.gov.co/en/articles/history-0.
13. Alex Hutchinson, "TransMilenio: The Good, the Bus and the Ugly," *TheCityFix* (blog), July 14, 2011, https://thecityfix.com/blog/transmilenio-the-good-the-bus-and-the-ugly; Dario Hidalgo, "Celebrating 18 Years of TransMilenio: Growing Pains and What Lies Ahead for Bogotá's BRT," *TheCityFix* (blog), February 28, 2019, https://thecityfix.com/blog/celebrating-18-years-transmilenio-growing-pains-lies-ahead-bogotas-bus-rapid-transit-system-dario-hidalgo.
14. Hidalgo, "Celebrating 18 Years of TransMilenio."
15. The Palestinian Authority also claims Jerusalem as its capital. However, the city is under the control of Israel and it is where Israel maintains its government institutions.
16. United Nations Statistics Division, "City Population by Sex, City and City Type," Census Data, UN data, accessed July 18, 2016, http://data.un.org/Data.aspx?d=POP&f=tableCode%3A240; Matthew Karsten, "What Are the Most Important Religious Sites in Jerusalem?," *Expert Vagabond* (blog), accessed May 26, 2016, https://expertvagabond.com/religious-sites-jerusalem; Jodi Rudoren, "In Divided Jerusalem, Rail Line for Arabs and Jews Is Among the Fractures," *New York Times*, July 13, 2014, https://www.nytimes.com/2014/07/14/world/middleeast/in-divided-jerusalem-rail-line-for-arabs-and-jews-is-among-the-fractures.html.
17. "Jerusalem: Economy," City-Data.com, accessed September 4, 2020, http://www.city-data.com/world-cities/Jerusalem-Economy.html; Joshua Prawer, Bernard Wasserstein, and Buzzy Gordon, "Jerusalem—Economy," Encyclopedia Britannica, accessed September 4, 2020, https://www.britannica.com/place/Jerusalem.
18. Robert Daniel and Marc Render, "From Mule Tracks to Light Rail Transit Tracks: Integrating Modern Infrastructure into an Ancient City—Jerusalem, Israel," in *Transportation Research Circular E-C058* (Washington, DC: Transportation Research Board, 2003), 768, http://onlinepubs.trb.org/onlinepubs/circulars/ec058/15_04_daniel.pdf.
19. Daniel and Render, "From Mule Tracks to Light Rail Transit Tracks," 777.
20. Ricardo Mota, "Can Jerusalem's Light Rail Pull the City's Past Into the Future?," *Planetizen* (blog), December 5, 2015, https://www.planetizen.com/node/82530/can-jerusalems-light-rail-pull-city%E2%80%99s-past-future.
21. Mota, "Can Jerusalem's Light Rail Pull the City's Past Into the Future?"; "Funding Approved for Jerusalem Light Rail Extension," *Railway Gazette International* (blog), June 28, 2013, https://www.railwaygazette.com/funding-approved-for-jerusalem-light-rail-extension/38380.article; Ali Abunimah, "Boycott-Hit Veolia Dumps Jerusalem Rail, Completes Israel Withdrawal," *Electronic Intifada* (blog), August 28, 2015, https://electronicintifada.net/blogs/ali-abunimah/boycott-hit-veolia-dumps-jerusalem-rail-completes-israel-withdrawal.

22. "Jerusalem Approves Second Light Rail Route," *Times of Israel*, January 27, 2016, http://www.timesofisrael.com/jerusalem-approves-new-light-rail-route; Benjamin Frieling and Nimrod Levy, "Yafo St. Traffic Flow and Pollution Levels: With Respect to the Light Rail Project," 9, accessed September 4, 2020, https://www.polisnetwork.eu/wp-content/uploads/2019/06/air-pollution-study-on-jerusalem-light-rail-impact-presentation.pdf; Yediot Ahronot, "Global Light Rail Award for Ministry of Transport and Jerusalem Municipality for the Light Rail," *Israel Infrastructure Fund (IIF)* (blog), October 25, 2015, https://www.iif.co.il/newsroom/global-light-rail-awards-for-ministry-of-transport-and-jerusalem-municipality-for-the-light-rail; Mota, "Can Jerusalem's Light Rail Pull the City's Past Into the Future?"
23. Mota, "Can Jerusalem's Light Rail Pull the City's Past Into the Future?"; Daniel and Render, "From Mule Tracks to Light Rail Transit Tracks," 769; Amina Nolte, "Political Infrastructure and the Politics of Infrastructure: The Jerusalem Light Rail," *City* 20, no. 3 (May 2016): 441.
24. "Jerusalem Approves Second Light Rail Route."
25. Andrew Stokols, "How China Can Leverage High-Speed Rail for Compact Urban Development," *TheCityFix* (blog), April 19, 2015, https://thecityfix.com/blog/how-china-can-leverage-high-speed-rail-for-compact-urban-development-andrew-stokols.
26. Yves Boquet, "High-Speed Rail in China and Its Territorial Impact" (paper presentation, 107th Annual Meeting of the Association of American Geographers, HAL CCSD, Seattle, WA, 2011), https://core.ac.uk/display/54831500; Siqi Zheng and Matthew E. Kahn, "China's Bullet Trains Facilitate Market Integration and Mitigate the Cost of Megacity Growth," *Proceedings of the National Academy of Sciences* 110, no. 14 (April 2013): E1248.
27. Tony Jin, "China High Speed Train Development and Investment," *China Perspective*, accessed September 4, 2020, https://web.archive.org/web/20160329155801/http://www.thechinaperspective.com/articles/chinahighspeedr-9905; Dong Guo, Guizhen He, and Zi Lian, "Environmental Risk Perception and Public Trust—from Planning to Operation for China's High-Speed Railway," *International Journal of Sustainable Transportation* 11, no. 9 (October 2017): 697; Simon Rabinovitch, "China's High-Speed Rail Gets Back on Track," *Washington Post*, January 16, 2013, https://www.washingtonpost.com/world/asia_pacific/chinas-high-speed-rail-gets-back-on-track/2013/01/16/db508eea-5ffd-11e2-a389-ee565c81c565_story.html; Adam Minter, "Just Say No to High-Speed Rail," *Bloomberg*, July 7, 2016, https://www.bloomberg.com/opinion/articles/2016-07-07/just-say-no-to-high-speed-rail.
28. Keith Bradsher, "Speedy Trains Transform China," *New York Times*, September 23, 2013, https://www.nytimes.com/2013/09/24/business/global/high-speed-train-system-is-huge-success-for-china.html; "Moving at High Speed: Connecting China's Business Clusters," *JLL Views* (blog), December 21, 2017, https://www.joneslanglasalle.com.cn/en/trends-and-insights/cities/moving-at-high-speed-connecting-chinas-business-clusters.
29. Zheng and Kahn, "China's Bullet Trains Facilitate Market Integration," E1249; Zhu Ying, "High Speed Railway's Impact on China," MIR Initiative, accessed September 4, 2020,

http://mir-initiative.com/projects/white-book/zhu-ying/high-speed-railway%E2%80%99s-impact-on-shina.html.
30. Zheng and Kahn, "China's Bullet Trains Facilitate Market Integration," E1248.
31. Gerald Ollivier et al., "High-Speed Railways in China: A Look at Traffic" (China Transport Topics no. 11, World Bank Group, Washington, DC, December 2014), 12, http://documents1.worldbank.org/curated/en/451551468241176543/pdf/932270BRI0Box30ffic020140final000EN.pdf; "Moving at High Speed: Connecting China's Business Clusters."
32. "Cost of High Speed Rail in China One Third Lower than in Other Countries" (press release, World Bank, Washington, DC, July 10, 2014), https://doi.org/10/cost-of-high-speed-rail-in-china-one-third-lower-than-in-other-countries; Minter, "Just Say No."
33. Bradsher, "Speedy Trains"; Minter, "Just Say No."
34. Minter, "Just Say No."
35. Maddi Garmendia, "High Speed Rail: Implication for Cities," *Cities* 29, no. 2 (December 2012): S26–31.
36. International Energy Agency, "Global EV Outlook 2016" (Paris: IEA, 2016), 8, https://www.iea.org/reports/global-ev-outlook-2016.
37. Kevin Bullis, "How Tesla Is Driving Electric Car Innovation," *MIT Technology Review*, August 7, 2013, https://www.technologyreview.com/2013/08/07/15498/how-tesla-is-driving-electric-car-innovation.
38. Anders Hove and David Sandalow, "Electric Vehicle Charging in China and the United States" (Columbia University School of Internationals and Public Affairs, Center on Global Energy Policy, February 2019), 19, https://www.energypolicy.columbia.edu/sites/default/files/file-uploads/EV_ChargingChina-CGEP_Report_Final.pdf; Brittany Patterson, "Electric Car Owners Struggle to Find a Charge," *Scientific American*, July 16, 2015, https://www.scientificamerican.com/article/electric-car-owners-struggle-to-find-a-charge.
39. Ryan Bradley, "Tesla's Cheaper Model 3 Could Strain Charging Infrastructure," *MIT Technology Review*, March 29, 2016, https://www.technologyreview.com/2016/03/29/161265/teslas-cheaper-model-3-could-strain-charging-infrastructure.
40. Bobbie Mixon, "Improving Electric Vehicle Sales May Require Solving Unique Chicken and Egg Problem," *National Science Foundation* (blog), January 29, 2015, https://www.nsf.gov/discoveries/disc_summ.jsp?cntn_id=133947; Zachary Shahan, "Superfast Charging For Big Auto Arrives! New 150–350 KW Charging Station From ABB [Hot!]," *CleanTechnica* (blog), October 3, 2017, https://cleantechnica.com/2017/10/03/superfast-charging-big-auto-arrives-new-150-350-kw-charging-station-abb-hot.
41. Hove and Sandalow, "Electric Vehicle Charging in China," 37; Ariel Wittenberg, "Fast-Charge Plugs Do Not Fit All Electric Cars," *Scientific American*, August 1, 2016, https://www.scientificamerican.com/article/fast-charge-plugs-do-not-fit-all-electric-cars.
42. Bullis, "How Tesla Is Driving."
43. Drake Baer, "The Making of Tesla: Invention, Betrayal, and the Birth of the Roadster," *Business Insider*, November 11, 2014, https://www.businessinsider.com/tesla-the-origin-story-2014-10.

44. Greg Kumparak, Matt Burns, and Anna Escher, "A Brief History of Tesla," TechCrunch, July 28, 2015, https://social.techcrunch.com/gallery/a-brief-history-of-tesla/slide/1; Chris Boylan, "A Brief History of Tesla Cars in One Simple Infographic," *CleanTechnica* (blog), May 27, 2016, https://cleantechnica.com/2016/05/27/brief-history-tesla-cars-one-simple-infographic; Hove and Sandalow, "Electric Vehicle Charging in China," 37, 46.
45. Baer, "The Making of Tesla."
46. James B. Stewart, "Everyone Despises SolarCity Deal, Except Tesla Shareholders," *New York Times*, August 4, 2016, https://www.nytimes.com/2016/08/05/business/everyone-despises-solarcity-deal-except-tesla-shareholders.html.
47. Mike Ramsey and Cassandra Sweet, "Tesla and SolarCity Agree to $2.6 Billion Deal," *Wall Street Journal*, August 1, 2016, https://www.wsj.com/articles/tesla-and-solarcity-agree-to-2-6-billion-merger-deal-1470050724.
48. Stewart, "Everyone Despises SolarCity Deal."
49. BNEF, "Battery Pack Prices Fall as Market Ramps Up with Market Average at $156/KWh in 2019," *Bloomberg News Energy Finance (BNEF)* (blog), December 3, 2019, https://about.bnef.com/blog/battery-pack-prices-fall-as-market-ramps-up-with-market-average-at-156-kwh-in-2019.
50. Christoph J. Meinrenken and Klaus S. Lackner, "Fleet View of Electrified Transportation Reveals Smaller Potential to Reduce GHG Emissions," *Applied Energy* 138, no. 15 (January 2015): 398, https://doi.org/10.1016/j.apenergy.2014.10.082.
51. "Fact Sheet: Obama Administration Announces Federal and Private Sector Actions to Accelerate Electric Vehicle Adoption in the United States" (press release, The White House, President Barack Obama, July 21, 2016), https://obamawhitehouse.archives.gov/the-press-office/2016/07/21/fact-sheet-obama-administration-announces-federal-and-private-sector.
52. Nic Lutsey, "Supporting the Electric Vehicle Market in U.S. Cities" (briefing, International Council on Clean Transportation (ICCT), Washington, DC, October 2015), 1, https://theicct.org/sites/default/files/publications/SupportEVsUScities_201510.pdf.
53. Damon Lavrinc, "5 Cities Buy More Than Half of All Electric Vehicles in U.S.," *Wired*, August 19, 2013, https://www.wired.com/2013/08/five-cities-ev; ICCT, "Supporting the Electric Vehicle," 3.
54. IEA, "Global EV Outlook 2016," 6.

第9章　可持续城市中智能电网的建设

1. "About NYU," New York University, accessed July 16, 2020, http://www.nyu.edu/content/nyu/en/about; "NYU Climate Action Plan," New York University, accessed July 18, 2016, http://www.nyu.edu/nyu2031/nyuinnyc/sustainability/climate-commitments.php; "Energy," New York University, accessed July 18, 2016, http://www.nyu.edu/life/sustainability/areas-of-focus/energy.html.

2. Jack Griffin and Jim Merrihue, "CHP as a Reliable Energy Model—A Case Study from NYU" (NYU and SourceOne), accessed July 18, 2016, http://www.districtenergy.org/assets/pdfs/2013AnnualConference/Monday/B3.2GRIFFINBRADLEYIDEA-Presentation-June-2013FINAL052413.pdf; Berkeley Lab, "New York University," Microgrids at Berkeley Lab, July 19, 2017, https://web.archive.org/web/20170719012858/https://building-microgrid.lbl.gov/new-york-university.
3. Thomas W. Overton, "New York University Cogeneration Plant, New York City," *POWER Magazine*, August 31, 2014, https://www.powermag.com/new-york-university-cogeneration-plant-new-york-city.
4. Overton, "New York University Cogeneration Plant"; Julia Pyper, "Microgrids Become Reality as Superstorm Sandy's Anniversary Nears," *E&E News*, September 11, 2013, https://www.eenews.net/stories/1059987045.
5. Berkeley Lab, "New York University."
6. "Definition: Cogeneration," Climate Glossary, REEEP, accessed July 17, 2020, https://www.reeep.org/glossary/en/cogeneration?uri=http://reegle.info/glossary/776"Energy."
7. Overton, "NYU Cogeneration Plant."
8. Atlantic Oceanographic and Meteorological Laboratory (AOML), "The Thirty Costliest Mainland United States Tropical Cyclones 1900–2013 (Unadjusted)," National Oceanic and Atmospheric Administration, accessed July 17, 2020, https://web.archive.org/web/20140714184750/https://www.aoml.noaa.gov/hrd/tcfaq/costliesttable.html.
9. Pyper, "Microgrids Become Reality."
10. Overton, "NYU Cogeneration Plant."
11. Overton "NYU Cogeneration Plant."
12. Griffin and Merrihue, "CHP as a Reliable Energy Model."
13. Overton, "NYU Cogeneration Plant."
14. White House, President Barack Obama, "Fact Sheet: Power Africa" (White House, President Barack Obama, Washington, DC, June 30, 2013), https://obamawhitehouse.archives.gov/the-press-office/2013/06/30/fact-sheet-power-africa; "Renewable Energy Is Beginning to Power Africa," *Renewable Energy World* (blog), May 21, 2015, https://www.renewableenergyworld.com/2015/05/21/renewable-energy-is-beginning-to-power-africa.
15. Power Africa, *The Roadmap: A Guide to Reaching 30,000 Megawatts and 60 Million Connections* (Washington, DC: U.S. Agency for International Development, April 2016), 7, https://www.usaid.gov/sites/default/files/documents/1860/USAID_PA_Roadmap_April_2016_TAG_508opt.pdf; Ron Nixon, "Obama's 'Power Africa' Project Is Off to a Sputtering Start," *New York Times*, July 21, 2015, https://www.nytimes.com/2015/07/22/world/africa/obamas-power-africa-project-is-off-to-a-sputtering-start.html.
16. "Power Africa2," U.S. African Development Foundation, accessed July 17, 2020, https://www.usadf.gov/power-africa2.
17. Angela Rucker, "Prizes Powering Off-Grid Solutions in Power Africa Countries," *FrontLines*, October 2014, https://2012-2017.usaid.gov/news-information/frontlines/powertrade-africa/prizes-powering-grid-solutions-power-africa-countries.

18. U.S. Agency for International Development (USAID), GE Africa (GE), and U.S. African Development Foundation (USADF), "GE, USADF and USAID Announce 22 African Innovators as Winners of Power Africa Off-Grid Energy Challenge" (press release, U.S. Agency for International Development, GE Africa, U.S. African Development Foundation, New York, September 25, 2014), 1, https://photos.state.gov/libraries/ethiopia/956093/PDF%20Files/Final%20Off-Grid%20Energy%20Challenge%20Press%20Release_25%20Sept%202014.pdf.
19. Rucker, "Off-Grid Solutions in Power Africa Countries."
20. "Renewable Energy Is Beginning to Power Africa."
21. Power Africa, *The Roadmap*, 63.
22. "Renewable Energy Is Beginning to Power Africa."
23. Yoko Wakatsuki and Kyung Lah, "3 Nuclear Reactors Melted Down After Quake, Japan Confirms," *CNN*, June 7, 2011, http://www.cnn.com/2011/WORLD/asiapcf/06/06/japan.nuclear.meltdown/index.html; "Fresh Aftershock in Japan Rouses Fear, Kills 2," *CNN*, April 8, 2011, http://www.cnn.com/2011/WORLD/asiapcf/04/07/japan.quake/index.html.
24. Chris Marnay et al., "Japan's Pivot to Resilience: How Two Microgrids Fared After the 2011 Earthquake," *IEEE Power and Energy Magazine* 13, no. 3 (May 2015): 51, 55.
25. Marnay et al., "Japan's Pivot to Resilience," 57.
26. Japan International Cooperation Agency (JICA), "Connect with the World and Revitalize Community," JICA, Higashimatsushima City, Tokyo, Japan, January 2016), 2, https://www.jica.go.jp/tohoku/office/ku57pq000005nrt3-att/brochure_Higashi-Matsushima_en.pdf.
27. Junko Movellan, "Born from Disaster: Japan Establishes First Microgrid Community," *Renewable Energy World* (blog), May 18, 2015, https://www.renewableenergyworld.com/2015/05/18/born-from-disaster-japans-first-microgrid-community-represents-future-of-energy/; Don Willmott, "Devastated Town Rebuilds for Energy Self-Sufficiency," *HuffPost*, December 6, 2017, https://www.huffpost.com/entry/devastated-town-rebuilds_b_8526918.
28. Kenji Kaneko, "Sekisui House to Build Microgrid in Miyagi," *Japan Today*, March 26, 2015, http://jp.b2.mk/news/?newsid=gSW.
29. Movellan, "Born from Disaster."
30. Movellan, "Born from Disaster"; Mathias Haugner, "Following Fukushima Disaster, Japan Is Building Its First Microgrid Community," *Team Gemini* (blog), July 21, 2015, http://teamgemini.us/following-fukushima-disaster-japan-is-building-its-first-microgrid-community.
31. Movellan, "Born from Disaster"; "Solar Power Project to Support Higashimatsushima City Reconstruction" (press release, Mitsui & Co., Tokyo, Japan, December 4, 2012), https://www.mitsui.com/jp/en/release/2012/1205111_6471.html.
32. Movellan, "Born from Disaster."
33. Zhenya Liu, *Ultra-High Voltage AC/DC Grids* (Waltham, MA: Academic Press, 2015).

34. Peter Fairley, "China's Ambitious Plan to Build the World's Biggest Supergrid," *IEEE Spectrum* (blog), February 21, 2019, https://spectrum.ieee.org/energy/the-smarter-grid/chinas-ambitious-plan-to-build-the-worlds-biggest-supergrid; Gang Chen, *Politics of Renewable Energy in China*, New Horizons in Environmental Politics (London; Edward Elgar, 2019); Edmund Downie, "Sparks Fly over Ultra-High Voltage Power Lines," *China Dialogue* (blog), January 29, 2018, https://chinadialogue.net/en/energy/10376-sparks-fly-over-ultra-high-voltage-power-lines.
35. Fairley, "China's Ambitious Plan"; "World's Biggest Ultra-High Voltage Line Powers Up Across China," *Bloomberg*, January 2, 2019, https://www.bloomberg.com/news/articles/2019-01-02/world-s-biggest-ultra-high-voltage-line-powers-up-across-china.
36. Fairley, "China's Ambitious Plan."
37. Fairley, "China's Ambitious Plan."

第 10 章　可持续城市中的公园与公共空间

1. Michael Bennett and David W. Teague, eds., *The Nature of Cities: Ecocriticism and Urban Environments* (Tucson: University of Arizona Press, 1999).
2. Thaïsa Way, "Landscapes of Industrial Excess: A Thick Sections Approach to Gas Works Park," *Journal of Landscape Architecture* 8, no. 1 (May 2013): 28.
3. Way, "Landscapes of Industrial Excess," 31.
4. Way, "Landscapes of Industrial Excess," 35; "Gas Works Park," The Cultural Landscape Foundation, accessed July 17, 2020, https://tclf.org/landscapes/gas-works-park.
5. Christine Clarridge, "Cleaning up Gas Works Park," *Seattle Times*, March 17, 2001, https://archive.seattletimes.com/archive/?date=20010317&slug=gasworks17m.
6. Department of Ecology, "Toxics Cleanup Program," Gas Works Park Update (Department of Ecology, State of Washington, Bellevue, WA, August 2014), https://fortress.wa.gov/ecy/gsp/DocViewer.ashx?did=29840.
7. Way, "Landscapes of Industrial Excess," 30; "Gas Works Park."
8. Madeline Berg, "The History of 'Death Avenue,' " *The High Line* (blog), October 26, 2017, https://www.thehighline.org/blog/2017/10/26/the-history-of-death-avenue.
9. Ted Smalley Bowen and Adam Stepan, "Public–Private Partnerships for Green Space in NYC" (case study, Case Consortium @ Columbia, School of International and Public Affairs, Columbia University, New York, May 2014), 8, https://ccnmtl.columbia.edu/projects/caseconsortium/casestudies/128/casestudy/files/global/128/PPP%20Parks%20Final%20072214.pdf.
10. Bowen and Stepan, "Green Space in NYC," 9.
11. Bowen and Stepan, "Green Space in NYC," 10.
12. Jonathan M. Broder, "Deconstructing New York City's High Line Park: The How, Why and Wherefore," *Journal of Transportation Law, Logistics, and Policy* 79, no. 3 (2012): 250.

13. Erika Harvey, "Turkeys on the High Line," *The High Line* (blog), November 23, 2016, https://www.thehighline.org/blog/2016/11/23/turkeys-on-the-high-line.
14. "Overview," The High Line, accessed July 31, 2020, https://www.thehighline.org/about.
15. Broder, "Deconstructing New York City's High Line Park," 246; "Overview."
16. Laura Bliss, "The High Line's Biggest Issue—And How Its Creators Are Learning from Their Mistakes," *Bloomberg*, February 7, 2017, https://www.bloomberg.com/news/articles/2017-02-07/the-high-line-and-equity-in-adaptive-reuse.
17. Anna Dietzsch, "How Can Local Design Impact Large Infrastructure Plans and Projects?," *The Nature of Cities* (blog), June 21, 2015, https://www.thenatureofcities.com/2015/06/21/how-can-local-design-impact-large-infrastructure-plans-and-projects/; Roberto Pompeu, "Victor Civita: Biography," *Grupo Abril* (blog), November 18, 2017, https://web.archive.org/web/20171118230111/http://grupoabril.com.br/en/quem-somos/victor-civita/biografia.
18. Jimena Martignoni, "Una plaza que descontamina," *La Nacion*, May 6, 2009, https://www.lanacion.com.ar/arquitectura/una-plaza-que-descontamina-nid1124247; "Float On," *Metropolis*, July 1, 2009, https://www.metropolismag.com/uncategorized/float-on; Kate Archdeacon, "Victor Civita Plaza: Living with A Site's History," *Sustainable Cities Network* (blog), October 9, 2009, https://web.archive.org/web/20160804003545/http://www.sustainablecitiesnet.com/models/victor-civita-plaza; Dietzsch, "How Can Local Design Impact Large Infrastructure Plans and Projects?"
19. "Float On"; Javiera Yávar, "Arquitectura y Paisaje: Plaza Victor Civita, un museo abierto de Sustentabilidad por Levisky Arquitetos + Anna Dietzsch," *ArchDaily México* (blog), July 14, 2014, https://www.archdaily.mx/mx/02-376340/arquitectura-y-paisaje-plaza-victor-civita-un-museo-abierto-de-sustentabilidad-por-levisky-arquitetos-anna-dietzsch; "Victor Civita Square," UN Global Compact, United Nations, accessed July 18, 2016, https://www.unglobalcompact.org/system/attachments/603/original/C0B19586-92D4-47B8-802F-6B2BF1365827.doc?1262614054.
20. Javiera Yávar, "Arquitectura y Paisaje."
21. Dietzsch, "How Can Local Design Impact Large Infrastructure Plans and Projects?"
22. "Victor Civita Square."
23. "Float On"; Dietzsch, "How Can Local Design Impact Large Infrastructure Plans and Projects?"
24. Michael Neibauer, "Deal of the Year: The Impact of Canal Park and 200 Eye St. SE on the Capitol Riverfront," *Washington Business Journal*, April 26, 2013, https://www.bizjournals.com/washington/print-edition/2013/04/26/deal-of-the-year-the-impact-of-canal.html.
25. "About," Capitol Riverfront BID, Washington, DC, accessed July 31, 2020, https://www.capitolriverfront.org/about.
26. Candace Wheeler, "Opening Weekend for Canal Park," *Washington Post*, November 16, 2012, https://www.washingtonpost.com/local/opening-weekend-for-canal-park/2012/11/16/fdf931a0-2f46-11e2-9f50-0308e1e75445_story.html; "History: Canal Park,"

Capitol Riverfront BID, Washington, DC, accessed July 31, 2020, https://www.capitolriverfront.org/canal-park/history.
27. Wheeler, "Opening Weekend"; "Front Page News," Capitol Riverfront BID, Washington, DC, accessed June 18, 2016, http://www.capitolriverfront.org/_files/docs/caprivfpnfall2012.pdf.
28. Roger K. Lewis, "Canal Park's Many Creative Ideas," *Washington Post*, March 15, 2013, https://www.washingtonpost.com/realestate/canal-parks-many-creative-ideas/2013/03/14/ea991520-7c8b-11e2-a044-676856536b40_story.html; "Washington Canal Park," Sustainable SITES Initiative, accessed September 4, 2020, http://www.sustainablesites.org/washington-canal-park; "Washington Canal Park: LEED Scorecard," U.S. Green Building Council, accessed September 4, 2020, https://www.usgbc.org/projects/washington-canal-park-0?view=scorecard.
29. Wheeler, "Opening Weekend."

第 11 章　可持续城市生活与共享经济

1. Lauren Hirshon et al., *Cities, the Sharing Economy and What's Next* (Washington, DC: National League of Cities, 2015), 1, https://www.mmr.cz/getmedia/9e66db4e-e305-4879-a8b1-b027e9846e3b/EN_Cities-the-Sharing-Economy-and-Whats-Next.pdf.aspx?ext=.pdf.
2. Kurt Matzler, Viktoria Veider, and Wolfgang Kathan, "Adapting to the Sharing Economy," *MIT Sloan Management Review*, December 16, 2014, https://sloanreview.mit.edu/article/adapting-to-the-sharing-economy.
3. Nicole DuPuis and Brooks Rainwater, *City Survey on the Sharing Economy: Shifting Perceptions of Collaborative Consumption* (Washington, DC: National League of Cities, 2015), 5, https://www.nlc.org/sites/default/files/2017-01/Brief%20-%20Shifting%20Perceptions%20of%20Collaborative%20Consumption2015.pdf.
4. Juho Hamari, Mimmi Sjöklint, and Antti Ukkonen, "The Sharing Economy: Why People Participate in Collaborative Consumption," *Journal of the Association for Information Science and Technology* 67, no. 9 (2016): 2047.
5. Andrew T. Bond, "An App for That: Local Governments and the Rise of the Sharing Economy," *Notre Dame Law Review Online* 90, no. 2 (February 2015): 77; Hamari, Sjöklint, and Ukkonen, "The Sharing Economy," 2048; PricewaterhouseCoopers (PwC), *The Sharing Economy*, Consumer Intelligence Series (New York: PricewaterhouseCoopers, 2015), 14, https://www.pwc.com/us/en/technology/publications/assets/pwc-consumer-intelligence-series-the-sharing-economy.pdf.
6. John Byers, Davide Proserpio, and Georgios Zervas, "The Rise of the Sharing Economy: Estimating the Impact of Airbnb on the Hotel Industry," *SSRN Electronic Journal*, November 18, 2016, 2, https://doi.org/10.2139/ssrn.2366898; "The Rise of the Sharing Economy," *The Economist*, March 9, 2013, https://www.economist.com/leaders/2013/03/09/the-rise-of-the-sharing-economy.

7. PwC, "The Sharing Economy," 14.
8. Russell Belk, "Sharing," *Journal of Consumer Research* 36, no. 5 (February 2010): 730; Andrea Prothero et al., "Sustainable Consumption: Opportunities for Consumer Research and Public Policy," *Journal of Public Policy & Marketing* 30, no. 1 (April 2011): 36; Danielle Sacks, "The Sharing Economy," *Fast Company*, April 18, 2011, https://www.fastcompany.com/1747551/sharing-economy.
9. Sarah Cannon and Lawrence H. Summers, "How Uber and the Sharing Economy Can Win Over Regulators," *Harvard Business Review*, October 13, 2014, https://hbr.org/2014/10/how-uber-and-the-sharing-economy-can-win-over-regulators.
10. Hannah Posen, "Ridesharing in the Sharing Economy: Should Regulators Impose Über Regulations on Uber?," *Iowa Law Review* 101, no. 1 (November 2015): 408; Giovanni Quattrone et al., "Who Benefits from the 'Sharing' Economy of Airbnb?," in *Proceedings of the 25th International Conference on World Wide Web: WWW '16* (Montréal, Québec, Canada: ACM Press, 2016), 1392, https://doi.org/10.1145/2872427.2874815.
11. Alexandra Chang, "Regulation Won't Kill the Sharing Economy. We Just Need New Rules," *Popular Science*, July 8, 2014, https://www.popsci.com/article/technology/regulation-wont-kill-sharing-economy-we-just-need-new-rules.
12. Quattrone et al., "Who Benefits from the 'Sharing' Economy of Airbnb?," 1386.
13. Verity Stevenson, "Uber Reduced Drinking and Driving Deaths in California, Study Suggests," *The Globe and Mail*, August 3, 2015, https://www.theglobeandmail.com/news/british-columbia/uber-reduced-drinking-and-driving-deaths-in-california-study-suggests/article25820101.
14. Bond, "An App for That," 90; Posen, "Ridesharing in the Sharing Economy," 421.
15. Daniel E. Rauch and David Schleicher, "Like Uber, but for Local Government Policy: The Future of Local Regulation of the 'Shared Economy'" (working paper no. 21, NYU Marron Institute of Urban Management, New York, January 2015), 3, https://marroninstitute.nyu.edu/uploads/content/The_Future_of_Local_Regulation_of_the_Shared_Economy.pdf.
16. Sheena Goodyear, "Uber vs. the World: How Cities Are Dealing with Ride-Hailing Technology," *CBC News*, October 2, 2015, https://www.cbc.ca/news/business/uber-versus-the-world-1.3252096; Associated Press, "Rio de Janeiro Becomes First City in Brazil to Ban Uber," *The Guardian*, September 30, 2015, http://www.theguardian.com/world/2015/sep/30/rio-de-janeiro-brazil-uber-ban.
17. Posen, "Ridesharing in the Sharing Economy," 428; Lori Aratani, "D.C. Council Okays Bill to Legalize Lyft, Sidecar, UberX-Type Services in the District," *Washington Post*, October 28, 2014, https://www.washingtonpost.com/news/dr-gridlock/wp/2014/10/28/d-c-council-okays-bill-to-legalize-lyft-sidecar-uberx-type-services-in-the-district.
18. Goodyear, "Uber vs. the World."
19. Alison Griswold, "Uber's Siege on San Antonio," *Slate*, October 16, 2015, https://slate.com/business/2015/10/uber-returns-to-san-antonio-after-throwing-a-massive-tantrum-over-regulations.html.

20. "Uber Unable to Operate in San Antonio After April 1," *Uber* (blog), March 31, 2015, https://www.uber.com/blog/san-antonio/uber-to-shutter-operations-in-san-antonio-on-april-1.
21. Griswold, "Uber's Siege on San Antonio."
22. Posen, "Ridesharing in the Sharing Economy," 410; Fredrick Kunkle, "Uber Recognizes First Drivers Association in New York City," *Washington Post*, May 10, 2016, https://www.washingtonpost.com/news/tripping/wp/2016/05/10/uber-recognizes-first-drivers-association-in-new-york-city.
23. Office of the Mayor, *For-Hire Vehicle Transportation Study* (New York: City of New York, Office of the Mayor, January 2016), 3, https://www1.nyc.gov/assets/operations/downloads/pdf/For-Hire-Vehicle-Transportation-Study.pdf.
24. Jared Meyer, "Uber's New York Win," *Forbes*, January 19, 2016, https://www.forbes.com/sites/jaredmeyer/2016/01/19/uber-deblasio-new-york-study.
25. Jay Somaney, "Uber Lost More Than $1.2 Billion in the First Half of 2016 Alone," *Forbes*, August 26, 2016, https://www.forbes.com/sites/jaysomaney/2016/08/26/uber-lost-more-than-1-2-billion-in-the-first-half-of-2016-alone; Ning Su, Yulin Fang, and Yukun Yang, "Didi, Kuaidi, and Uber in China" (case study, Harvard Business Review, Cambridge, MA, April 12, 2016), https://store.hbr.org/product/didi-kuaidi-and-uber-in-china/W16194; Mike Isaac, "How Uber Lost More Than $1 Billion in the First Half of 2016," *New York Times*, August 25, 2016, https://www.nytimes.com/2016/08/26/technology/how-uber-lost-more-than-1-billion-in-the-first-half-of-2016.html.
26. Airbnb, "Airbnb: Generating $2 Billion in Potential Tax Revenue for America's Cities," (tax report summary, Airbnb, January 2016), 2, https://www.airbnbcitizen.com/wp-content/uploads/2016/01/USCM-Tax-Report.pdf.
27. Alexandra Jonas, "Share and Share Dislike: The Rise of Uber and Airbnb and How New York City Should Play Nice," *Journal of Law and Policy* 24, no. 1 (2015): 219; Andrew L. McNichol, "Airbnb: A (Soon to Be) Victim of Its Success," *Nals Magazine for Legal Professionals* (Fall 2015): 8.
28. PwC, "The Sharing Economy," 23.
29. Brian Chesky, "The Future of Airbnb in Cities," interview by McKinsey & Company, transcript, November 1, 2014, https://www.mckinsey.com/industries/travel-logistics-and-transport-infrastructure/our-insights/the-future-of-airbnb-in-cities.
30. Tomio Geron, "Airbnb and the Unstoppable Rise of the Share Economy," *Forbes*, February 11, 2013, https://www.forbes.com/sites/tomiogeron/2013/01/23/airbnb-and-the-unstoppable-rise-of-the-share-economy.
31. PwC, "The Sharing Economy," 23; Airbnb, "New Study Reveals a Greener Way to Travel: Airbnb Community Shows Environmental Benefits of Home Sharing" (press release, Airbnb), accessed September 3, 2020, https://www.airbnb.com/press/news/new-study-reveals-a-greener-way-to-travel-airbnb-community-shows-environmental-benefits-of-home-sharing.
32. Mark Chafkin and Eric Newcomer, "Airbnb Now Has 100 Million Users and More Grown-Up Problems," Skift, July 11, 2016, https://skift.com/2016/07/11/airbnb-now-has

-100-million-users-and-more-grown-up-problems; Brooke Anderson, "How Airbnb Could Change Life for City Residents," *Wall Street Journal*, April 22, 2016, https://www.wsj.com/articles/how-airbnb-could-change-life-for-city-residents-1461550187; Pierre Herman, "The AirBnB Phenomenon: What's the Impact on Cities?," *SmartCitiesDive* (blog), July 24, 2014, https://www.smartcitiesdive.com/ex/sustainablecitiescollective/airbnb-phenomenon-what-s-impact-cities/294081; Jonas, "Share and Share Dislike," 221.

33. Joe Harpaz, "Airbnb to Big City Mayors: 'Take Our Tax Dollars, Please!,' " *Forbes*, May 28, 2016, https://www.forbes.com/sites/joeharpaz/2016/03/28/airbnb-to-big-city-mayors-take-our-tax-dollars-please; Shane Dingman, "A Billionaire on Paper, Airbnb Co-Founder Feels 'Great Responsibility' to Do Good," *The Globe and Mail*, December 17, 2015, https://www.theglobeandmail.com/report-on-business/careers/careers-leadership/a-billionaire-on-paper-airbnb-co-founder-feels-great-responsibility-to-do-good/article27825035; "A.G. Schneiderman Releases Report Documenting Widespread Illegality Across Airbnb's NYC Listings; Site Dominated By Commercial Users" (press release, New York State, Office of the Attorney General, New York, October 16, 2014), https://ag.ny.gov/press-release/2014/ag-schneiderman-releases-report-documenting-widespread-illegality-across-airbnbs; Jason Clampet, "Airbnb Loses a Fight in New York as Legislature Passes Strict Advertising Law," Skift, June 17, 2016, https://skift.com/2016/06/17/airbnb-loses-political-battle-in-new-york-as-legislature-passes-advertising-law.

34. Tom Slee, "Airbnb Is Facing an Existential Expansion Problem," *Harvard Business Review*, July 11, 2016, https://hbr.org/2016/07/airbnb-is-facing-an-existential-expansion-problem; Carolyn Said, "Airbnb Listings in San Francisco Plunge by Half," *San Francisco Chronicle*, January 18, 2018, https://www.sfchronicle.com/business/article/Airbnb-listings-in-San-Francisco-plunge-by-half-12502075.php.

35. John Byrne, "Airbnb Rules Easily Pass Chicago City Council despite Vocal Opposition," *Chicago Tribune*, June 22, 2016, https://www.chicagotribune.com/politics/ct-chicago-city-council-airbnb-rules-met-20160622-story.html; Sam Schechner and Matthias Verbergt, "Paris Confronts Airbnb's Rapid Growth," *Wall Street Journal*, June 25, 2015, https://www.wsj.com/articles/SB12147335600370333763904581058032330315292.

36. Míriam Pina García, "Strong Measures to Combat Unlicensed Tourist Accommodation," Info Barcelona, June 28, 2016, https://www.barcelona.cat/infobarcelona/en/strong-measures-to-combat-unlicensed-tourist-accommodation_367135.html.

37. Feargus O'Sullivan, "Berlin Bans Most Airbnb-Style Rentals," *Bloomberg*, April 28, 2016, https://www.bloomberg.com/news/articles/2016-04-28/berlin-law-banning-vacation-apartments-has-already-hit-airbnb-s-offerings-in-the-city.

38. Robin van Daalen, "Airbnb to Collect Tourist Taxes in Amsterdam," *Wall Street Journal*, December 18, 2014, https://blogs.wsj.com/digits/2014/12/18/airbnb-to-collect-tourist-taxes-in-amsterdam.

39. Slee, "Airbnb Is Facing an Existential Expansion Problem"; Airbnb, "Airbnb: Generating $2 Billion in Potential Tax Revenue," 2; Byrne, "Airbnb Rules Easily Pass Chicago."

40. Joe Harpaz, "Airbnb Disrupts Hotel Economy, Sends Regulators Scrambling," *Forbes*, May 7, 2014, https://www.forbes.com/sites/joeharpaz/2014/05/07/airbnb-disrupts-hotel-economy-sends-regulators-scrambling.
41. Marie Mawad, Helene Fouquet, and Henry Goldman, "City Mayors Worldwide Forge Alliance in Response to Airbnb, Uber," *Bloomberg*, June 20, 2016, https://www.bloomberg.com/news/articles/2016-06-20/city-mayors-worldwide-forge-alliance-in-response-to-airbnb-uber.
42. Airbnb, "Airbnb: Generating $2 Billion in Potential Tax Revenue," 4.
43. Herman, "The AirBnB Phenomenon"; Anderson, "How Airbnb Could Change Life."
44. Herman, "The AirBnB Phenomenon"; Carolyn Said, "The Airbnb Effect," *San Francisco Chronicle*, July 12, 2015, https://www.sfchronicle.com/airbnb-impact-san-francisco-2015.
45. Chafkin and Newcomer, "Airbnb Now Has 100 Million Users."
46. Chang, "Regulation Won't Kill The Sharing Economy."
47. Rachel Botsman, "Sharing's Not Just For Start-ups," *Harvard Business Review*, September 2014, https://hbr.org/2014/09/sharings-not-just-for-start-ups.
48. Anderson, "How Airbnb Could Change Life."

致　谢

史蒂文·科恩

感谢我优秀的同事及本书的合著者郭栋博士。他让我对中国和世界其他地方有了前所未有的了解，他的才华和道德修养给我留下了不可磨灭的印象。他对本书做出了巨大的贡献，我非常高兴有机会在这个项目上与他密切合作。

我伟大的导师兼朋友 Marc Tipermas，持续影响着我对于组织和敏捷管理重要性的一些观念。我还从 Willdan Group（一家提供能源和可持续性资源咨询的商业服务类企业）的 Marc 和 Tom Brisbin 那里学习了一些有关私营部门在建设可持续国家中的重要性方面的知识。

我非常感谢我的妻子 Donna Fishman 对我长久的支持，谨以此书献给她。我还要感谢我两个宝贝女儿 Gabriella Rose 和 Ariel Mariah，以及她们优秀的伴侣兼合作伙伴 Eitan Grossbard 与 Rob Bowell，我完美的外孙女 Lily Bowell 以及我的其他家人 Judith、Robby 和 Myra 的支持。

郭栋

感谢史蒂文·科恩教授，他是我的精神导师与亲密无间的同事。我永远感谢他带我走进可持续发展的研究领域。他向我传授了丰富的关于可持续发展的知识和智慧，让我学会从可持续发展的角度看待一切事物。同时，我也非常感谢我亲爱的朋友兼同事石天傑教授，我们共同参与了很多中国可持续方面的研究，在这个过程中，他一直努力学习中文。我在他身上学到了很多。同时还要感谢我的朋友钱镜，是他的支持、鼓励以及与他激情的讨论催生了我在本书中表达的诸多观点。感谢"爱格计划"及其所有导师与学生，与他们一起度过的 2019 年夏天让我学到了很多。还要感谢倪剑和孙哲教授长期给予我的关怀、支持与指导。当然，永远感谢我的家人，我的父亲教会了我如何认识这个世界，我的母亲给予了我无微不至的关怀，以及我的叔叔、婶婶、姑姑、姑父一直以来对我的理解与支持。

共同致谢

我们永远感谢我们的朋友、同事与长期的合作伙伴 Bill Eimicke，是他的引荐使我们相识，我们都很荣幸认识他。与其他项目一样，这本书得益于团队协作。在这里，特别鸣谢哥伦比亚大学可持续发展政策及管理研究项目，感谢其工作人员：王安逸、Allison Bridges、Christoph Meinrenken、Alison

Miller、Hayley Martinez、Kelsie DeFrancia、Alix Schroder 和马雷。我们的多位研究助理是哥伦比亚大学的学生，他们也参与了本书的案例与材料搜集工作。特别感谢 Hilary Osborn 和 Catalina Villegas 为本书英文第一版提供的帮助和所做的工作。特别感谢廖小瑜和 Maya Lugo 在本版次撰写过程中所做的研究和为撰写工作提供的帮助。

我们还要感谢哥伦比亚大学校长 Lee Bollinger，他向我们展示了如何将思想领导力与组织领导力相结合。还要感谢哥伦比亚大学的其他领导，包括前教务长 John Coatsworth、艺术与科学学院院长兼常务副校长 Amy Hungerford、国际与公共事务学院前院长 Merit Janow，以及气候学院院长 Alex Halliday 为我们完成这项工作提供了空间与支持。感谢哥伦比亚大学全球中心（北京）负责人肖娜主任为本书与读者见面提供的支持。

本书中文版的问世，离不开各界的支持。我们首先感谢中信出版集团王斌董事长对本书的认可，本书在中国的出版离不开他的大力支持与指导。本书由英文翻译而来，中文版成书过程经过了大量的调整与审校，以确保既能够表述准确，又符合中文表达习惯。在这里要特别感谢灰犀牛分社编辑们的辛勤工作，感谢黄静、寇艺明、王元和张金鸣的努力和付出。我们还要感谢引力传媒的罗涛对本书的支持。此外，我们在此对希腊前总理乔治·帕潘德里欧、中国工程院院士王金南，以及清华大学苏世民书院院长薛澜给予本书的认可和推介表示衷心感谢。本书很多涉及中国的研究及观点的形成离不开资深专家、学者的支持，包括复旦大学的裘新、河南大学的耿明斋、中国科学院的贺桂珍、联合国环境规划署的王茜，以及我们的长期合作伙伴，来自中国国际经济交流中心的张大卫、张焕波、王军、刘向东、崔白杨，在此一并表示感谢。

还有许多同事和朋友对本书中的观点的形成起了关键性作用，包括 Howard Apsan、Allison Bridges、Mark Cane、Peter Coleman、Ruth DeFries、Peter DeMenocal、Nancy Degnan、David Dinkins、Joshua Fisher、Ester Fuchs、高睿琦、Michael Gerrard、Alex Halliday、Tanya Heikkila、Sheldon Kamieniecki、Ira Katznelson、Jacquelin Klopp、Upmanu Lall、Arthur Lerner-Lam、Marc Levy、Maya Lugo、廖理、李玉爽、李涛、Peter Marcotullio、Vijay Modi、Kate Orff、Richard Plunz、Curtis Probst、Louise Rosen、Jeffrey Sachs、David Sandalow、George Sarrinikolaou、Elliott Sclar、Sean Solomon、田拓、田晓蕾、Lynnette Widder、许涛、张天波、张超、张勇、张恒瑞，还有太多人，在此不一一列举，如有疏漏敬请谅解。

本书英文版的出版我们要感谢哥伦比亚大学出版社优秀的编辑 Miranda Martin、Brian Smith，以及他们的团队，感谢他们的耐心与不辞辛劳。感谢我们的制作编辑 Kathryn Jorge、Ben Kolstad，以及全球知识工厂团队对最终手稿的缜密审读和编辑。我们还要向许多素未谋面的审稿人给出的建设性意见表示感谢。

在当今世界，我们必须更加努力工作，把我们的地球建设成一个和平、可持续发展的星球。我们希望本书能为这样的一个世界做出一点贡献。